dtv

Bleiben oder gehen? Unweigerlich stellt sich die Frage, wenn es in Ehe oder Partnerschaft ernsthaft kriselt. Mathias Jung, als Paartherapeut und auch persönlich in Trennungsfragen erfahren, gibt eine Vielzahl nützlicher Hinweise für die Entscheidung. Dabei neigt er weder dem Leiden-ist-leichter-als-lösen-Prinzip zu, noch spricht er sich für eine überschnelle »Entsorgung« des Partners aus. Er empfiehlt eine Rückschau auf die Beziehung sowie eine aktuelle Bestandsaufnahme. Weiterhin hat er einen Fragenkatalog als Entscheidungshilfe zusammengestellt und gibt eine Reihe von hilfreichen Tipps für den Umgang mit dem Ernstfall Trennung. Ein einfühlsames, erfahrungs- und verständnisreiches Buch, das einen klugen und sympathischen Umgang mit der Problematik pflegt.

Mathias Jung, geboren 1941, ist Einzel-, Paar- und Gruppentherapeut am Dr.-Max-Otto-Bruker-Haus in Lahnstein bei Koblenz. Daneben umfangreiche Vortragstätigkeit und zahlreiche Buchveröffentlichungen, darunter ›Das sprachlose Paar‹ (1996), ›Mut zum Ich‹ (1997) und ›Der kleine Prinz in uns‹ (2000).

Mathias Jung

Trennung als Aufbruch

Bleiben oder gehen?
Ein Ratgeber aus der Praxis

Deutscher Taschenbuch Verlag

Ausführliche Informationen über
unsere Autoren und Bücher
finden Sie auf unserer Website
www.dtv.de

MIX
Papier aus verantwortungsvollen Quellen
FSC® C019821

Ungekürzte Ausgabe 2006
5. Auflage 2011
Deutscher Taschenbuch Verlag GmbH & Co. KG,
München

Umschlagkonzept: Balk & Brumshagen
Umschlagbild: gettyimages/Chris Andrews
Gesetzt aus der Sabon 9/12,3·
Gesamtherstellung: Druckerei C. H. Beck, Nördlingen
Gedruckt auf säurefreiem, chlorfrei gebleichtem Papier
Printed in Germany · ISBN 978-3-423-34335-0

Inhalt

es war eine gute ehe
sie blieben sich treu
es war eine gute ehe
nicht das geringste geschah
es war eine gute ehe

es war eine gute ehe
die stark war wie stahl
es war eine gute ehe
die still war wie stein
es war eine gute ehe
nicht das geringste geschah
es war eine gute ehe
jetzt ist das gefängnis gesprengt

Kurt Marti

Die Ur-Trennung

»Mich dünkt«, sprach Zeus im Rat der Götter,
»ich habe ein Mittel, dass es weiterhin Menschen gibt,
aber dass es sie schwächt, damit sie von ihrem wüsten Wesen
ablassen. Ich schneide einen jeden mittendurch.«
Sprach's und schnitt die Menschen, die Mann und Weib in
einem Körper waren, so der Länge nach durch,
wie man Birnen zum Einlegen durchschneidet. Als nun das
ursprüngliche Wesen entzweigeschnitten war, ging jede Hälfte
voller Sehnsucht nach ihrem Gegenstück auf die Suche.
Sie umschlangen sich mit den Armen und verflochten sich
miteinander im Verlangen zusammenzuwachsen. Sehnsucht
und Drang, ein Ganzes zu sein, heißt Eros.

Platon, Gastmahl

Trennung

Der erste Tag war leicht
der zweite Tag war schwerer
Der dritte Tag war schwerer als der zweite

Von Tag zu Tag schwerer:
Der siebente Tag war so schwer
daß es schien er sei nicht zu ertragen

Nach diesem siebenten Tag
sehne ich mich
schon zurück

Erich Fried

Ein Missverständnis oder Kämpfen, so lange es geht!

*Ich habe gelernt, dass wir im Lauf unseres Lebens
andere Menschen verlassen und selbst verlassen werden
und uns von vielem lösen, das wir lieben.
Der Verlust ist der Preis, den wir für das Leben bezahlen.
Es ist auch der Ursprung eines großen Teils unserer
Weiterentwicklung und dessen, was wir gewinnen.*

Judith Viorst: Mut zur Trennung

Das Echo war überwältigend. In dem Monatsmagazin der Gesellschaft für Gesundheitsberatung ›Der Gesundheitsberater‹ hatte ich 1997 um Mitarbeit an diesem Buch gebeten. Ob die Leserin oder der Leser, so gab ich zu bedenken, bei dieser Gelegenheit nicht einmal die Chance realisieren wollten, das schwere Trennungserlebnis einer Scheidung liebevoll zu reflektieren, Schmerz wie Befreiung zu erinnern und selbstkritisch auch den eigenen Anteil am Ende der Beziehung zu bedenken. Zweihundertzwölf Briefe trafen insgesamt bei mir ein, davon einhundertsiebenundsechzig von Frauen. Dazu anrührende Gedichte.

Ich habe noch nie in meinem Leben so aufrichtige und erschütternde Berichte über Lust und Leid von Partnerschaft gelesen. Es war nicht ein einziger oberflächlicher oder substanzloser Brief dabei. In ihren Erinnerungen und Reflexionen suchten fast alle Schreiber auch dem Charakter des Ex-Partners gerecht zu werden. Sie schonten sich dabei selbst nicht. Was mich bis heute an diesen Notaten aber am stärksten berührt und mir Mut macht, ist die Beobachtung, dass diese Frauen und Männer ihre Trennung zwar in der Regel als einen Höllenabsturz und ätzenden Schmerz beschreiben, aber im gleichen Atemzug die Notwendigkeit dieses Schrittes als schicksalhaft unausweichlichen Knoten- und Entwicklungspunkt ihres Lebens würdigen.

Gleichgültig, ob sie selbst die Verlassenden oder die Verlassenen waren, sie alle singen das Hohelied von der Entwicklungsfähigkeit und nahezu unbegrenzten Regenerationsfähigkeit des Menschen. Offensichtlich braucht der Mensch, so zeigt mir die Partitur, die Krise als Antriebsmittel seiner eigenen seelischen und moralischen Evolution. Die Trennung ist im menschlichen Leben ganz offensichtlich nicht einfach nur eine Panne, ein Versagen, ein zu Vermeidendes; sie scheint vielmehr ein schöpferisches Moment der Entwicklung zu sein, eine Weichenstellung, eine leidvolle Korrektur des Lebensglücks. »Der Mensch kann sich nicht umschaffen«, sagt der Schriftsteller Alexis Carrel, »ohne zu leiden; denn er ist beides: der Marmor und der Bildhauer.«

Natürlich anonymisiere ich jede Zuschrift, die ich im Folgenden verwende. Das heißt, ich ändere grundsätzlich den Namen der Schreiber und ihrer Partner, gegebenenfalls lasse ich auch Details weg, um die Vertraulichkeit zu sichern. Ich kann nicht alle Zuschriften veröffentlichen. Aber ich möchte allen Mutigen von Herzen für ihr Vertrauen danken. Jede und jeder hat dabei geholfen, ein achtungsvolles und facettenreiches Bild des Urproblems Trennung vorzustellen; ein Bild, das zugleich plastischer und realitätsgesättigter ist als das der theoretischen tiefenpsychologischen Literatur.

Meine eigene Trennung nach über einundzwanzig Jahren Ehe brannte wie Feuer in mir. Manchmal glaubte ich, schier von diesem Schmerz verschlungen zu werden. Ich brauchte drei Jahre dazu, die Gnade und das Lösende dieses Trennungsprozesses zu akzeptieren. Ich bin zugleich für die wunderbare neue Liebe in meinem Leben dankbar. Dass die Trauerarbeit um den verlorenen Partner und um eine volle Lebensphase meist lange Zeit braucht und nicht verdrängt werden darf, dass innere Verbundenheiten bestehen bleiben, dass es ein Beschenktsein durch den früheren Partner gibt – und auch Dankbarkeit ihm gegenüber –, das habe ich den Briefen bewegt entnommen. Vor allem aber haben mir die Schreiber versichert, wie wichtig es ist, um das Thema Trennung keinen Bogen zu machen. Christine (alle Namen im Folgenden geändert) meint:

Am Anfang meines Schreibens möchte ich dir gleich sagen, dass deine Idee ganz, ganz toll ist. Ich finde sie so super, weil es für jeden wichtig ist, darüber nachzudenken. Jeder, der ehrlich zu sich selbst ist und seine Fehler einsieht, verkraftet die Trennung besser.

Barbara, die eine Trennung hinter sich hat und mittlerweile schon Großmutter ist, wünscht:

Für das neue Buch möge Gottes Segen Sie begleiten, damit es dazu beiträgt, das Leiden, das mit Trennung verbunden ist, erträglich zu machen. Möge es auch ein Wegweiser werden, der auf die »eigene« Straße führt.

Es gab aber auch eine mahnende Zuschrift. Frederik schreibt:

Ich begrüße Ihre löbliche Absicht, mit Ihrem Buch Betroffenen helfen zu wollen, nur missfällt mir der Titel; ermuntert er nicht geradezu, das Wagnis einer Trennung einzugehen? Die Folgen werden viel zu wenig bedacht. Ich leitete zwanzig Jahre lang eine große Schule mit etwa tausend Schülern und weiß um die Nöte jener Kinder und Jugendlichen aus zerbrochenen Ehen – entsetzlich! Meines Erachtens müssten all unsere Hilfen in erster Linie darauf ausgerichtet sein, dass Ehen halten, dass man wieder Tragen und Ertragen lernt, dass die Liebe ganz oben steht, wir füreinander da sind; wir müssen lernen, wie Emanzipation praktiziert werden kann und vieles mehr.

Diese Warnung scheint mir wichtig. Als Psychotherapeut kann ich nur bestätigen: Eine Trennung, vor allem aber der vorausgegangene Treuebruch, ist für die meisten Frauen wie für die meisten Männer zunächst einmal eine existenzielle Katastrophe. Viele tragen die Verletzungen sogar ein Leben lang in sich weiter. Das Drama der verlassenen Kinder ist ein Kapitel für sich. Mit Recht ächten wir einen Menschen, der einen Hund an der Autobahn aussetzt. Dürfen wir bedenkenlos der »großen Liebe« folgen und die Kinder verlassen? Scheidungskinder sind, man mag es bagatellisieren wie man will, geschädigte Kinder. Es wäre ein Missverständnis, wenn mein Buch als frivole Aufforderung zum Bäumchen-wechsle-dich-Spiel aufgefasst würde. Dazu ist das Thema zu ernst, und die Schmerzen sind zu barbarisch, wie die vielen schriftlichen Bekenntnisse noch dokumentieren werden. So lange es geht, so lange Seelenarbeit auch nur den geringsten Sinn macht, sollten wir um die Beziehung kämpfen. Die Konsumideologie des »Ex und Hopp« richtet sonst in unserem Herzen verheerende Verwüstungen an.

Aber es muss die Frage erlaubt sein, ob zweitausend Jahre nach Christi Geburt der dogmatische Imperativ des Matthäus noch immer gilt: »Was nun Gott zusammengefügt hat, das soll der Mensch nicht scheiden.« Wird nicht inzwischen in Deutschland jede dritte Ehe, in den Großstädten sogar jede zweite Ehe geschieden? Wenn wir die Beziehungen von Nichtverheirateten noch hinzurechnen, dürfte es inzwischen jede zweite Bindung sein, die nicht mehr eine Lebenspartnerschaft, sondern eine *Lebensabschnittspartnerschaft* darstellt. Früher einmal mögen Ehen im Himmel oder durch eiserne ökonomische Zwänge zusammengefügt worden sein, Umtausch ausgeschlossen. Inzwischen ist die Scheidung fast der Normalfall.

Die alten theologischen und juristischen Formen von der »Unauflöslichkeit der Ehe« greifen nicht mehr. Am Ende des 19. Jahrhunderts postulierten die Väter des Bürgerlichen Gesetzbuches (BGB) noch: »Der christlichen Gesamtanschauung des deutschen Volkes entsprechend, geht der Entwurf davon aus, dass im Eherecht nicht das Prinzip der individuellen Freiheit herrschen darf, sondern die Ehe als eine vom Willen der Gatten unabhängige sittliche und rechtliche Ordnung anzusehen ist.« Pustekuchen. Heute privilegiert die Rechtsordnung nicht mehr die traditionelle Ehe, sondern alle »auf Dauer angelegten Lebensgemeinschaften« – so steht es in der neuen Landesverfassung von Brandenburg und so findet es sich in ähnlichen Formulierungen auch in anderen neuen Bundesländern.

Längst ist die – nach dem Krieg noch anrüchige – »wilde Ehe« salonfähig geworden. 56 Prozent der Deutschen, so lautet das Ergebnis einer Umfrage der 90er Jahre, sprechen sich für die Gleichberechtigung von Paaren mit und ohne Trauschein aus. Gab es, um nur einige wenige exemplarische Zahlen zu nennen, 1991 rund 454 000 Eheschließungen, so waren es 1995 rund 24 000 weniger. Dafür stieg die Zahl der Scheidungen im selben Zeitraum von 136 000 auf 169 000. Die Zahl der »wilden Ehen« hat sich seit 1972 in der Bundesrepublik verzehnfacht, von 137 000 auf 1,3 Millionen. Gleichzeitig werden wir mehr und mehr zur Single-Gesellschaft.

Der soziale Wandel ist unübersehbar. Erstmals in der Sozialgeschichte der hochindustrialisierten Länder können die meisten Frauen und Männer ohne unmittelbare Not über sich verfügen. Das hat es früher nicht gegeben. Bis in die fünfziger und sechziger Jahre des 20. Jahrhunderts mussten die meisten Ehen gusseisern halten, auch wenn die Betroffenen darunter litten wie die Hunde. Die ökonomischen Zwänge, vor allem die Nichtberufstätigkeit und damit die Abhängigkeit der Frauen, waren erdrückend. Knapp zwei Drittel aller Scheidungsklagen reichen heute jedoch Frauen ein!

Alles ist in Bewegung geraten. Alles müssen Frau und Mann heute untereinander und miteinander abstimmen und vereinbaren. Im Zweifelsfalle entscheiden sie sich für das Glück, nicht für die formale Bindung. Unsere Lebensläufe sind nicht mehr durch Tradition, Konfession, Landsmannschaft, Herkunft, Konventionen und Gruppendruck gehalten. Sie sind flexibilisiert, atomisiert, fragmentarisiert. An die Stelle tradierter Moral ist die »Konsensmoral«, die Vereinbarung mit dem

Partner über Lebensstil, Sexualität, Familienplanung, Beruf etc. getreten. Das Soziologenpaar Ulrich Beck und Elisabeth Beck-Gernsheim konstatiert in seiner Studie ›Das ganz normale Chaos der Liebe‹: »Frauen und Männer sind heute auf Zwangssuche durch Ehe ohne Trauschein, Scheidung, Vertragsehe, Ringen um Vereinbarkeit von Beruf und Familie, Liebe und Ehe, um ›neue‹ Mutterschaft und Vaterschaft, Freundschaft und Bekanntschaft hindurch. Das alles ist unwiderruflich in Bewegung geraten.«

Das mag den teuflischen Schwefelgeruch von Dekadenz und Verfall ausströmen. Stimmt aber nicht. Es handelt sich einfach um das Ende des angeblich allgemein verbindlichen christlichen Wertekatalogs. Dabei sind natürlich auch diese amtskirchlichen Normen geschichtlich geprägt. Das Römische Reich zum Beispiel anerkannte das Konkubinat, in dem Frau und Mann unverheiratet zusammenlebten, immerhin als »Ehe minderen Rechts«; so beliebt war diese Lebensform. Erst das Konzil von Trient verbot anderthalb Jahrtausende später, 1563, das Konkubinat und alle anderen freien Beziehungen zwischen Liebenden. Die Kardinäle dieses gegenprotestantischen Anti-Reform-Konzils schrieben die Unauflöslichkeit der Ehe fest. Bis dahin konnte jedermann – nicht jede Frau! – Scheidung und Wiedervermählung erlangen, wie es ihm gefiel.

Heute, am Ende eines bürgerlichen Individualisierungsprozesses der Persönlichkeit durch Jahrhunderte hindurch, bestehen wir auf der *Liebe* als dem Fundament der Ehe. Wir begründen also, und das ist die Paradoxie und die Quelle unseres Glücks wie unserer Not, die langjährige Partnerschaft auf einem Gefühl. Liebe lässt sich aber unter keinen Umständen kommandieren. Das müssen Kirche und Gesellschaft respektieren. Liebe kann und darf auch enden. Der Schweizer Familiensoziologe François Höpflinger geht sogar so weit, die moderne Ehe für eine Fehlkonstruktion zu halten. Die Liebes-Ehe sei, so Höpflinger, der »Versuch, Feuer und Wasser zu mischen«, weil es ein Gesetz, die Ehe, mit einem Gefühl, der Liebe, zwangsvereinige. Höpflinger kommt zu dem verblüffenden Schluss: »Die wachsende Scheidungshäufigkeit lässt sich deshalb als sozio-logische Konsequenz des Sieges der Liebes-Ehe interpretieren.«

Wie immer wir auch diese soziologische Skepsis bewerten mögen, eines steht fest: Die Ehe ist ein Vertrag. Und wie jeder Vertrag wird auch dieser von Menschen geschlossen, nicht von metaphysischen Mächten. Vor allem aber: Ein Vertrag darf beendet werden, wenn einer der Partner oder beide ihn nicht mehr erfüllen! Das mag prosaisch klingen, aber es ist die Wahrheit. Spätestens im Scheidungsprozess wird beim Notar wie beim Gericht das Wesen des juristischen Kontraktes sichtbar. Da müssen Gütertrennung, Unterhaltsleistungen, Wohnrecht und Rentensplitting vereinbart werden. Da wird aber auch, vor allem von Frauen, das leidige Thema der Vertragserfüllung rückwirkend äußerst kritisch reflektiert. In den Briefen, die ich erhielt, bestätigt sich, dass die Arbeitsteilung unter Eheleuten in deutschen Wohnstuben bis heute das Dasein eines Minderheitenprogramms fristet: 92 Prozent der Männer beteiligen sich, wie eine neuere Statistik ausweist, kaum am gemeinschaftlichen Haushalt. 87 Prozent der Männer haben noch nie gebügelt, 79 Prozent noch nie gewaschen, 75 Prozent der Männer haben noch niemals die Fenster geputzt.

Ist die Ehe deswegen ein »Auslaufmodell«? Eine solche düstere Prognose wäre mit Sicherheit übertrieben. Die Sehnsucht nach lebenslanger Ehe wird bleiben, aber vielleicht nicht immer der Wunsch nach einer Bindung mit demselben oder derselben. Familienrechtler nennen dieses Phänomen die »Kettenehe«. Konsequenterweise geht es in dem in den siebziger Jahren reformierten neuen Scheidungsrecht nicht mehr um die – praktisch unlösbare – Schuldfrage, sondern lediglich um das »Zerrüttungsprinzip«. Wenn die Partner die Ehe nicht mehr aufrechterhalten können, dann ist der Richter gehalten, ihrem Scheidungswunsch zu entsprechen.

»Man braucht eine Ehe, eine lange, um ein Monster zu werden«, notierte der Schriftsteller Max Frisch einmal. Die Ehe, so sagen Spötter, ruiniert die beste Beziehung. Deshalb hat es auch noch keine Gesellschaftsformation geschafft, die Scheidung mit Erfolg zu verbieten. Das tiefkatholische Land Chile ist ein groteskes Beispiel dafür. Der Erzbischof Bernardo Herera und seine Kirche weigern sich, einem Scheidungsgesetz jemals zuzustimmen: »Was Gott vereint hat, soll der Mensch nicht trennen.« Chile ist das einzige westlich orientierte Land, das offiziell kein Scheidungsrecht kennt. Wer es dennoch nicht mehr mit seinem Ehepartner aushält, der greift, wie die Chilenen sagen, auf eine kleine rechtliche »Scheinheiligkeit« zurück. Mit dem hochheiligen Schwur, zum Zeitpunkt der Eheschließung einen anderen Wohnsitz als den angegebenen gehabt zu haben, kann die Ehe vor Gericht für null und nichtig erklärt werden. Rund fünftausend Paare lassen sich im Anden-Staat jährlich auf diese Weise scheiden. Mit Hilfe eines Anwalts und einer Gebühr, die deutlich unter unseren Scheidungskosten liegt, wird die routinierte Form der Trennung über die Bühne gebracht. 99 Prozent der Richter akzeptieren diese rechtliche Annullierung, die seit 1920 praktiziert wird. Daneben gibt es noch eine »Scheidung für Arme«: Der entschwundene Partner wird für »vermutlich tot« erklärt ... Allerdings haben sich inzwischen in einer Umfrage drei Viertel der Chilenen für eine Legalisierung der Scheidung ausgesprochen, wie sie selbst das katholische Irland 1996 eingeführt hat.

Grundsätzlich kommt keine Trennung aus heiterem Himmel. Wie später noch ausführlich erörtert wird, gibt es eine Reihe handfester diagnostischer Kriterien für das »Ausschleichen« einer Beziehung: geringe Einsatzbereitschaft. Illoyalität. Verunsicherung und Einengung. Respektlosigkeit. Verlorene Achtung. Einsame Entscheidungen. Geheime Pläne. Gravierende Unterschiede in der Lebensplanung. Fehlende Gemeinsamkeiten. Mangel an Humor. Körperliche Distanzierung. Finanzieller Verrat. Der letzte Sachverhalt, der ökonomische Betrug, begegnet mir häufig in meiner Praxis. So etwa, als ich Irene, die nichtverdienende Mutter von drei Kindern und Frau eines Freiberuflers, fragte, was sie eigentlich bei einem möglichen Ende ihrer – kriselnden – Ehe finanziell erwarte. »25 000 Euro aus einer von meinem Mann für mich abgeschlossenen Lebensversicherung«, so kam die Antwort wie aus der Pistole geschossen. Was ihr darüber hinaus zustehe, fragte ich. Denn mit der genannten Summe kann man sich heutzutage gerade einen Mittelklassewagen kaufen. Irene war über meine bohrenden Fragen verwirrt. Das Haus, so gab sie zögernd preis, war auf ihren Mann eingetragen, ein Rentenanspruch des Mannes sei nicht zu erwarten. Irene: »Mein Mann hat mich, im Gegenteil, vor einigen Monaten zum Notar gebracht. Hier unterschrieb ich, ohne lange Vorklärungen, die Gütertrennung und den Verzicht auf Unterhaltsansprüche für mich. Einen eigenen Anwalt habe ich nicht konsultiert.«

O heilige Einfalt! Familienrechtler plädieren hier für einen notariellen Vertrag zwischen den Partnern. Er könnte etwa so lauten: »Wir vereinbaren, dass für die Ehefrau eine eigene angemessene Altersversorgung sicherzustellen ist – durch Abschluss einer Kapitallebensversicherung mit Rentenwahlrecht. Die Prämien werden vom Ehemann aus seinem Einkommen als Teil des Familienunterhalts gezahlt.« Merke: In den Finanzen zeigt sich konkret die Liebe ...

Trennung als Aufbruch – es ist in diesem Zusammenhang interessant, sich einmal statistische Befunde über Trennungsgründe und Trennungsängste anzuschauen.

Warum trennen sich Frauen? Die Gesellschaft für Rationelle Psychologie ermittelte für Frauen folgende Hauptgründe:

1. Gefühlskälte, fehlende Zärtlichkeit: 71%.
2. Sexuelle Einfallslosigkeit: 59%.

3. Egoismus, Intoleranz: 48%.
4. Genusssucht, undiszipliniertes Verhalten: 41%.
5. Untreue: 40%.
6. Unehrlichkeit: 39%.

Und warum trennen sich Männer?
1. Untreue: 66%.
2. Gefühlskälte, Lieblosigkeit: 52%.
3. Kritiksucht, Nörgeleien: 50%.
4. Intoleranz, Kleinlichkeit: 45%.
5. Schlampigkeit, unattraktives Äußeres: 38%.
6. Unehrlichkeit: 32%.
7. Eifersucht: 31%.

Wovor haben Frauen und Männer Angst bei der Trennung? Die Psychologen ermittelten:

Vor den Aufregungen und dem Ärger, der damit verbunden ist: Frauen 55%, Männer 39%.

Vor den finanziellen Folgen der Trennung: Frauen 53%, Männer 32%.

Vor dem Alleinsein: Frauen 46%, Männer 30%.

Dass ich ihn/sie doch mehr brauche, als ich mir eingestehen will: Frauen 36%, Männer 27%.

Dass ich die Entscheidung später bereue: Frauen 34%, Männer 25%.

Davor, wie ich allein mit meinem Leben zurechtkomme: Frauen 30%, Männer 18%.

Dass ich keinen neuen Partner mehr finde: Frauen 29%, Männer 15%.

Dass ich Freunde verliere: Frauen 13%, Männer 9%.

Dass mein Partner sich an mir rächen will: Frauen 12%, Männer 6%.

Dass ich nicht weiß, wie meine Kinder die Trennung bewältigen: Frauen 11%, Männer 9%.

Dass ich vor meinen Freunden als Versager dastehe: Frauen 8%, Männer 4%.
Dass ich meine Kinder verliere: Frauen 6%, Männer 24%.
Dass mein Partner sich etwas antun könnte: Frauen 3%, Männer 5%.

Trotz Endzeitstimmung werden vor allem Frauen oft wieder »rückfällig« und gehen zu ihrem Ex-Partner zurück. Die guten und die schlechten Gründe dafür liegen, so scheint es, dicht nebeneinander. Laut der Gesellschaft für Rationelle Psychologie sind dies:
Dass ich festgestellt habe, dass andere Männer auch nicht besser sind: 57%.
Dass er sich gebessert hat, bzw. es versprochen hat: 46%.
Dass ich ihn trotz aller Probleme immer noch liebe: 36%.
Dass ich sehr unter meiner Einsamkeit gelitten habe: 31%.
Dass ich keinen anderen Partner gefunden habe: 23%.
Dass unsere Probleme gar nicht so groß sind, wie ich geglaubt habe: 19%.
Dass ich ohne ihn nicht leben kann, von ihm abhängig/sexuell hörig bin: 17%.
Dass wir beruflich voneinander abhängig sind: 15%.
Dass es mir finanziell sehr schlecht ging: 12%.
Dass meine Kinder sehr unter der Trennung gelitten haben: 10%.
Dass er mich braucht, ohne mich nicht leben kann: 9%.
Dass mir alle geraten haben, es noch einmal zu versuchen: 7%.
Dass er mich erpresst bzw. mich bedroht hat: 6%.
Dass ich meine Eltern nicht enttäuschen wollte: 3%.

Spannend ist vielleicht auch noch ein anderer Zahlenteppich zum Thema Bindung und Beziehungswünsche. Das demoskopische Institut Emnid legte Frauen und Männern dieselbe Frage vor: »Wenn Sie in einer Beziehung leben, was sind dann Ihre größten Wünsche an Ihren Partner bzw. an Ihre Partnerin«? Hier die Ergebnisse:

Mehr Gespräche: Frauen 57%, Männer 37%. Hier klaffen die Zahlen besonders extrem auseinander. Männer sind gesprächsfaul. Dabei hat doch der Philosoph Friedrich Nietzsche gerade die Männer über das Sprechen als das Lebenselixier der Liebe belehrt: »Man soll sich beim Eingehen einer Ehe die Frage vorlegen: Glaubst du, dich mit dieser Frau bis ins Alter hinein gut zu unterhalten? Alles andere in der Ehe ist transitorisch (vorübergehend – M. J.), aber die meiste Zeit des Verkehrs gehört dem Gespräche an.«

Mehr Humor und Fröhlichkeit: Frauen 44%, Männer 42%.

Mehr Gemeinsamkeit: Frauen 42%, Männer 48%.

Mehr Mithilfe im Haushalt: Frauen 34%, Männer 16%. Auch hier agieren die Männer, siehe oben, als chronische Verweigerer. Ein Trauerspiel.

Mehr Zärtlichkeit: Frauen 28%, Männer 31%.

Mehr persönlicher Freiraum: Frauen 20%, Männer 21%.

Mehr Sex: Frauen 4%, Männer 13%.

»Dass zwei Menschen zusammenleben können, ist eines der größten Wunder«, befand der Kulturkritiker Ludwig Marcuse schon vor Jahrzehnten, und er ergänzte: »In den meisten Fällen können sie es auch gar nicht, was dadurch verdeckt wird, dass sie auch nicht auseinander können.« Die Liebe ist eben nicht nur Himmelsmacht, sondern auch alltägliche Asphaltprosa. Just hier beginnt die Kunst der Beziehungsrettung.

Bevor wir eine Trennung anvisieren, sollten wir uns eine Paartherapie gönnen. Das ist das Mittel der Wahl. Die Kostenfrage ist dabei unerheblich, denn eine Scheidung kommt allemal unendlich viel teurer. Eine Serie von Paarberatungen bringt auf jeden Fall Gewinn. Vielleicht schaffen wir es, unsere Beziehung wie ein altes Haus total zu renovieren. Dann hat es sich gelohnt. Dann haben wir am Ende ein neues Stück Beziehungskultur geschaffen. Wir lernen in der wohlwollenden Atmosphäre der Therapie viel über uns selbst, den Partner und das gemeinsame Beziehungsunbewusste. Wir lernen neue Fähigkeiten der Kommunikation, der Streitkultur, des spielerischen Eros, der Neugier und des Experimentes. Wir arrangieren unsere Lebenspläne neu, treffen schöpferische neue Vereinbarungen über unsere Arbeitsteilung, über Freizeit, Kindererziehung, Finanzen, Pflege des Freundeskreises. Wir leben, im Idealfall, plötzlich verrückte Ideen, wir ziehen uns sexy an, wir erobern uns allein und zu zweit neue Freiheitsräume. Es gibt kaum etwas Aufregenderes als so einen gemeinsamen Neuaufbruch.

Das ist auch der Grund, warum ich gerne Paartherapeut bin. Schon der gemeinsame Entschluss eines Paares, mit einer Therapeutin/einem Therapeuten zu arbeiten, ist, salopp gesagt, die halbe Miete. Denn er bedeutet nichts anderes, als dass wir bereit sind, den alten Grabenkrieg, das verbissene Schweigen, die sexuelle Erpressung, die Kränkung und die Bevormundung zu beenden, die Schuldfrage über Bord zu werfen, aufeinander zuzugehen und die schlummernden Paarpotenzen zwischen uns wieder zu aktivieren.

Fast immer lasse ich irgendwann im Laufe einer solchen Paartherapie Frau und Mann auf meinen Korbsesseln mit geringem Abstand einander gegenübersitzen und fordere beide auf, sich gegenseitig zu sagen: »Was liebe ich an dir?« Nach so viel Anstrengung und Streit in der Vergangenheit des Paares rührt es mich dann oft unbeschreiblich, wenn beide am Ende ihrer Liebeserklärungen in Tränen ausbrechen oder ergriffen aufstehen und sich stumm in die Arme nehmen. Ein Mann, überarbeitet, grauhaarig, übergewichtig, sagte einmal bei einer solchen Begegnung in meiner Praxis zu seiner Frau: »Warum haben wir uns so viel Liebes wie jetzt schon seit Jahren nicht mehr gesagt?« Die beiden entschwanden händchenhaltend wie Jungverliebte.

Wo wir als Paar nur noch streiten und leiden, verlieren wir

den Schlüssel zur Seele des anderen. Gute Therapeuten leisten diesen psychologischen Schlüsseldienst. Sie können dies, weil sie das Paar achten und lieben und weil sie ihr Handwerk verstehen. In der Therapie geht es nicht darum, über den anderen zu Gericht zu sitzen, sondern um anteilnehmendes Interesse, Wohlwollen und das gute Verständnis des Menschlichen. Hier, in der Therapie, wird meist sichtbar, dass Frau und Mann »Opfer« und »Täter« zugleich sind. Da überschüttet etwa die depressiv veranlagte Frau den Mann mit ihrer Fürsorge und überspringt neufundländerhaft seine Grenzen, während der schizoid-gefühlskarge Mann umso verbissener seine Distanz und Unabhängigkeit verteidigt. Dabei verlangt doch die Liebe von beiden beides: Autonomie und Verschmelzung. Lernen sie es, dann wird Paartherapie ein Liebesabenteuer. Sie ist Knochenarbeit, Spurensuche, demütige Selbsterkenntnis, Vision von Paarevolution und Paarsynthese. Statt die alte Beziehung zu zerbrechen, wird an ihrer Erneuerung und Vitalisierung gearbeitet.

Das Aufregende ist: Fast alles kann gelernt werden! Da laboriert ein Paar seit Jahren an seiner Sexualität. Wie jeder ordentliche Paartherapeut auf der Welt empfehle ich dem Paar bei Gelegenheit, sich einmal in der Woche abends bei Kerzen und Musik mit einem ätherischen Öl zu massieren, zu streicheln und zu küssen, unter gar keinen Umständen aber Sex miteinander zu haben – schon beginnen Zärtlichkeit und erotische Sehnsucht wieder zu blühen ...

Die Erfahrung zeigt: Die überwältigende Mehrheit der Paare, die sich in die psychologische Praxis wagen, gewinnt die Partie. Paare finden wieder zueinander. Verschüttete Gefühle können ausgegraben, Verletzungen geheilt werden. Im Prozess dieser »Zusammenführung« des Paares mache ich mit ihnen meist eine so genannte Familienaufstellung. Mit Hilfe von Teddys und Puppen lasse ich Frau und Mann jeweils ihre Herkunftsfamilie aufstellen. War ich ein isoliertes Kind oder geborgen im Kreis der Geschwister? Gab es einen psychisch abwesenden Vater? Oder thronte er kontrollierend auf einem Sockel? Wem war die Mutter zugewandt? Gab es einen schmerzhaften, weil zu frühen Tod in der Familie? Gab es schützende Großeltern? War mein Abstand zu den Eltern groß oder klein, angenehm oder ängstigend? Wie bin ich in dieser Familienkonstellation der geworden, der ich heute bin? War ich, Mann, als Ältester der Geschwister vielleicht das Alpha- und Führungstier und ich, Frau, als Jüngste unterdrückt?

Wer so eine Familienkonstellation als Paar einmal miterlebt hat, sieht sich und den anderen mit völlig veränderten Augen. Er begreift die unsichtbare emotionale Arbeitsteilung in der Beziehung, das Geheimnis der Partnerwahl, die nichteinlösbaren kindlichen Sehnsüchte an den Partner, faule Beziehungsverträge und vieles mehr ...

Manchmal ist die Liebe aber auch tot und kann nicht mehr reanimiert werden. Das ist die andere Seite der Paartherapie. In diesem Fall bedeutet sie Trennungsarbeit. Sie kann das Ergebnis zeitigen, dass wir nobel und in Würde auseinander gehen dürfen. Das ist wertvoll. Es ist dies umso kostbarer, als wir zwar eine Fülle hochzeitlicher Bindungsrituale besitzen, aber keine Rituale für die Trennung. In der therapeutischen Trennungsarbeit kann ich am Ende Frau und Mann die drei wichtigen Fragen beantworten lassen: Wovon trenne ich mich gern? Wovon verabschiede ich mich schwer? Was nehme ich mit?

Hier ist therapeutische Begleitung, um es fast theologisch zu formulieren, ein Segen. Denn wir brauchen auch Erlösungs- und Trennungsrituale, eine Art von Scheidungskultur. Wir benötigen Spielregeln der Trennung für alle Beteiligten; die Eltern, die Geschwister, die Freunde, die Arbeitskollegen. Eine Scheidung sollten die ehemaligen Ehepartner feiern wie eine Hochzeit, schlägt kühn der Heidelberger Familientherapeut Helm Stierlin vor: »Unter der Freiheitsstatue beispielsweise, und zum Schluss die Ringe ins Wasser werfen.«

Das ist nicht so exotisch, wie es auf den ersten Blick scheinen mag. In Schweden ist man in der Gestaltung der Scheidungskultur schon etwas weiter. In diesem Land können Paare ihre Ehe dort beenden, wo sie sie einst geschlossen haben: in der Kirche. Gemeinsam zieht das Paar in die Kirche ein. Nachdem der Pfarrer seinen Segen gesprochen hat, ziehen sie ihre Ringe ab und legen sie zurück auf den Teller. Sie bitten um Verzeihung für »das Böse, das wir einander angetan haben«.

Kernpunkt des schwedischen Scheidungsrituals ist die Bitte um Schulderlass, den der Pfarrer »in Jesu Christi Namen« schließlich gewährt. Zuvor haben die Partner darum gebeten, dass »die Wunden, die unsere Sorge und Bitterkeit verursacht haben«, geheilt werden mögen. Sie haben für »das Stück des Lebensweges, das wir gemeinsam gingen«, gedankt und schließlich einander Vergebung versprochen. Die Scheidenden bitten um Hilfe für die »Wege, die nun auseinander gehen«. Getrennt verlassen sie die Kirche. Niemand wirft mit Reis.

Noch mag das schwedische Scheidungsritual hierzulande ein Ärgernis für die Hüter der reinen Lehre darstellen. Wir werden darüber noch in einem späteren Kapitel sprechen. Eine Blasphemie scheint es mir nicht zu sein. Der Münchner Pfarrer Gerhard Born hat, wie ich einer Ausgabe des ›Sonntagsblatts‹ (1998) entnehme, eine Lanze für die barmherzige Würdigung der Scheidung gebrochen. Manche Ehepaare, sagt er, sind hochbetagt, ehe einer den Satz wagt: »Es geht nicht mehr, ich muss mich von dir trennen!«

Gerhard Born meint: »Wer nicht selbst in Seelsorge und Lebensberatung tätig ist, wer nicht konkret miterlebt, wie es zu dem Entschluss der Trennung kommt, der möge sich bitte mit vorschnellen Urteilen zurückhalten. Selbstverwirklichung? Egoismus? Überbewertung der Sexualität? Mangelnde Bereitschaft zum Mitleiden und Mittragen? Es ärgert mich, wenn Menschen von außen, vom grünen Tisch her, so tönen. Und jedesmal juckt es mich, ihnen zuzurufen: ›Kommen Sie, setzen

Sie sich mal eine Woche lang jeden Tag in ein Beratungszimmer und hören Sie zu, was Menschen vorbringen, die sich trennen wollen. Fühlen Sie sich ein in die lange individuelle Geschichte dieser Beziehung, versuchen Sie mitzuleiden. Und dann will ich wissen, ob Sie immer noch wohlfeile Sprüche verbreiten.‹«

Born kritisiert: »Was Gott zusammengefügt hat, das soll der Mensch nicht scheiden. Dieser Satz Jesu hat dazu geführt, dass es im kirchlich beherrschten Bereich keine Ehescheidungen gegeben hat, dass Geschiedene geächtet wurden, dass es bis heute ein ungelöstes Problem ist, ob Menschen, die nach einer Scheidung wieder geheiratet haben, zur katholischen Kommunion gehen dürfen oder nicht.«

Haben die Hüter der »unauflösbaren Ehe« das Recht, sich auf Jesus zu berufen? Born: »Nein, das haben sie nicht ... Jesus weiß ganz genau, dass die Wirklichkeit anders aussieht. Wäre er ein eifernder Moralist gewesen, hätte er sich niemals mit den Gestrauchelten und Gescheiterten an einen Tisch gesetzt. Du sollst vergeben, hat er gesagt, nicht nur einmal, nicht nur sieben Mal, siebenundsiebzig Mal, also immer wieder (Matthäus 18,22) ... Jesus wollte nicht, dass man aus seinen Sätzen Gesetze macht, so hart und unerbittlich wie Beton. Das haben wir Menschen getan, Gott sei's geklagt, und das ist falsch.«

»Immer soll die Liebe brennen nach dem göttlichen Gebot«, heißt es in einem bäuerlichen Hochzeitslied des 19. Jahrhunderts, »niemand soll die Ehe trennen, niemand als allein der Tod.« Schön, wenn es so einfach wäre. Das Leben und die Liebe sind komplizierter. Kämpfen wir also rechtzeitig, solange es noch geht, um die Partnerschaft. Aber letztendlich gilt der alte Psychologensatz: Kinder dürfen nicht gehen. Erwachsene dürfen gehen.

Zur Wiederverheiratung Geschiedener:
Es gehört für mich zu den zentralen Inhalten
des christlichen Glaubens, dass der Christ und die Christin
jederzeit die Chance des Neubeginns haben.

Prof. Dr. theol. Norbert Greinacher,
Ist die katholische Kirche noch zu retten?
›Frankfurter Rundschau‹, 13. 8. 1998

Manche Ehe ist ein Todesurteil, das jahrelang vollstreckt wird

Als ich jung war, glaubte ich nicht, dass es richtige Kriege sind,
in denen einer den anderen ins Verderben schicken kann,
ich staunte, wenn ich in Büchern von den seltsamen
Versehrungen las, die man durch Liebe davontragen kann,
ich wusste nichts von den Verstümmelungen und Toden,
die Männer und Frauen einander antun können.

Birgit Vanderbeke: Alberta empfängt einen Liebhaber

Als »ein bisschen mollig« bringt sich Henriette mir am Anfang ihres vierzehnseitigen Briefes in Erinnerung. »Leider«, schreibt sie, »ist das Gewicht zurzeit meine größte Sorge, wo ich doch früher immer so schlank war. Aber ich bringe es nicht auf die Reihe. Wahrscheinlich musste das, was ich geschrieben habe, gut verdaut werden.«

Selten hat mich ein Brief so bewegt wie der von Henriette. Es ist der Lebensrapport über die schlimmen Szenen einer Ehe, über die Ahnung vom großen Glück in der schicksalhaften Begegnung mit einem Mann während der Kur, dem späten Mut zur Trennung und dem paradoxen Los zweier Liebender, die nicht zueinander kommen können, weil das Wasser viel zu tief ist.

Da ist einmal die Geschichte eines denkbar schlechten Starts in das Leben, wie das so viele Frauen kennen. Henriette berichtet:

Ja, ich habe verlassen, und zwar nach siebzehn lieblosen Ehejahren, in denen ich nur der »letzte Dreck« war und mich unterordnete, wie ich es eben vom Elternhaus gewohnt war: ja immer lieb sein und nicht aufmucken. Ich hatte auch einen herrschsüchtigen Vater. In Schutz wurde ich nie genommen. Da ich sehr feinfühlig bin, traf es mich besonders hart. Mit zehn Jahren sagte ich mal, »ich glaube, ich bin gar nicht euer Kind.« Ich war von drei Kindern die Mittlere. Als mein Vater vom Krieg heimkam, gab es noch eine kleine Schwester, und so wurde ich halt zur »Mitläuferin«. Mit sechzehn Jahren lernte ich meinen Mann kennen. Er war vom Aussehen her »mein Typ«. Mit achtzehn verlobte ich mich, weil das so Sitte war. Mit zwanzig wollte ich unbedingt heiraten, um endlich der Bevormundung von zu Hause zu entfliehen. Mein Vater musste noch unterschreiben, was er sehr ungern tat.

Schnell erweist sich der Partner, wie so oft, als eine »Mogelpackung«. Oder, freundlicher gesagt, als ein junger, unreifer, selbst vom Elternhaus geschädigter Mensch. Henriette erfährt diese Wahrheit schnell und gnadenlos:

Nun ja, mein Mann war immer ruhig und still. Als ich mit zweiundzwanzig Jahren unseren Sohn bekam, wollte er mich nicht mal besuchen in der Klinik. So eine Geburt, das war alles nichts, da könne man ja warten, bis ich heimkam. Auch hat er es in meinen Schwangerschaften streng vermieden, sich in der Öffentlichkeit mit mir zu zeigen, weil ich einen dicken Bauch hatte. Und er hat mich nie auf Betriebsfeste mitgenommen, obwohl ich früher eine gut aussehende, schlanke Frau war (fünfzig Kilo). Nun ja, das Leben ging so dahin, ich wusste nicht, dass andere Leute mich vielleicht mögen könnten.

Was für eine bittere innere Gefühlslage! Da kann es sich eine liebe und schöne junge Frau nicht vorstellen, »dass andere Leute mich vielleicht mögen könnten«. Das ist der Kern des folgenden Lebensdramas. Wer sich nicht geliebt fühlt, mag sich auch selbst nicht lieben. Wer sich selbst nicht liebt, nimmt die Tyrannei der Partnerschaft wie ein Opferlamm hin. Er wagt es nicht, selbst Schmied seines Glückes zu werden. Er traut sich nicht, sich zu trennen, das alte Leben hinter sich zu lassen und hinter den sieben Bergen nach dem Glück zu suchen.

Drei Kinder bringt Henriette auf die Welt. Nach dem dritten Kind bekommt sie eine Gelbsucht. Es geht ihr schlecht, sie schafft kaum mehr ihre Hausarbeit. Aber sie lässt sich nichts anmerken, bis sie eines Tages zusammenbricht. Der Arzt schickt sie zur Kur. Zum ersten Mal ist Henriette mit zweiunddreißig Jahren allein weg. Was ihr dort auf der Kur widerfährt, ist die Begegnung mit dem Leben, mit der Liebe. So viele Frauen und Männer haben mir davon in ihren Briefen berichtet. Und wie viele andere Menschen vermag Henriette ihr Glück weder zu be-greifen noch energisch zu er-greifen.

Ich musste eine Trinkkur machen und dabei durch die Wandelhalle gehen und in kleinen Schlucken das Salzwasser trinken. Plötzlich blieb ich stehen, und ein Augenpaar schaute mich an. Ich dachte, der Blitz würde mich treffen, so ist es mir durch den Körper gesaust. Schnell gab ich mein Glas ab und rannte zur Wandelhalle raus. Ich dachte, oh Gott, was ist denn das, ich habe doch drei Kinder, ich darf doch keinen anderen Mann anschauen.

Mein Sanatorium lag etwa einen Kilometer von der Stadt entfernt. Kurz nach dieser ersten Begegnung hatte ich gerade ein Netz voller Äpfel eingekauft, als plötzlich jemand hinter mir rief: »Hallo, hallo, darf ich Ihnen die schwere Tüte abnehmen?« Es war der Mann von der Wandelhalle. Er wohnte in einem Haus neben meinem Sanatorium und fragte mich, ob ich vielleicht mitkommen wolle zum Tanzen, zusammen mit anderen Leuten von seiner Klinik. Nach langem Zögern sagte ich dann zu. Ich, die ich nach zwölf Jahren Ehe noch nirgends allein war, ja nicht einmal mit meinem Mann weggehen durfte!

Beim ersten Tanz durchfuhr mich wieder so ein Blitz. Ich wusste, das wäre der Mann, der zu mir passen würde. Wie ich später erfuhr, ging es auch ihm recht nahe, denn er wurde von seiner Frau betrogen und war zu gutmütig, um sich zu wehren.

Nun, wir gingen jeden Abend bis halb zehn mit Kollegen zusammen tanzen. Jeden Morgen und jeden Nachmittag unternahmen wir den weiten Weg zur Wandelhalle gemeinsam. Wir gingen auch Schaufenster anschauen. Da er sehr modisch war, sagte er mir auch, was mir gut stehen würde.

Heinriette ist jetzt überglücklich. Das Leben pulst in ihr. Sie will aber mit ihrem Ehemann das Glück leben. Henriette versucht, ihren schwerblütigen und gefühlskalten Mann dazu zu gewinnen, den Champagner des Lebens zu trinken. Doch sie erfährt eine schneidende Abfuhr:

Ich lebte auf einmal auf und schrieb voll Begeisterung meinem Mann einen Brief, dass wir uns zu einem Tanzkurs anmelden sollten, wenn ich heimkäme, dass wir dann auch einmal miteinander ausgehen könnten. Oh je, da habe ich ins Feuer gelangt. Er ging gleich mit dem Brief zu meinen Eltern. Die schrieben mir einen bitterbösen Brief, ob ich denn meine drei Kinder vergessen hätte.

Nun, was wollte ich denn Böses? Ich wollte doch mit meinem Mann tanzen gehen. Natürlich war es die reinste Sünde, mit einem anderen Mann zu tanzen.

Die sechswöchige Kur vergeht, Henriette und ihr platonischer Liebster fahren am selben Tag zurück, zum jeweiligen Ehepartner. Natürlich haben sie nicht miteinander geschlafen, ja sich nicht einmal geküsst – zur damaligen Zeit wäre schon ein einfaches »Händchenhalten« ein Scheidungsgrund gewesen – aber sie haben sich aneinander gewöhnt. Dann nimmt der Alltag wieder seinen Lauf, die Monotonie, aber auch das Glimmen einer verborgenen Sehnsucht unter der Asche der Lieblosigkeit:

Als ich heimkam, wurde ich mit bitteren Vorwürfen empfangen – das hatte ich von meiner Ehrlichkeit! Mein Vater schrie mich an, »so etwas kommt in unserer Familie nicht vor!« Ich zog mich wieder in mein Schneckenhaus zurück. Alle Musikstücke, auf die wir in der Kur getanzt hatten, nahm ich auf

Kassette auf. Abends, wenn mein Mann heimkam, musste die Musik sofort ausgemacht werden. Ich war gesund nach Hause gekommen, aber die vielen Demütigungen machten mich wieder krank. Ich musste nach zwei Jahren erneut zur Kur.

Liebe macht erfinderisch. Henriette erzählt, wie sie ihren Ehemann austrickste. In all der Bitterkeit ihrer Ehepassion bewahrte sie sich ein Stück List und »Mut zum Ich«:

Telefonisch stand ich mit meinem »Kurschatten« in Kontakt. Wir trösteten uns gegenseitig. Auch er musste wieder zur Kur. Ich konnte es mit meiner Krankenkasse regeln, dass ich mir denselben Ort wie er aussuchen konnte. Einen Tag nach ihm traf ich in dem Kurort ein. Er stand auf dem Bahnhof mit einem Strauß roter Rosen. Wir wären uns am liebsten in die Arme gefallen, aber das durfte man doch nicht, nur nebeneinanderher laufen und so tun, als ob wir uns nicht kennen würden! Bei diesem zweiten Wiedersehen wusste ich, er würde mein Schicksal werden, und so war es auch.

Auch jetzt erweist sich das Glück wieder als ein Hindernisrennen:

Wir waren wieder sechs Wochen zur Kur, allerdings ich privat und er von der BfA. Das hieß, wir wohnten in getrennten Häusern. Ich muss heute noch lachen, wenn ich daran denke, wie er mich nachmittags einmal abholen wollte. Da war die Haustür angelehnt. Über den Eingang hatte die Hauseigentümerin fünf Kuhglocken gehängt, welche anschlugen. Die Frau kam gerannt und sagte: »Fremde Personen dürfen nicht ins Haus. Er muss draußen warten, wenn er Sie abholen möchte.«

Ich muss sagen, bei dieser Kur bin ich ein anderer Mensch geworden. Ich habe mich anders gekleidet, meine langen Haare anders frisiert, habe mich auch mal getraut, etwas zu erzählen. Überhaupt habe ich gemerkt, dass mich andere Leute sehr mögen und dass ich auch eine Persönlichkeit bin.

Die Trennung von dem – immer noch platonischen – Geliebten war diesmal noch schwerer:

Dieses Mal fiel es uns ganz schwer, uns zu trennen. Wir beschlossen, dass ich mit ihm noch die fünfhundert Kilometer mit dem Zug zu ihm heimfuhr. Meinen Mann habe ich mit den Kindern auch dorthin geschickt. Ich wollte dort noch mit der Familie Urlaub machen. Kurz bevor wir an dem Ort des Liebsten ankamen, gingen wir zwei aus dem Abteil und endlich fielen wir uns in die Arme und beide heulten wir wie die Schlosshunde.

Ich sah noch, wie seine Frau am Bahnsteig war, aber auch ich wurde ja von meiner Familie abgeholt. Das war es dann auch.

Henriette nimmt den Liebsten in ihr Herz. Das Gefühl dieser Liebe trägt sie:

Jetzt konnte ich meine Ehe irgendwie besser ertragen, mit dem Gedanken nämlich, dass ich irgendwo, fünfhundert Kilometer weiter, sehr geliebt werde. Auch für ihn war es jetzt besser zu ertragen, wenn seine Frau ihn ständig mit einem anderen betrog. Es verging noch ein Jahr, und plötzlich teilte er mir mit, er habe sich scheiden lassen. Die Kraft dazu hätte ich ihm gegeben.

Hätte die neue Situation Henriette nicht die Chance gebracht, sich von ihrem ungeliebten Mann zu trennen? Das Leben ist komplizierter:

Es war vor Weihnachten. Mein Freund wollte unbedingt an meinen Ort kommen, um mich zu sehen. Ich hatte mir nach zehn Jahren Familienpause wieder eine Stelle gesucht und arbeitete halbtags. Da wir bei meinen Eltern wohnten, waren meine Kinder versorgt. Er kam also! Ich ging nachmittags zwei Stunden früher in die Stadt, um etwas »einzukaufen«, und dann sah ich IHN! Wir liefen in den Kaufhäusern hintereinander her. Ich schaute ihn kaum an, vor lauter Angst, es könnte jemand sehen, dass ich mit einem Mann rede. Für dieses Verhalten könnte ich mich heute noch ohrfeigen. Dann musste ich heim. Ich durfte höchstens eine halbe Stunde den »Bus verpassen«, sonst wäre es aufgefallen. Das war also unser Wiedersehen. Eine Woche vor Weihnachten wollte er wiederkommen. Aber ich wehrte mich mit allen Ausreden. Ich hatte solche Angst, dass mich jemand sehen würde! Allein der Gedanke war schon Sünde.

Der Freund verbringt die Weihnachtstage allein. Er ruft Henriette an. Er sagt, er sei bei einer Nachbarin zur Silvesterfeier eingeladen. Genau diese Nachbarin »verkuppelt« den Mann an ihre Schwägerin, eine Witwe mit zwei kleinen Kindern. Das teilt er dann Henriette mit und begründet seinen Schritt. Er wolle Henriette doch nicht von ihren Kindern trennen. Bei einer Trennung würden ihr, nach dem damaligen Schuldprinzip des Scheidungsrechtes, die Kinder abgesprochen. Dieses Opfer könne er nicht von Henriette verlangen. Tatsächlich hätte Henriette, wie sie schreibt, eine Trennung von ihren Kindern nicht überwinden können.

Für Henriette folgt eine schwere Zeit. Sie hat keinen Mut, ihren Mann zu verlassen. Bereits nach der ersten Kur schlägt er sie. Der Grund ist grotesk. Er schlägt sie wegen einer Frau, einer Kurbekanntschaft, die Henriette besucht. Er beschuldigt Henriette einer lesbischen Beziehung mit dieser Frau. Henriette weiß damals noch nicht einmal, was das Wort überhaupt bedeutet. Henriettes Arzt rät ihr, von diesem lieblosen Mann wegzugehen. Aber die Eltern verbieten Henriette die Scheidung. Sie lässt es sich verbieten und zieht die Scheidung zurück, was sie schwer bereut! Schließlich aber ist es genug:

Mich hat diese Ausweglosigkeit damals so hin- und hergerüttelt, dass ich beim nächsten Ehekrach Konsequenzen zog. Mein Mann kam betrunken nach Hause und beschimpfte mich grundlos. Ich sagte: »So, jetzt brauchst du mich nicht mehr zu schlagen. Ich reiche die Scheidung ein, aber ohne Sühneversuch.«

Ich zog aus dem Schlafzimmer aus und machte mir drei Wochen lang Tag und Nacht Gedanken über die Trennung. Dann ging ich zum Anwalt. Dieser warnte mich, ich solle noch das neue Scheidungsgesetz abwarten. Aber nein, ich wartete nicht. Ich wollte auch nichts für mich, nur Unterhalt für die Kinder.

Heute, so viele Jahre später, kann Henriette ihr Lebensgeheimnis offenbaren:

Lieber Dr. Jung, ich muss mir heute eingestehen und sage es das erste Mal: Die tiefe Liebe zu dem anderen Mann, die überdies nur in Gedanken stattgefunden hatte, war der eigentliche Grund der Trennung. Als ich das Gerichtsgebäude verließ, fiel eine ganz große Last von mir.

Der Mann weigert sich, die eheliche Wohnung zu verlassen. Noch ein ganzes Jahr muss sie es mit ihm aushalten. Dann zieht sie aus, zehn Kilometer weiter. Henriette macht den Führerschein. Den werde sie nie schaffen, hatte ihr der Haustyrann prophezeit. Henriette arbeitet bei einer Bank. Sie wird geachtet und erhält Lohnerhöhung. Die Kinder atmen auf. Heute sagt die erwachsene Tochter: »Mutti, ich hätte mir eine schönere Kindheit nicht vorstellen können.« Was für eine Leistung! Henriette erreicht es übrigens auch, dass der Ex-Mann die Wohnung in ihrem Elternhaus verlassen muss. Sie zieht mit den Kindern zurück und gewinnt ein gutes Verhältnis zu ihrer Mutter. Für die Trennung, die so befreiend ist, zahlt Henriette gleichwohl einen hohen Preis:

Heute muss ich sagen: Ich war in allem viel zu schnell. Hätte ich das Vierteljahr bis zum neuen Scheidungsrecht durchgehalten, es wäre alles geregelt worden mit dem Unterhalt, mit dem Wohnrecht. Er hätte dann ausziehen müssen. Meine Kinder wären versorgt gewesen bei meiner Mutter. Sie hätten ihre Kameraden nicht verloren. Das werfe ich mir heute noch vor. Deswegen kann ich heute oft nicht schlafen. Die Gedanken kommen immer wieder: Was habe ich meinen

Kindern angetan! Aber für mich war es damals ein Neuanfang. Ich habe es geschafft, auch wenn ich viel arbeiten musste.

Szenen einer Ehe. Der Mann wird mit der neuen Situation nicht fertig:

Aber mein Ex-Mann hat es nicht geschafft. Er ist vor sieben Jahren gestorben. Herzinfarkt. Schlaganfall. Heute denke ich oft über ihn nach. Er konnte keine Liebe zeigen oder wenigstens mal ein gutes Wort sagen. Warum? Weil er in der Kindheit auch keine Liebe bekam. Ich habe es zwar oft auf vielen Wegen versucht, ihn umzustimmen. Aber er war mir erst kurz vor seinem Tod entgegengekommen. Es war ganz komisch. Ich traf ihn zufällig in der Stadt. Ich überlegte noch, ob ich ihm ausweichen sollte. Doch irgendetwas sagte mir: »Geh auf ihn zu.« Er hatte an dem Tag Geburtstag – seinen letzten, wie sich herausstellen sollte. Ich ging also auf ihn zu, streckte ihm – vierzehn Jahre nach der Scheidung! – zum ersten Mal die Hand entgegen. Ich sagte: »Ich wünsche dir alles Gute.«

Ihm kamen die Tränen. Er fragte, ob ich nicht ein bisschen Zeit hätte. Aber ich war geschäftlich unterwegs und musste weiter. Ich habe mich noch dreimal umgedreht. Es war das letzte Mal, dass ich ihn sah. Vierzehn Tage später war er tot. Er ist im Urlaub gestorben. Ganz einsam und allein, umgeben von vielen Maschinen und Schläuchen auf der Intensivstation. Meine Tochter fuhr noch hin. Ich wollte ebenfalls zusammen mit meinen Söhnen hin, aber es war zu spät. Wir haben ihn dann an meinen Heimatort überführen lassen. Kein Mensch von seiner Verwandtschaft kam zur Beerdigung, nur meine Verwandtschaft und seine Kollegen waren bei der Urnenbeisetzung anwesend.

Wenn ein Mensch stirbt, nimmt er auch seine letzten Geheimnisse mit sich in das Grab. Henriette ist mit vielen Fragen allein:

Heute frage ich mich: Warum wurde wohl nicht geredet in unserer Ehe? Warum konnte er seine Gefühle nicht zeigen? Wenn ich ihn abends in die Arme schließen wollte, stieß er mich weg. Es war aber nicht so, dass er eine andere gehabt hätte. Nein, er hat außer mir nie mehr eine andere Frau angeschaut. Er hat auch sehr viel gearbeitet, dass es uns gut ging. Aber diese Liebe, die er für mich empfand, die konnte er nicht zeigen. Gerade das war sein Untergang. Herzinfarkte haben immer etwas mit der Liebe im Herzen zu tun.

»So wie die Liebe ihre Kette fühlt«, sagt ein französisches Sprichwort, »begreift sie auch, dass sie enden muss.« Auch der Liebste, der »Kurschatten«, ist nach Henriettes Worten nicht glücklich:

Bei meiner Geschichte war es so, dass der »Kurschatten« seine zweite Frau unter Zwang geheiratet hatte. Glücklich ist er nicht. Er ruft zweimal im Jahr an, zu meinem Geburtstag und zu Weihnachten. Dabei ist er immer bedrückt. Auch er hat einen Fehler gemacht und ist nicht seinem Herzen gefolgt. In der Zwischenzeit sind siebenundzwanzig Jahre vergangen, aber meine Liebe für ihn ist noch nicht erloschen. Die Kinder sind alle aus dem Hause. Ich denke oft, es wäre so schön, wenn er zur Türe hereinkäme, und auch ich noch einen schönen Lebensabend haben könnte.

»Manche Ehe ist ein Todesurteil, das jahrelang vollstreckt wird«, bemerkt der Dramatiker August Strindberg. Dabei hatte Henriette ganz am Anfang, wie so viele Frauen, eine vage Ahnung von dieser seelischen Exekution:

Ich wollte mich schon bei der Verlobung trennen, aber man hatte ein paar Kochlöffel und Geschirrtücher und Kuchenbleche geschenkt bekommen. Da kann man die Leute doch nicht vor den Kopf stoßen. Was würde das Dorf dazu sagen!

Kochlöffel! Kuchenbleche! So kann man zu Anpassung und Kadavergehorsam erzogen werden, meint Henriette. Bei all ihrem Schmerz über das ungelebte Leben und die nicht realisierte Liebe zu ihrem Liebsten ist sie doch eine mutige Frau geworden – voller Lebensbejahung und Offenheit für ihre Kinder: Nie würde sie, wie ihre eigenen Eltern, jemandem von der »Trennung als Aufbruch« abraten:

Den Fehler habe ich bei meinen Kindern vermieden: Die Scheidung hängt ihnen vielleicht doch noch ein bisschen an, denn alle drei sind noch nicht verheiratet. Aber sie sind arbeitsame, rechte Menschen geworden, und die Söhne sind für ihre Partnerinnen sehr verschmuste Kater.

Der Absturz

Wie ein Adler aus dem Blauen
ist der Schmerz, der seine Klauen
jählings scharf ins Fleisch dir schlägt,
aber dann mit starkem Flügel
über Wipfel dich und Hügel
zu des Lebens Gipfeln trägt.

Immanuel Geibel: Neue Gedichte

Als ich selbst sieben Jahre alt war, ließen sich meine Eltern scheiden. Wir waren vier Kinder. Die Trennung war, kurz nach dem Krieg, eine Katastrophe. Die Familie brach auseinander. Wir drei Söhne wurden auf ein Jesuiteninternat ins Ausland geschickt. Die Katastrophe, so erkenne ich es heute als Erwachsener, lag weniger in der Trennung als solcher, sondern in der *Art* der Trennung. Die Eltern, um es schonend zu formulieren, taten sich schwer, mit der Situation und damit mit uns Kindern vernünftig umzugehen. Wir fühlten uns verlassen. Das schmerzte. Ich habe lange gebraucht, meinem Vater und meiner Mutter ihre Trennung zu »erlauben«. Solange ich das aber nicht tat, blieb ich psychisch ein Kind, dem alten Groll verhaftet. Hatten sie als Erwachsene nicht ein Recht auf diesen Weg? Durchaus. Was ihnen damals fehlte, war eine liebevolle Hilfestellung.

Heute können Paare zu einem Mediator oder in eine Paarberatung gehen. Wie viel wäre meinen Eltern und uns Kindern durch eine professionelle Beratung erspart geblieben! Ihre Trennung hätte die Liebe zu uns Kindern nicht zu tangieren brauchen. Der Vater wäre uns als Vater erhalten geblieben. Diese Nachkriegstrennung, natürlich nach dem fürchterlichen Schuldprinzip, blieb wie ein dunkler Schatten in uns. Mich hat dieser Schatten wiederholt in meinem Leben daran gehindert, rechtzeitig Trennung zu wagen und, psychologisch gesprochen, »Trennungsarbeit« zu leisten.

Deswegen geht es mir heute darum, die Trennung/Scheidung vom Odium des bloßen Scheiterns zu befreien. Trennung ist mehr, scheint mir, sie ist immer auch Abschied vom Quälenden, nicht mehr Lebbaren. Sie ist Aufbruch ins Neue, bislang Ungelebte. Trennungskrisen gehören unabdingbar zu den Geburts- und Entwicklungsstufen unseres Lebens. Trennung ist also immer eine gewaltige seelische Leistung. Zugleich stellt sie sich meist als qualvolle Amputation bei lebendigem Leib und ohne Narkose dar, als Absturz für den Verlassenen, als Schuldkomplex für den Verlassenden. Trennungen können so schlimm sein, dass wir sterben wollen.

Von diesem abgrundtiefen Schmerz erzählen alle Briefe. Miriam schreibt:

Ich bin 1990 verlassen worden (Heirat 1982). Wir lebten dann noch zusammen bis zu unserer einvernehmlichen Scheidung 1993. So lange dauerte es, bis ich in meine neue Wohnung einziehen konnte ... Er sprach nicht mehr mit mir. Er war stumm wie ein Fisch. Es war unerträglich. Ich bin daran fast zerbrochen. Ich habe so gelitten! Es war unmöglich, ein Gespräch zu führen. Ich habe mir »die Zähne ausgebissen«; all meine Bemühungen waren umsonst, ich »erreichte« ihn nicht mehr. Er verweigerte alles. Es war eine Qual! Mein Selbstbewusstsein war am Boden. Ich fühlte mich nur noch schwach, klein, elend, hilflos. Ich hatte aber keine Übung im »Schwachsein« – als Zweitälteste war ich immer das Vorbild für meine sechs Geschwister gewesen und musste schon früh Verantwortung übernehmen. Für mich stürzte eine Welt ein! Ich war nur noch am Zweifeln, es war alles so undurchschaubar geworden, Chaos, Angst, Unsicherheit, Trauer, Zorn, Schmerz!

Ich wünschte mir zu dieser Zeit auch manchmal, tot zu sein, einfach im Bett liegen zu bleiben und nicht mehr auf-

stehen zu müssen. Wenn ich auf einem Berggipfel stand, überlegte ich manchmal, wie es wohl sein würde, da hinunterzuspringen. Mit einem Sprung, mit dem Mut zu einem Sprung würden alle Qualen aufhören. Ich wusste, dass ich es nicht tun würde, aber ich wollte diese Schmerzen einfach nicht mehr spüren, es war ein Würgen in mir, es schnürte sich alles in mir zusammen.

Einen tiefen Fall, aber auch die große Hilfeleistung des Unbewussten erlebte Sabine:

Es hat sehr, sehr lange gedauert, bis ich nach meiner Trennung so etwas wie Befreiung empfinden konnte. Ich habe geglaubt, nie aus diesem dunklen schwarzen Tunnel, in dem ich steckte, herauszukommen. Ich fühlte mich entwurzelt und hatte keinen Halt. Fast eineinhalb Jahre hat es gedauert, bis zum ersten Mal in meinem Leben wieder ein Sonnenstrahl auftauchte. Aber dann ging es stetig aufwärts. Es war eine Kraft, die in meinem tiefsten Innern erwachte. Ich spürte, wie dieses zarte Pflänzchen in mir wuchs und mit der Zeit immer stärker wurde. Meine Vergangenheit und meine Verletzungen habe ich in meinen Träumen »abgearbeitet«. Ich kann mit ruhigem Gewissen sagen, dass ich es hinter mir habe. Ich kann mich sehr selten an meine Träume erinnern, doch diese Träume, die mich so unendlich erleichtert haben, sind mir immer noch lebendig. Es waren grausame, sadistische Träume, voller Gewalt und Aggression, dazu auch noch lustbesetzt, was mich aufs Äußerste erschreckt hat. Ich habe gelernt, dass auch dies ein Teil von mir ist.

Wie einen Zusammenbruch ihres ganzen bisherigen Lebens erlebte Dorothea den Auszug des Mannes zu seiner »Traumfrau«:

Ich erwachte aus meinem Traum, endlich. Wir waren immerhin über zwanzig Jahre zusammen. In diesem Trennungsjahr kam er oft und hat mir das Leben schwer gemacht. Das Neue war nicht das Glück, das er sich erhofft hatte. Schlimm war bei mir der Bruch des Vertrauens. Ich stürzte in eine unsagbare Tiefe. Die Enttäuschung war kaum überwindbar. Doch dann fing ich langsam an, mich auf mich zu besinnen. Ich merkte, wie ich mich an ihn geklammert hatte. Er war mein Evangelium gewesen.

Wenn eine Lebensform zusammenbricht, wirkt der Schock oft nach Jahrzehnten noch nach. Hubert schreibt:

Die Trennung von meiner ersten Frau liegt nun schon vierundzwanzig Jahre zurück. Es war für mich kein Aufbruch, sondern ein schwerer Einbruch, ein Scherbenhaufen in meinem Gefühlsleben und im finanziellen Bereich. Der Grund der Trennung war das Verhältnis meiner Frau zu einem Mann aus der Nachbarschaft, welches sie nicht aufgeben wollte. Der Tag, an dem ich nach reiflicher Überlegung die Scheidung einreichte, war für mich einer der schwärzesten und schwersten Tage. Die Gefühle waren auf dem Nullpunkt. An einen Neuanfang war erst einmal nicht zu denken. Ich musste erst mit mir selbst klarkommen und die Situation begreifen, in der ich mich befand. Dazu brauchte ich zwei Jahre.

In der zweiten Beziehung, einer Partnerschaft ohne Trauschein, hörten Huberts Probleme übrigens nicht auf. Er brachte seine Tochter, sie ihren Sohn, beide noch kleine Kinder, mit. Hubert erinnert sich:

Da unsere Kinder sehr, sehr unterschiedlich, fast gegensätzlich in ihrer Veranlagung waren, brauchten wir auf die Probleme, die sich daraus ergaben, nicht lange zu warten. Beide Kinder hatten zumindest eines gemeinsam, sie waren auf den jeweiligen Partner eifersüchtig und haben versucht, uns wieder auseinander zu bringen. Doch das haben sie nicht geschafft. Gelernt aus der Trennung von meiner ersten Frau habe ich, dass ich diese riesigen Probleme mit der Kindererziehung und der daraus entstandenen Belastung mit der neuen Partnerschaft unterschätzt habe. Ohne Trennung von meiner ersten Frau wären allerdings vielleicht noch schwerere Probleme, die nicht zu bewältigen gewesen wären, entstanden.

Doch bleiben wir beim Thema des seelischen Kreislaufkollapses durch die Trennung. Corinna (»Ich habe den falschen Mann geheiratet, wir passten nicht zusammen, wir sprachen verschiedene Sprachen«) erlebte, wie nicht wenige Frauen, einen sozialen Abstieg, der bis heute andauert:

Mein Gefühl bei der Trennung war grenzenlose Wut über das Scheitern, das ich doch nie gewollt hatte. Schuldgefühle hatte ich nicht. Ich wäre bereit gewesen, einen Neuanfang zu machen. Gut, dass es nicht geklappt hat, denn mein Ex-Mann ist noch genauso wie früher. Es hätte sich also nichts geändert ... Eine neue Arbeit fand ich nicht. Ich sehe auch keine Aussichten mit fast vierundfünfzig Jahren. Immer noch bekomme ich den gleichen Unterhalt und schlage mich mit Gelegenheitsarbeiten durch, weil es hinten und vorne nicht reicht. Ich werde keine Rente bekommen und versuche, diesen Gedanken noch weit von mir zu schieben. Vielleicht erreiche ich das Rentenalter ja gar nicht, da brauche ich mich heute noch nicht verrückt zu machen. Es ist einfach ein Unterschied, ob man sich trennt, während man im Berufsleben steht, ohne Kinder und unabhängig ist, oder ob man wegen der Kinder nicht arbeiten kann und weiterhin finanziell abhängig ist.

Trennung bringt Gefährdung. Das ist oft der Preis des Neuanfangs. Brigitte berichtet:

Die Trennung von meinem ersten Mann hat mir in der Tat einen Neuanfang gebracht. Ich wurde selbstbewusster, lernte mit der Verachtung anderer Menschen, mit der Abwertung auch durch die eigene Familie umzugehen, Grenzen zu setzen, Verwundungen abzuwehren. Ich bemühte mich intensiv um eine neue Partnerschaft. Auf diese Art fand ich schließlich meinen jetzigen Mann, auf dessen Annonce in einer örtlichen Zeitung ich geantwortet hatte. Ich lebte ein Jahr allein in einer kleinen Wohnung, lernte den Schmerz des Alleinseins und das Gefühl des sozialen Abstiegs kennen. Ich war Versuchungssituationen wie zum Beispiel regelmäßigem Alkoholgenuss als Seelentröster ausgesetzt.

Nicht selten schlägt die Trennung wie ein Blitz in das Leben ein, sie kommt im denkbar falschesten Augenblick. Susanne, heute angehende Psychologin, erinnert sich:

Da sich die Trennung fast ein Dreivierteljahr hinzog und ich in dieser Zeit schwanger war und sich eine chronische Erkrankung nach der Geburt noch verschlimmerte, finde ich kaum Worte, um dieses wahnsinnig schmerzende Gefühlschaos zu beschreiben. Als sich die Krise anbahnte, wussten wir beide noch nicht, dass ich schwanger war. Es war so, dass der Tag, an dem ich von meiner Ärztin erfuhr, dass ich schwanger bin, auch der Tag war, an dem M. zum ersten Mal von Trennung sprach. Da kommen mir heute noch beim Aufschreiben die Tränen. Ich hatte, weiß Göttin, andere Vorstellungen von dieser Zeit. In mir herrschte ein regelrechtes Gefühlschaos. In eine ganz sensible Phase mit dem Wunsch nach größerer seelischer und körperlicher Nähe und auch nach Zärtlichkeit bricht plötzlich diese Hilflosigkeit, Ohnmacht, Angst vor dem Verlust, der Trennung, Angst um das Kind, die Zukunft – es ist ein ständiges Auf und Ab, bei dem man völlig allein ist, aber eine Rolle spielen muss und funktionieren im Beruf, so ganz nebenbei!

Ich hatte das Gefühl, die ganze Welt bricht zusammen, so als ziehe mir jemand den Boden unter den Füßen weg. Ein riesengroßer schwarzer Abgrund tut sich auf, und ich kann absolut nichts tun, um den Absturz zu verhindern … Ich habe endlos viele Stunden geweint, wusste nicht, wohin gehen, an wen mich wenden … Als ich dann irgendwann spürte, ja, da ist noch eine andere im Spiel, begann eine Zeit des Lügens, Betrügens, der Versteckspiele, Vorwürfe, Ab-

streitereien etc. Ich fühlte mich betrogen, allein gelassen mit all der Verantwortung für das ungeborene Kind. All die Vertuschungen nach außen, der ganze Rettungskampf um die Beziehung.

Ich kam mir vor, als würde ich orientierungslos und absolut ohne Chancen gegen den Strom schwimmen. Und ich hatte eine wahnsinnige Wut auf diesen Mann, der so unfähig und so feige war und sich lieber in Neues stürzte, anstatt für gemeinsame Klärung da zu sein, Verantwortung zu tragen. Ich hätte ein Recht auf Antworten gehabt, auf Dialog, aber er stand in dieser miesen Lage nicht zur Verfügung. Meine ganze Wut entlud sich nur in endlosem Weinen und Klammern.

Oftmals revoltieren und erpressen auch die Kinder, oder der Partner macht die Szene zum Tribunal. Nina erlebte beides. Als sie sich aus einer lieblosen Ehe heraus in einen anderen Mann verliebte, war die Situation folgende:

Mein Mann spionierte mir nach, bekam alles heraus, machte mir die größte Szene aller Zeiten – vor den Kindern. Er informierte meine Mutter und auch die Frau meines Freundes. Bis zu diesem Zeitpunkt hatte ich nicht vor, ihn zu verlassen. Aber dieser Akt (den ich ihm lange nicht verzeihen konnte) verletzte mich derart, machte mich hilflos, nahm mir meine Eigenständigkeit. Erinnerungen an meine Jugendzeit kamen hoch, wie mein Vater Freunde wegschickte, die mich besuchen wollten, was ich nicht wusste und erst viel später erfuhr. ... Mein Mann und ich sprachen von Trennung. Aus dem Schlafzimmer war ich schon ausgezogen und schlief bei den Kindern. Unser ältester Sohn, er war damals ca. fünfzehn Jahre, drohte uns, sich umzubringen, falls wir uns trennten. Für mich war dies ein extrem schwieriges Problem. Außerdem hatte ich furchtbare Ängste, Existenzangst, Angst, dass er mir die Kinder wegnimmt.

All das war nicht real – das sage ich heute. Es war mein

Schuldgefühl. Ich hatte ein schlechtes Gewissen. Aber ich konnte die Angst sehen, die ich vor meinem Mann hatte. Das hat mich sehr nachdenklich gemacht. Ich stellte fest, dass mein Mann und ich keine Freunde waren. Dass wir uns nicht die Wahrheit sagen konnten, nicht unsere Gefühle und Ängste eingestehen konnten. Und so sagte ich zu ihm, ob wir wohl versuchen könnten, Freunde zu werden. Seine Antwort war: »Das ist mir zu wenig!« Ich glaube, das war der tiefste und eigentliche Grund unserer Trennung. Er hat nichts verstanden.

Bei der Trennung sind die Rollen und Schmerzen der Partner unterschiedlich: Der oder die Verlassende quält sich mit ungeheuren Schuldgefühlen. Er/sie fühlt sich oft moralisch als »Schwein«, »Schurke«, als »treulos«, »rücksichtslos«, als »Don Juan« oder als »Flittchen«. Wer verlassen wird, dem wird der Boden unter den Füßen weggezogen. Er spürt meist nichts als tiefe Ohnmacht und Entwertung. Er fühlt sich tot oder wie ein Stück Dreck. Rudolf (»Ich bin verlassen worden, wir waren ein extrem sprachloses Paar – seit der Eheschließung«) reflektiert seine Gefühle bei der Trennung mit dem damaligen Bild eines alptraumhaften Tagtraums:

Totales Verlassensein; keine Perspektive. Ein Bild, das mich damals bedrückte: Ich gehe im grauen Mantel eines Hausmeisters, mit grauem, langem Bart, mit einem überdimensionierten Ring voller Schlüssel durch unser verstaubtes Haus. Jeder Gegenstand erinnert mich an das frühere Leben mit Frau und drei Kindern. Tiefe Angst vor dem Alleinsein. Bittere Enttäuschung über meine Frau.

Ausweglosigkeit empfand auch Marianne, von Beruf Krankenschwester (»Ich hätte ihn nicht heiraten sollen, da ich ihn nur mochte und Liebe von meiner Seite nicht da war«). Sie verlässt gerade ihren zweiten Ehemann »mit großen Schuldgefühlen«. Obwohl sie sozusagen trennungserfahren ist, registriert sie erneut:

Du fährst ziemlich abrupt in einen Tunnel, der dunkel, zugig und unheimlich ist. Sehr oft weißt du nicht, ob es überhaupt möglich ist, jemals herauszugehen. Aber irgendwann wirst du ein Licht sehen und dann – dann wird Licht sein, der Tunnel hinter dir liegen und du wirst ein neuer, reifer Mensch sein. Dafür lohnt es sich, durch den Tunnel zu gehen.

Ob arm oder wohlhabend, ob ohne große Schulbildung oder akademisch versiert, der Trennungsschmerz ist derselbe, wenngleich Bildung und Lebenserfahrung das künftige Lösungsrepertoire natürlich erweitern. Da ist Hella, fünfzig Jahre alt und bis zu diesem Zeitpunkt fünfundzwanzig Jahre verheiratet. Hella hat ein Sonderschicksal. Sie ist nicht nur Hausfrau ohne Berufsausbildung, sondern sie konnte bis vor kurzem nicht schreiben. Wohl aber lesen. Sie war also eine Halbanalphabetin. Ich kenne Hella aus der Selbsterfahrungsgruppe und der Sprechstunde; sie ist eine begeisterungsfähige, lebenspraktische und warmherzige Frau. Gegenwärtig lernt sie schreiben und schreibt mir mit Hilfe ihrer Lehrerin wundervolle Briefe. Ihr Leid sitzt tief. Der Auszug ihres Mannes im Jahr 1995 hat ihr fast das Herz gebrochen:

Ich habe keinerlei Selbstwertgefühl und Selbstbewusstsein. Ich bin in asozialem Umfeld aufgewachsen. Mein Vater war Alkoholiker, meine Mutter eine unselbständige, kränkelnde Frau. Meine Trennung löste in mir panische Angst, ja Existenzängste aus. Ich fühle mich wie amputiert. Ich spüre Hilflosigkeit, Ohnmacht, ein Gefühl wie Sterben. Anfangs hatte ich immer wieder Gedanken, mich umzubringen.

Hella geht inzwischen ihren Weg nach vorne. – Fast paradox formuliert Maria, eine Professorin, die Dialektik von Glück und Trennung:

Ich bin seit siebenunddreißig Jahren glücklich verheiratet, weil ich mich alle paar Jahre von meinem Mann getrennt habe oder er sich von mir. Ich glaube, dies ist ein wesentlicher Punkt unseres Erfolgs zu zweit. Der äußerliche Grund war immer beruflicher Art (er bekam einen Job im Ausland). Der innere Grund war, wieder ganz wir selbst zu werden. Manchmal fühlte ich mich, als ob mir ein Arm oder Bein fehlte, Wut, Angst, Verlorensein, alles ist zu Ende usw. Jedesmal merkte ich aber nach einiger Zeit, dass ich selbst stärker aus der Zeit des Alleinseins hervorging und danach eine bessere Partnerschaft leben konnte. Mein Ex-Partner ist mein Partner, und wir sind heute liebevoller zueinander und unabhängiger voneinander denn je. Wir genießen die damit verbundene Freiheit und Kostbarkeit des Zusammenseins. Dies ist die Chance, dein Leben zu leben und bereichert allein zu sein oder eine neue Beziehung einzugehen.

Was für eine ungewöhnliche Dialektik von Trennung und Wiederannäherung, Fremdheit und Intimität! Ich bin überhaupt überrascht von der Flut der scharfsinnig durchgearbeiteten Trennungs- und Lebensberichte. Mit ihrem Realismus, ihren verblüffenden Wendungen und Paradoxien lassen sie jedes psychologische Lehrbuch um Lichtjahre hinter sich. Bernd, ebenfalls Professor, heute jenseits der siebzig und emeritiert, erinnert sich an die einschneidende Bedeutung, die sein erstes Trennungserlebnis vor fünfzig Jahren für sein Leben gewann:

1950, am Anfang meines Studiums, lernte ich ein wunderschönes Mädchen kennen. Sie studierte Pädagogik. Wir verlobten uns und waren glücklich. Dann machten sich meine Kriegsverwundungen wieder bemerkbar; es ging mir nicht gut, die Fortführung des Studiums war fraglich. Da verließ sie mich. Ich war so tief getroffen, dass ich einen Schlaganfall bekam. Ich war völlig gelähmt und konnte auch nicht mehr sprechen. Mein Lebenswille war erloschen. Da besuchte mich ein Bekannter von der TH Hannover. Er hatte ähnliche Erlebnisse wie ich gehabt. Vor einigen Wochen hatte er mit Yoga begonnen. Wir wurden Freunde. Wir haben gemeinsam mit Yoga unsere Lebensfähigkeit wiederhergestellt. Ich brauchte acht Jahre, um neue Verbindungen zu wagen, erhielt aber Absagen. Bisher war es mir immer gelungen, die Schuld für mein Leiden bei anderen zu finden. In der Yoga-Lehre erwarb ich die Erkenntnis, größere Räume und Zeiten zu überblicken, Geburt und Tod als Übergangsstufen von einer Daseinsform in eine andere einzustufen. Damit wurden auch Erklärungen für meine Verwundungen, für alles Leid möglich. Die Trennung von meiner ersten Verlobten hat einen neuen Anfang für mich gebracht. Ich wurde Yoga-Schüler, Vegetarier, lebensbejahend. Heute gilt für mich die Maxime: Liebesbeteuerungen gelten nicht beliebig lange. Ich muss Moralgesetze auf ihre Gültigkeit, allgemein und speziell für mich, überprüfen.

Manchmal ist die Trennung auch eine Art ultima ratio, ein letzter Versuch, die versteinerten Eheverhältnisse zum Tanzen zu bringen. Schlimm ist es dann, wenn die ursprünglich nur als vorläufig gedachte Trennung ihren Zweck verfehlt und die Beziehung endgültig auseinander geht. Julia hat das erlebt:

Mit der Trennung hoffte ich auf eine Chance für unsere Ehe, die mir sehr viel bedeutete, da ich meinen Mann im Grunde genommen sehr mochte. Eine Paartherapie hatte er zum damaligen Zeitpunkt abgelehnt. Er hat mir beim Umzug geholfen. Mir tat diese endgültige Trennung doppelt weh, weil es hier nicht nur um uns beide ging, sondern auch um unsere damals erst sechsjährige Tochter. Sie liebte ihren Vater über alles, sie verehrte und brauchte ihn. Er liebte seine Tochter genauso.

Eine »Fernsehfamilie«, eine heile Welt voller Harmonie, wollte nach eigenem Bekunden Ria. Doch der Mann »saugte mich aus, raubte mir meine Energie, und ich konnte nichts dagegen tun«. Sie verließ ihren Mann und entwickelte sich zu einer selbständigen Frau. Ria berichtet:

Die Auseinandersetzungen mit meinem Mann waren entsetzlich. Ich verletzte seinen Stolz. Die Kinder waren inzwischen schon zehn und elf Jahre alt. Ihr Vater tat alles, um ihnen das

Leben noch schwerer zu machen. Ich wurde immer wieder von Zweifeln geplagt, ob ich wirklich aus Egoismus drei Menschen ins Unglück stoßen dürfe. Doch ich wusste, ich würde sterben, wenn ich es nicht tat. Bei der Trennung hatte ich viele, sehr unterschiedliche Gefühle: Trauer, Verzweiflung, Freude, Zuversicht. Doch Angst bekam ich immer nur, wenn ich wieder einen Schritt zurückging. Wenn ich dachte, ich bleibe lieber doch bei meiner Familie.

In der Zeit der Trennung machte ich eine Körpertherapie, lernte mich kennen, entdeckte mich und begann mich zu lieben. Ganz langsam und ganz vorsichtig fasste ich Vertrauen zu mir. Mein Körper half mir, den richtigen Weg zu finden. Ich wurde erwachsen. Der Märchenprinz stürzte vom Pferd und war ein ganz normaler Mann. Diesen liebte ich nicht. Ich liebte Dinge an ihm, die ich gerne an ihm sehen wollte, und ich glaubte seinen Worten. Ich neige auch heute noch dazu, ihm zu glauben, wenn er mir etwas erzählt. Das meiste ist nur Schall und Rauch ... Ich habe meinen Ex-Mann nun seit einem Jahr gar nicht mehr gesehen. Früher sind wir uns noch ständig über den Weg gelaufen, und dies tat mir nicht so gut. Ich dachte immer, ich könnte noch ein normales Verhältnis zu ihm aufbauen. Doch egal, was ich tat, ich hatte ihn verlassen, und er wird mir das nie verzeihen, weil seine Bequemlichkeit dadurch ein Ende hatte.

»Der Schmerz«, diagnostiziert die Aphoristikerin Marie von Ebner-Eschenbach, »ist der große Lehrer der Menschen. Unter seinem Hauche entfalten sich die Seelen.« Wie wahr ist das, und wie sträuben wir uns doch dagegen. In der Zeit des Absturzes lassen wir uns demütigen, demütigen wir den anderen und demütigen uns selbst. Das ist normal und kein Grund zum Schämen. Ich werde nie vergessen, wie ich am Ende meines Studiums, als mich meine damalige Weggefährtin über Nacht verließ, geweint und gebettelt habe. So hatte ich mich selbst nie zuvor erlebt.

Mechthild, eine Frau mit poetischer Sprachkraft, stellte mir für dieses Buch großmütig Liebes- und Bettelbriefe aus der Zeit ihres Trennungsschmerzes zur Verfügung. In diesen Notaten äußerster Verlassenheit spricht sie sogar die suizidale Sehnsucht an:

Bernhard (Name geändert), bitte komm zu mir! Ich kann nicht mehr. Ich bin so unendlich traurig. Du hast mir so unendlich wehgetan. Bernhard, bitte, bitte – du könntest mich trösten. Warum rufst du nicht noch einmal an? Ich warte seit einer Woche, dass ich wieder von dir höre, und du rufst nicht an! Warum nur? Ich würde dich so dringend brauchen. Hilf mir! Ich halte es nicht mehr aus. Alles an mir zittert so. Mein Kopf tut so weh. Ich kann nur noch weinen. Ich bestehe nur noch aus Schmerzen.

Du hast mich so verletzt – du – der einzige Mensch, den ich über alles liebe, der mich verstanden hat, dem ich alles sagen konnte! Du, ich brauche dich so. Wo bist du nur? Wenn ich dich nur spüren könnte, deine Hand halten könnte ... Ich sehne mich so unendlich nach dir!!! Es tut so weh, dass ich meine, ich müsse sterben. Liebster Bernhard, falls ich nicht mehr lebe, wenn du kommst – sollst du wissen, dass ich dich über alles geliebt habe. Ich mag dich so: Du bist der Mensch, der mir am meisten bedeutet, du bist mein Ein und Alles. Es geht mir so schlecht. Ich habe keine Kraft mehr, keinen Mut mehr. Ich weiß nicht, ob ich dich noch sehen kann. Ob ich noch so lange warten kann. Schaffe ich es noch? Ich umarme dich, ich küsse dich, du Liebster. In mir fühlt es sich so an, als ob ich sterben müsste. Bernhard!!!

»Wenn ich nur nie geboren wäre!«, schreit Mechthild in ihren Aufzeichnungen: »Wie kann man an jemandem hängen, ihn gern haben, sich nach ihm sehnen, auf ihn warten – ihn gerne sehen –, der einem wehtut? Ich frage mich manchmal, ob ich eigentlich normal bin. Ich erleide solche Höllenqualen.«

Und doch bedeutet der Schmerz auch, dass ich lebe. Die Trennung zerschneidet das Wurzelwerk zwischen uns. Jeder hat in den langen Jahren seine Wurzeln in die Psyche des anderen getrieben. Nun reißt auf einmal der andere seine Wurzeln bei mir oder ich die Wurzeln beim anderen heraus. Das ist der Schmerz der Entwurzelung und – vorübergehenden – Heimatlosigkeit. Das ist der Tod des Alten. In der Trennung werden wir der Endlichkeit unseres Lebens gewahr. Hinter uns liegt eine Lebensperiode, die nicht wiederholbar ist. Das ist so, wie der Philosoph Seneca gesagt hat: Der Tod liegt nicht nur vor uns, er ist als gelebtes, verbrauchtes Leben hinter uns bereits da. Liebe, Trennung und Tod gehören zusammen. Aus diesem Dreischritt besteht das Leben.

Lassen wir zu dem traumatisch besetzten Thema Absturz am Ende dieses Kapitels noch einmal Mechthild zu Wort kommen. Sie schenkt uns ein Gedicht, das unter dem Trennungsschock entstand:

Was ist »Leben«?

... am Boden zerstört sein
nicht mehr aufstehen können
spüren, dass es so wehtut
ohnmächtig sein
nicht dagegen ankämpfen können
spüren –
dass vielleicht alles vorbei ist?

Du gehst mir aus dem Weg.
Du ziehst Deine Hand zurück.
Ich spüre Deine Lippen kaum.
Du wendest Dich ab von mir.

Ich fühle mich
wie nach dem Schlag auf den Kopf –
benommen.
Alles dringt nur
wie durch einen Schleier zu mir.
Ich weiß nicht recht,
wie … was … wann es geschah.
Er war plötzlich da –
dieser Schlag!

Nun habe ich Angst,
plötzlich aufzuwachen
und vor den nackten Tatsachen zu stehen.

Warum habe ich geheiratet?

»Es sollte nicht erlaubt sein,
im Zustande der Verliebtheit
einen Entschluss über sein Leben zu fassen
und einer heftigen Grille wegen
den Charakter seiner Gesellschaft
ein für allemal festzusetzen:
Man sollte die Schwüre der Liebenden öffentlich
für ungültig erklären und ihnen die Ehe verweigern:
Weil man die Ehe unsäglich wichtiger nehmen sollte.«

Friedrich Nietzsche: Morgenröte

Das Diktum des Philosophen Nietzsche mag manchem übertrieben erscheinen, und doch ist Wahrheit darin. Wir heiraten nicht immer nur aus reiner Liebe, diesem köstlichen Lebenselixier, sondern aus vielfältigen, oft verborgenen Motiven. In Tennessee Williams Stück ›Plötzlich im letzten Sommer‹ heißt es einmal: »Wir alle benutzen einander und nennen es Liebe.«

In meinem Buch ›Das sprachlose Paar‹ habe ich ein eigenes Kapitel der Analyse dessen gewidmet, was, tiefenpsychologisch gesehen, unser Charakter mit unserer Beziehung zu tun hat. Welche Defizite aus unserer Kindheit habe ich mit der Wahl meines Partners, meiner Partnerin zu stillen versucht? Welche Leerstellen meines eigenen Wesens möchte ich mit dem Plus des Partners füllen? Warum wählen sich oft wahre emotionale Sparschweine von Männern so knuddelige, warmherzige Frauen? Warum sind weiche, aber wenig konturenstarke Frauen von kantigen und verschlossenen Männern fasziniert? Warum habe ich als Mann eine Mutter-Übertragung zu meiner Frau? Was bewegt mich als Frau, in meinem älteren Mann – vergeblich – den nie präsenten Vater zu suchen? Idealisiere ich als Frau alle Männer zu edlen Rittern? Setze ich als Mann unbesst jede Frau als eine Art Mutter Gottes auf den Marienaltar meiner unterwürfigen Verehrung? Pflege ich als Scheidungskind eine glühend romantische Vorstellung von der romantischen Liebe? Fühle ich mich als Mann zur Führungspersönlichkeit über das »schwache Weib« berufen? Mache ich als Frau den Mann zum infantilen Objekt meiner jeden Widerstand erstickenden, vollbusigen Mütterlichkeit?

Die geheime Dramaturgie der Partnerwahlmotive ist ebenso extrem wie unerschöpflich. Jeder Mensch ist auf seine Weise programmiert, beschädigt, bedürftig. Er meint, bei der Partnerwahl völlig frei zu wählen, und ist oft bis zu einem gewissen Grad eine Marionette seines Unbewussten. »Der Intellekt«, sagt Nietzsche, »ist ein Knecht des Willens.«

Es gibt also unendlich viele innere Gründe, warum wir heiraten. Das ist normal und kein Grund, sich nachträglich zu schämen. Aber wenn ich diesen Primärcode meiner Liebe dechiffriere, dann komme ich meinem Innersten auf die Spur. Gerade nach der Trennung hat hier das anzusetzen, was der Philosoph Hegel die »Arbeit des Begriffs« nennt. Fast alle der über zweihundert Frauen und Männer, die mir schrieben, haben sich dieser Anstrengung unterzogen, ohne die die Trauerarbeit nicht erfolgreich sein kann. Aus der Flut ihrer Erkenntnisse nenne ich nur einige wenige, aber exemplarische Befunde.

Die Suche nach Nestwärme rangiert bei der Reflexion der Frage »Warum habe ich geheiratet?« ganz oben. Christine konstatiert:

Ich habe die »Nestwärme«, die ich bei meinen Eltern nicht bekommen habe, bei meinem Mann gesucht. Wir gingen acht Jahre miteinander. Ich war sechzehn Jahre alt, mein Freund zwanzig. Nach zwei Jahren schliefen wir das erste Mal miteinander. Das ist unglaublich, aber wahr. Ich hatte sehr große Angst, schwanger zu werden, es war trotzdem schön. Die Pille hatte ich genommen, aber ich hatte kein Vertrauen zu ihr. Die folgenden Male waren alles andere als schön. Ich war nur froh, dass ich jemand hatte, und Sexualität war bei uns in der Familie noch nie ein Thema. Ich wurde von meinen Eltern zwar finanziell verwöhnt, aber die so genannte Nestwärme habe ich nicht bekommen. Ich bin das sechste Kind eines Bauernpaares.

Ein wahres Tohuwabohu erlebte Alexandra in ihrem Elternhaus:

Meine Eltern haben sich getrennt, als ich sieben und mein Bruder sechs Jahre alt war. Mein Vater ist nur ab und zu mal aufgetaucht. Wenn er da war, war ich glücklich. Es ist schon viele Jahre her, seit ich ihn zum letzten Mal sah. Er möchte keinen Kontakt. Nach der Scheidung bin ich bei meiner Oma geblieben. Mein Bruder zunächst auch. Er wurde aber eines Tages vom Jugendamt gewaltsam abgeholt und zu unserer Mutter gebracht. Es folgten verschiedene Stationen für mich. Mal habe ich ein Jahr bei meinem Vater und seiner neuen Frau gelebt (da habe ich ihn aber auch kaum gesehen), mal bei meiner Mutter und ihrem neuen Mann und mal im Internat. Jeweils an verschiedenen Orten.

Mit achtzehn Jahren habe ich einen 20-Jährigen geheiratet. Ich wurde gleich schwanger und war zwei Jahre später schon wieder geschieden. Mein Ex-Mann hatte eine um fünfzehn Jahre ältere Frau kennen gelernt und später auch geheiratet. Mit fünfundzwanzig Jahren habe ich zum zweiten Mal geheiratet und ein Jahr später mein zweites Kind bekommen. Auch diese Verbindung ging in die Brüche. Er war ein jähzorniger Mensch, hat oft auch zu viel Alkohol konsumiert. Diesmal habe ich die Verbindung abgebrochen.

Warum ich heiratete? Bei meinem ersten Mann war ausschlaggebend, dass ich eine Familie wollte, weil ich nie eine gehabt hatte. Ich habe mir diesen Mann nie richtig angeschaut. Er stammte außerdem selbst aus zerrütteten Familienverhältnissen und hat sich dann sozusagen eine zweite Mutter gesucht! Beim zweiten Mann war ebenfalls der

Wunsch der Vater des Gedankens. Der Wunsch, eine heile Familie zu haben und einen Vater für meinen damals fast sechsjährigen Sohn.

Sehr oft ist die Eheschließung ein Hebel, mit dem wir uns aus dem Elternhaus herausbrechen. Helga erinnert sich:

Dass ich mein Elternhaus fluchtartig verließ und zu meinem späteren Mann zog, war im Grunde genommen eine Befreiung von den Eltern. Ich war mir nicht ganz sicher, meinen Mann zu lieben, und wollte es so in Ruhe herausfinden. Ich bin in meinem ganzen Leben nie so glücklich gewesen wie in diesen ersten sechs Monaten »in Freiheit« bei meinem späteren Mann. Ich war so glücklich, dass ich gar nicht wahrnahm, dass wir uns eigentlich herzlich wenig zu sagen hatten. Wie nebenbei beendete ich die Schule mit einem guten Abitur. Mein größter Wunsch war nun die Gründung einer fröhlichen Familie mit vielen Kindern, die die Geborgenheit gewähren sollten, die mir versagt geblieben war.

Helga bezahlte bitter für diese »Fluchtheirat«:

Als wir im sechsten Monat der ersten Schwangerschaft heirateten, bemerkte ich mit Bestürzung, dass sich mein Mann längst nicht so auf das Kind freute wie ich. Er sagte mir später, er habe da erst erkannt, dass er im Grunde genommen viel zu wenig Geld verdiente, und habe sich geschämt. Sogar mein Körper stieß ihn auf einmal ab. Das verletzte mich sehr, und ich wäre am liebsten noch vor der Trauung weggegangen, aber wohin? Mit dem Kind fühlte ich mich festgelegt und hilflos. Wir fanden wieder einen Weg zueinander, und die Lust auf Sex brachte uns auch immer wieder zusammen. Als das Baby auf der Welt war, lenkte es mich ganz von der Ehe ab. Wir schliefen nach wie vor sehr oft miteinander, erfreuten uns gemeinsam an dem Kind und erwarben uns die Freundschaft anderer Eltern. Endlich hatten wir Gesprächsstoff. Geld hatten wir keines, aber das schweißt auch zusammen.

Nach Tschernobyl wurde ich unglücklicherweise durch ein geplatztes Kondom wieder schwanger. Ich hatte große Angst um das Kind, die mein Mann nicht teilte. Wegen vorzeitiger Wehen musste ich drei Monate liegen. Da berührte mich mein Mann kaum noch. Ich hätte schreien können vor Einsamkeit und Sehnsucht nach körperlicher Zärtlichkeit, aber ich habe keine Szene gemacht. Ich war ja ganz auf ihn angewiesen. Weder meine Schwiegermutter noch die eigenen Eltern, die in der gleichen Stadt wohnen, halfen …

Warum heiratete ich, fragt sich Carla und findet die gleiche Antwort wie Alexandra:

Mein Fehler? Ich hatte geheiratet, damit ich vom Elternhaus wegkam. Eine Flucht vom Regen in die Traufe – keine ideale Bedingung für eine Ehe. Da war ein Scheitern fast schon vorprogrammiert.

Wenn an der Gartentür des ungeliebten Elternhauses der Märchenprinz – oder die Märchenprinzessin – auftaucht, dann ist die Verführung zum raschen, unüberlegten Ausbruch groß. Gaby rannte förmlich in ihr neues Glück. Mit dreiundzwanzig Jahren fand sie sich mit zwei kleinen Kindern und einem Mann, »der der beste Mann auf der Welt zu sein schien«, auf dem Land wieder:

Wir bauten ein Haus. Ich schuftete von morgens bis spätabends. Ich lebte mit meinen Kindern neben dem Bau im Wohnwagen. Aber was heißt leben? Ich funktionierte. Ich kochte, wusch, baute, sägte, tröstete, umarmte. Ich tat alles, aber ich empfand nichts. Ich schlief auch mit meinem Mann, wenn es an der Zeit war. Für mich war alles in Ordnung, denn dieser Mann war ja der beste auf der Welt, er schlug mich nicht. Gott sei Dank ließ sich dies alles mein Körper nicht auf Dauer gefallen. Ich bekam Angst, regelrechte Angstattacken. Zum Schluss konnte ich kaum noch aus dem Haus.

Ich hatte Glück im Unglück. Gegenüber wohnten zwei Psychologen. Ich vertraute mich ihnen an, und der Weg zu mir selbst begann. Ich ging in eine Frauengruppe, ich nahm Einzelstunden. Trotzdem erzählte ich jedem, der es hören wollte, welch eine glückliche Familie ich hatte. Ein Mann, zwei Kinder und ein Haus.

Ich hielt eisern an diesem Mann fest. Ich war zwar insgeheim froh, wenn er nicht da war, und schlief auch nur noch mit ihm, wenn ich sein Drängen nicht mehr abwehren konnte. Aber ich konnte ihn nicht loslassen. Er war doch mein Märchenprinz. Er hatte mich befreit aus den Klauen meines Vaters. Er liebte mich wie eine Vorzeigepuppe. Er war ein Sonnyboy, der allerdings die ganze Arbeit gerne mir überließ. Ich war auch dafür gut geeignet. Ich musste viel arbeiten, denn sonst liebte mich ja keiner. Irgendwann fiel es mir wie Schuppen von den Augen. Es war vorbei. Meine Jungmädchenträume waren vorbei. Ich begriff: Ich werde diesen Mann verlassen.

Überkontrollierte Einzelkinder suchen oft das Ende der Bevormundung und die Freiheit in der Ehe. Dafür stecken sie viel ein. Brigitte, die ihren Mann nach dreiundzwanzigjähriger Ehe verließ und mit ihm zwei Töchter hat, analysiert:

Der eigentliche Grund war, dass ich Freiheit suchte für mich. Die hatte ich als Jugendliche nicht gehabt, weil ich als Einzelkind überbehütet und später kontrolliert wurde. Ich kam aus einem Nest, ohne richtig flügge zu sein, und baute gleich das zweite. Ich war verliebt, mein Mann war immer gut zu mir, und das schien mir so in Ordnung. Ich zog von der Großstadt aufs Dorf (ein Kindertraum), bekam zwei Kinder, hatte einen Hund und einen großen Garten.

Als ob sie das Drama ihrer kindlichen Kontrolliertheit unbewusst noch einmal inszenieren wollte, geriet Brigitte in das zweite große Observationssystem ihres Lebens und hielt dies über zwei Jahrzehnte aus, obwohl ihre Seele mit gleich drei Warnsignalen, nämlich Depressionen, Magengeschwüren und Bulimie, um Hilfe schrie:

Schwer fiel mir die Gartenarbeit, von der ich keine Ahnung hatte. Ich fühlte mich ständig von den Schwiegereltern kontrolliert. Es gab so viele strenge Regeln auf dem Lande, die mir fremd waren. Aber mit meinen beiden Mädchen und aller Hausarbeit war ich gut ausgelastet, so dass ich viele Jahre meine eigenen Bedürfnisse nicht wahrnahm. Ich nahm an, glücklich zu sein. Dass ich allerdings zweimal jährlich, fast zehn Jahre lang, ein Magengeschwür bekam, war schon seltsam. Es machte mich aber nicht stutzig. Ich merkte nur deutlich, dass ich eine große Abneigung gegenüber meiner Schwiegermutter entwickelte. Manchmal fühlte ich mich einsam ... Nach achtzehnjähriger Ehe lernte ich per Zufall ein paar Frauen kennen. Ich weiß den Tag genau und auch das Ereignis, als ich anfing, mich von meinem Mann zu trennen – vorerst innerlich ...

Wenn die Kindheit keine Kindheit sein durfte, lässt sich das in einer Ehe nachholen? Doris, die sich nach einer fast fünfundzwanzigjährigen Ehe mit »viel Kraft, Mut und Lebenswillen«, wie sie schreibt, von ihrem Mann trennte, schildert ein solches Szenario:

Mit achtzehn Jahren, nach meiner Lehre, zog ich von zu Hause aus, vielmehr ich floh, ich konnte die Atmosphäre, die in meinem Elternhaus herrschte, nicht mehr ertragen. Als die Älteste von fünf Geschwistern hatte ich eigentlich keine Kindheit. Das heißt spielen, einfach ein Kind sein dürfen. Meine Eltern waren und sind immer noch Bauern, viel Arbeit, wenig Geld, keine Zeit, kein Gefühl. Ihre Ehe ist schlecht; Gewalt, Angst und Panik, das sind die Begriffe für mich, keine Ruhe, keine Wärme! Die Zeit in meinem Elternhaus bestand nur aus Angst und Panik. »Glückliche Momente« gab es, als mein Großvater noch lebte.

Was passierte? Hat so ein Mädchen von achtzehn Jahren ein Selbstwertgefühl? Weiß es, wie wertvoll es ist? Erlaubt es sich, sorgfältig zu prüfen, ob ein Mann es verdient hat? Wohl kaum. Hören wir Doris weiter zu:

Nach meiner Lehre zog ich zu meiner Brieffreundin. Genau wie diese Brieffreundin hatte ich auch einen Brieffreund. Nach einem halben Jahr zog ich in die Schweiz zu ihm. Nach ca. eineinhalb Jahren, ich war einundzwanzig Jahre alt, wurde ich schwanger. Wir heirateten. Alles, was ich mir immer gewünscht hatte, Liebe, Wärme, Zärtlichkeit, Schutz, fand noch nicht mal in den ersten zwei Jahren statt. Nach zwei Jahren fingen meine körperlichen Beschwerden an, mit Magenschleimhautentzündung, Krämpfen, Schmerzen im Rücken. Mein Arzt riet nach einiger Zeit zu einer Eheberatung: Ich ging, mein Mann nicht.

Doris bezahlte ihren Preis für ihre Heirat. Sie war ständig krank:

In all den Jahren, genau gesagt dreiundzwanzig Jahren, brauchte ich immer Medikamente und immer stärkere Beruhigungsmittel. Ich konnte nicht mehr schlafen. Ich bekam, wenn mein Mann nach Hause zurückkehrte, keine Luft mehr. Das war der Endzustand, mein körperlicher und seelischer Zusammenbruch. Ich wollte aufhören zu leben, das war kein Leben mehr. Doch ganz so einfach war es nicht. Ich gab mir wohl selbst eine Chance, indem ich mich an einen Psychologen, genauer gesagt, den Schulpsychologen meines Sohnes, erinnerte und ihn aufsuchte. In aller Heimlichkeit natürlich. Er sollte mir helfen, stark zu werden.

Doris erlebte, was fast alle erfahren, die den Mut zur Seelenarbeit aufbringen. Gute Psychotherapie erwirtschaftet ein Kapital, von dessen Zinsen man ein Leben lang zehren kann:

Der Psychologe half mir, mich selber zu sehen. Es war das einzig Richtige! Es war nicht einfach, plötzlich kein liebes, folgsames Kind, keine angepasste Frau mehr zu sein – ohne schlechtes Gewissen. (Hier und da kämpfe ich immer noch damit.) 1996 zog ich mit meinen Kindern in eine eigene

Wohnung. Schon die erste Nacht konnte ich schlafen! Ich brauche keine Medikamente mehr, habe keine Krämpfe usw. mehr! Mein Fazit: Es gibt Menschen, die das Leben erleiden. Und es gibt Menschen, die das Leben nach eigenem Willen gestalten.

Oft gehen wir auch in eine Beziehung, um unser schwaches Ich aufzuwerten oder um Verantwortung abzugeben. Das gilt natürlich für heterosexuelle wie für homosexuelle Paare. Elisa resümiert in ihrem Brief an mich das Ende ihrer lesbischen Beziehung mit der Beobachtung:

Ich habe Anna (Name geändert) gebraucht, um einen eigenen Minderwert auszugleichen, aber ihn auch dadurch zu verstärken. Ich habe Anna bewundert. Ich habe sie um Rat und Entscheidung gefragt. Dadurch habe ich keine Verantwortung für mein Handeln übernommen. Ich konnte ihr an allem die Schuld geben. Anna war genau so, wie ich sie mir gewünscht hatte: stark … Wir basteln uns unsere Welt selbst durch unsere Gedanken. Deshalb entspricht im Außen immer alles unserem eigenen Willen, ob bewusst oder unbewusst.

Was Frauen öffentlich nie zugeben würden, das schreiben sie mir. Etwa dass sie sich vor ihrer Eheschließung unattraktiv und nicht liebenswert fühlten. Als sie dann endlich den Mut fanden, einen Mann anzusprechen, und dieser obendrein noch positiv reagierte, griffen sie, ohne viel zu überlegen, zu. Nicht immer erweist sich dann am Ende die erste Wahl als »Schnäppchen«. Frauen, in einer patriarchalischen Gesellschaft immer noch eher zur Selbstabwertung erzogen, erliegen dieser »Minderwertigkeitsfalle« besonders häufig. Erika berichtet:

Bernd schien mir ein offener, fröhlicher Mensch zu sein, immer gut drauf, immer einen flotten Spruch auf den Lippen. Viele Mädels mochten ihn. Ich war stolz, ihn »abzubekommen«. … Warum ich mich beruflich unterordnete? Die »Weisung« aus der Kindheit: Du kannst froh sein, wenn du einen abkriegst. Und dann hast du Kinder. Es ist wichtiger, dass du für deinen Mann da bist. In einer anderen Stadt hätte ich sofort eine angemessene Stelle haben können, aber dann hätte Bernd womöglich eine »Neue« gehabt ... Als wir heirateten, war ich »schon« dreiundzwanzig Jahre alt. Bernd erklärte, dass wir das wirklich tun sollten, da steuerlich einiges einzusparen sei. So was ist ihm tatsächlich wichtig, auch heute noch. Nein, dieses Glück, dass ich tatsächlich geheiratet wurde!

Hauptsache, ich habe einen Mann, dachte sich Erika. Dass solch eine Einstellung zu geradezu tragikomischen Folgen führen kann, ist ihr erst spät aufgegangen:

Während Bernds Aufstieg begann, er wurde bald Produktionsleiter, hielt ich ihm in jeder Hinsicht den Rücken frei. Ich war berufstätig, versorgte den ganzen Haushalt, später auch den Garten. Bernd ging in seiner Freizeit zu Managerfortbildungen, Refa-Kursen usw. An den Wochenenden musste er lernen, gut essen und schlafen. Wie lange ich auf einen schlafenden Mann gestarrt habe, ist unglaublich. Feiern, essen gehen und andere Vergnügungen fanden selbstverständlich ohne Gattin statt. Mir ging es unbeschreiblich dreckig.

Eines Abends, ich war fünfundzwanzig Jahre alt, verschwand Bernd nach dem Abendessen im Bad. Zuvor hatte ich ihm erzählt, dass mir ein Vertreter eine besonders schöne Schmuseplatte geschenkt hatte. Schon länger hatten wir nicht miteinander geschlafen. Das Wohnzimmer hatte ich präpariert mit Kerzen, Sekt und dieser Musik. Mich selber hatte ich auch präpariert, schönste Wäsche an, hatte mich aufs Sofa drapiert und wartete auf sein Erscheinen. Nachdem ich die Schallplatte ein zweites Mal gedreht hatte, wunderte ich mich. War er in der Wanne ertrunken? Nein, er war schlafen gegangen.

Man möchte lachen, wenn es nicht so traurig wäre. Manchmal nehmen sich Heiratsmotive, im Nachhinein betrachtet, wie faule Geschäfte aus. Adelheid beschreibt so eine Gesellschaft mit besonders beschränkter Haftung wie folgt:

Jan (Name geändert) traute es sich nicht zu, alleine eine Wohnung zu nehmen. Außerdem mochte er keine Hausarbeit. Das wusste ich aber nicht! Es sprach damals nichts dagegen zu heiraten. Ich war außerdem froh, einen Mann abbekommen zu haben. Ich war ein Niemand. Kein Selbstwertgefühl, nichts.

Rosarote Träume, eigene innere Abhängigkeitsstrukturen und konservative Prägungen sind oft auch der Fliegenleim für eine an sich untragbare Beziehung. Ulla erkennt heute:

Ich hatte völlig falsche Vorstellungen von Ehe und Partnerschaft: Idealvorstellungen aus Glitzerfilmen und Literatur sowie Träume von Glück. Irgendein Mann wird dich glücklich machen, Hauptsache, du bist verheiratet wie die anderen auch. Zum anderen sehe ich heute den tiefsten Grund in meiner hochgradigen Co-Abhängigkeit von meiner Mutter (Perfektionismus, Funktionalismus, Kontrolle, Kritik) und meiner Erziehung in einer erzreaktionären katholischen Großfamilie.

Geschieden mit zwei Kindern und ohne Unterhaltszahlungen, erkannte Ulla ihre Suchtstruktur (Co-Abhängigkeit) immer noch nicht. Sie schlitterte in die nächste Fehlentscheidung:

Ich wusste nichts von Sucht und süchtigem Verhalten. Große Schuldgefühle konnte ich mir bei meinem Perfektionismus nicht leisten. Ich muss sagen, meine äußerliche Entwicklung verlief sehr gut. Ich erreichte beruflich alles, was zu erreichen war. Meine Kinder studierten. Finanziell ging es bergauf. Aber innerlich geschah so gut wie nichts. Denn mein süchtiges Verhalten konzentrierte sich nach der Scheidung sehr bald auf die Suche nach einem Mann. Nur ein Mann konnte meine Ehre wieder vollständig herstellen! Ich lief jedem Mann hinterher, ich wurde mannstoll. Gleichzeitig war ich mir zuwider, denn ich merkte, dass ich süchtig war. Ich kannte aber keinen Namen dafür. Professionelle Hilfe zu holen war mir unmöglich, und Literatur gab es damals keine zu diesem Thema. Und so kam es, wie es kommen musste. Ich gab dem Werben eines Mannes nach, den ich nicht liebte, nur um vor seinem Bitten und Betteln Ruhe zu bekommen, um endlich der Sucht »mannstoll« entfliehen zu können. Aber es dauerte nicht lange, und ich musste feststellen, dass er Alkoholiker war. Welch eine Farce! Der Alkoholiker und die Co-Abhängige hatten sich gefunden.

Eines ist tröstlich: Nicht jedes fragwürdige Ehemotiv muss gleich zum Ende der Beziehung führen. Oft können Partner an ihrem Thema arbeiten und die falsche anfängliche Weichenstellung korrigieren. Ulla, eine studierte Frau, die sich inzwischen alle wesentlichen »männlichen« handwerklichen Fähigkeiten angeeignet hat, stellte sich letztendlich in der zweiten Ehe der Situation:

Es waren schlimme Jahre bis 1992. Ich ging durch die Hölle. Ich war am Ende. Ich hatte meinen Tiefpunkt erreicht und schrie nach Hilfe. Ich merkte, allein schaffst du es nicht. Ich gab an, Hilfe zu brauchen. Der Druck der Tiefe zwang mich, Hilfe zu suchen. Ich fand Al-Anon. Seit Al-Anon lerne ich, begreife ich, erkenne ich, lebe ich. Das Leben ist wunderbar. – Ich bin froh und dankbar für meine erste Scheidung. Mit Abstand gesehen, war sie ein bitter-kostbares Geschenk. Aber auch das zweite Geschenk, der Alkoholiker, gehört in mein Leben. Ohne ihn wäre und wird es nicht möglich sein, mein Leben glücklich und zufrieden, sinnvoll und dankbar zur Vollendung zu bringen.

Bei Frauen spielt oft die materielle Versorgung eine entscheidende Rolle. Anja gesteht:

Nach dem Scheitern meiner ersten Ehe, an die ich mich kaum noch erinnere, musste ich ungelernt arbeiten gehen, um meinen Lebensunterhalt zu verdienen. Es war ein ständiger Kampf mit dem Geld, der sich übrigens bis in die heutige

Zeit fortsetzt. Als ich meinen zweiten Mann heiratete, war ich eigentlich froh, »versorgt« zu sein, und gerne bereit für ein weiteres Kind; auch als Flucht vor dem Berufsleben, muss ich zugeben, in dem ich keine Erfüllung fand.

Inzwischen hat Anja, die aus beiden Ehen je zwei Kinder hat, längst den zweiten Mann wie den ersten verlassen. Die Trennungen, sagt sie, gehören eigentlich nicht mehr zu ihrem Leben, sie seien »abgehakt, längst vergessen«. Anja lebt das Leben einer alleinerziehenden Mutter, »alles auf einer Schulter, ständig Geldsorgen, kein Mann in der Nähe. Ich bin Single – und zwar nicht einmal ungern. Heute kann ich mir ein Leben mit Partner gar nicht mehr vorstellen. Ich bin total entwöhnt, sexuell ein Neutrum, ohne darunter zu leiden.«

Sexualität ist in vielen Fällen das zwar nicht offen zugegebene, aber latent starke Motiv zur Eheschließung. Berthold, Arzt, beschreibt den damaligen sexuellen Notstand drastisch:

Mein Vater war protestantischer Pastor, meine Mutter die klassische Pfarrfrau, mit all diesen Frauenkränzchen, Bastel- und Adventsgruppen. Die beiden waren sexuell fürchterlich verklemmt. Ich habe meine Eltern nie nackt gesehen. Mein Vater predigte mit donnernden Worten von der Kanzel gegen die jugendliche Onanie. Ich habe nie gesehen, dass er meine Mutter geküsst hätte, geschweige denn, dass er sie erotisch berührt hätte. Seine Haut war weiß wie ein Engerling. Das Sonnenbaden und das Schwimmen im Freibad mit den Mädchen meiner Klasse verurteilte er als »Unzucht«. Meine Mutter mahnte mich und meine Brüder, uns für ein »reines Mädchen« als Mutter unserer künftigen Kinder »aufzusparen«. Bei diesem Sparkurs bin ich als Gymnasiast und noch als Student der Theologie(!) förmlich verhungert. Den ersten Sex hatte ich, vierundzwanzig Jahre alt, mit einer Prostituierten. Sie sagte mitleidig zu mir: »Kleiner, hab' keine Angst, wir machen es alle irgendwann zum ersten Mal.« Sie war so lieb zu mir. Ich hätte ihr die Füße küssen können. Für mich war es ein wunderschönes Erlebnis. Später schämte ich mich ohne Ende. Hatte ich nicht meine Eltern verraten?! Noch mehr schämte ich mich, dass ich mich fast täglich selbst befriedigte.

Da arrangierten meine Eltern(!) eine Begegnung mit Erdmuthe (Name geändert), einer lieben, aber völlig unerfahrenen Pfarrerstochter(!). Eltern und Schwiegereltern gestatteten uns sogar Wochenendausflüge. Ich war ja so ein braver Junge. Ein Vierteljahr später drängten uns beide Eltern zur Verlobung, sonst wäre »der Ruf von Erdmuthe ruiniert«. Natürlich hatten wir noch nicht einmal miteinander geschlafen. Ein bisschen Petting, mehr war nicht drin. Ich fand den Vorschlag der schnellen Verlobung, so grotesk es mir heute scheint, großartig. Ich hatte riesigen sexuellen Druck. Ich sehnte mich, um es einmal klar und deutlich zu sagen, nach regelmäßigem Sex. Erdmuthe ging es, wie ich heute weiß, nicht anders. Damals wagten wir natürlich nicht, auch nur ein Wort darüber zu verlieren. Kurz, wir verlobten uns, ein halbes Jahr später heirateten wir.

Unser Sex war märchenhaft – täglich. Wie Verhungernde stopften wir uns mit Sex voll, wir kamen an den Wochenenden des ersten halben Jahres kaum aus den Betten. Dann waren wir satt. Der sinnliche Rausch flaute plötzlich ab. Wie enttäuschte Kinder schauten wir uns gegenseitig an. Der Hauptanziehungspunkt war verschwunden. Wir hatten uns nichts zu sagen. Zum Entsetzen beider Eltern haben wir uns genauso rasch wieder voneinander getrennt, ohne böse Worte. Das Studienfach Theologie habe ich übrigens auch gewechselt und bin Arzt geworden. Heute berate ich meine Patienten besonders bei sexuellen Störungen.

Auch für Martina war die Befreiung zur Sexualität der eigentliche Grund zur Heirat. Die Tochter eines konservativen protestantischen Rechtsanwalts und seiner zu Hause wirkenden Frau sah überhaupt keine andere Alternative:

Ich machte mein Abitur in den fünfziger Jahren. Das waren noch rückständige Zeiten. Man hätte als junge Frau nie einfach mit einem Mann zusammenleben können. Wenn Eltern dem jungen Glück Unterschlupf gewähren wollten, so gerieten sie in die strafrechtliche Falle des »Kuppel-Paragraphen«. Meinen Eltern wäre eine solche erotische Amtshilfe allerdings nie in den Sinn gekommen. Sie sagten immer: »Man kann nur einem im Leben gehören.« Wenn ich heute sehe, wie zwanglos sich Studentinnen und Studenten in Wohngemeinschaften »ausprobieren«, wie sie ohne Katastrophe Partnerschaften verlassen und neue beginnen dürfen, dann werde ich neidisch. Das wäre für uns undenkbar gewesen.

Als ich mit Gerhard (Name geändert), einem Kommilitonen an der Universität, zum ersten Mal schlief, empfand ich die Sexualität als ein überwältigendes Erlebnis. Gerhard war zärtlich, rücksichtsvoll und erfahrener als ich. Heute kann ich es ja sagen: Ich wurde richtig süchtig nach dieser wundervollen Erotik. Ich habe Gerhard ganz schnell geheiratet, um diese neue »Droge« zu genießen. Mit der Heirat hatte ich die Eintrittskarte in das sexuelle Paradies. Dass dieses Paradies im Laufe der Jahre zur Einöde werden kann, ahnte ich damals noch nicht.

Erfahrung ist eine stachelige Frucht, sagt das Sprichwort. Wenn ich erkannt habe, aus welchen Motiven, das heißt aus welchen inneren Hemmungen, problematischen Bedürfnissen, ungestillten Sehnsüchten, Selbstabwertungen und vertrackten Seelenkonstellationen heraus ich geheiratet habe, so mag mich dies, nach der Trennung, vor weiteren Schadensfällen beschützen. Nicht umsonst liegt auf vielen Zweitbeziehungen so viel Segen. Da sind meist beide reifer geworden, die Kinderkrankheiten der Beziehung sind überwunden; mit dem gemeinsamen Glück wird sorgfältig wie mit altem Porzellan umgegangen. Wir sind großzügiger, toleranter, gelassener. Wir ruhen mehr in uns. Wir brauchen den anderen nicht länger als Reparaturkleister. Wir haben die Verantwortung für uns selbst übernommen. Man könnte fast formulieren: Ehejahre sind keine Herrenjahre. Sie sind Lehrjahre. Oft streicht auch der zweite große Partner unseres Lebens das an Gewinn ein, worum sich unser erster Partner umsonst bemüht hat.

»Ich bin vierundfünfzig Jahre alt und habe in meiner zweiten Ehe einen vierjährigen Sohn. Ich liebe ihn über alles. Er ist mir wichtiger als jede Geschäftssitzung.« Das sagte mir ein Mann in der Praxis: »Wenn er krank ist, dann gebe ich heute als Schreinermeister die Arbeit an meine Gesellen ab und sitze am Bett meines Sohnes. Bei den zwei Kindern in meiner ersten Ehe habe ich das nie getan. Das hat mir meine erste Frau immer vorgeworfen. Ich war damals auch wenig gesprächig und habe mich viel in meine Werkstatt verzogen. Meine Frau litt darunter. Das war auch der Grund, warum sie mich verließ. Sie fand ihr Glück bei einem älteren, weniger wohlhabenden, aber sicher aufmerksameren Mann.«

Natürlich heiraten wir auch aus guten Gründen, die sich noch Jahrzehnte später als stabil erweisen. Das sind dann die Aktivposten unseres Lebens. Aber im Zusammenhang dieses Buches fokussiert sich unser Interesse auf die falschen Ausgangspunkte und vorhersehbaren Sollbruchstellen des Beziehungsgefüges. Warum habe ich geheiratet? Die Antwort darauf erweist sich nicht selten als kompliziert und widersprüchlich.

Ein längerer Brief von Magdalena mag das am Ende dieses Kapitels noch einmal plastisch illustrieren. Magdalena ist sechsunddreißig Jahre alt und zum zweiten Mal verheiratet. Sie hat mit siebzehn Jahren eine Tochter bekommen und mit neunzehn den Vater des Kindes geheiratet, nachdem sie schon ein Jahr zusammenlebten. Als sie ihm mit einundzwanzig offenbarte, »dass ich ihn überhaupt nicht liebe«, setzte er Magdalena kurzerhand vor die Tür und behielt die Tochter bei sich. Nun, das Leben ging weiter. Die Geschichte, die Magdalena eigentlich erzählen will, beginnt im Februar 1993 auf seltsame Weise:

Ich lebte zu der Zeit in einer Wochenendbeziehung zu einem Mann, der genauso wenig wie ich seinen Wohnort aufgeben wollte. Uns war beiden klar, dass diese Beziehung nur noch so lange halten würde, bis sich einer in jemand anderen verliebt. Da träumte ich drei Nächte hintereinander von einem Mann, den ich von meiner Volleyball-Gruppe kannte und mit dem ich bis dahin, bis auf ein gemeinsam besuchtes Konzert und einen Spieleabend mit anderen Freunden, noch nichts weiter unternommen hatte. Nach dem dritten Traum war ich bis über beide Ohren verliebt, obwohl ich diesen Mann bis dahin absolut unattraktiv fand! Erst wartete ich ein paar Tage ab, ob sich das Gefühl wieder legt, und dann hielt ich es nicht mehr aus. Ich musste ihm davon erzählen. Es dauerte nicht lang, und wir waren beide völlig verknallt, wie man so schön sagt.

Im Sommer desselben Jahres spricht Magdalena vom Zusammenleben. Der »Traummann« sagt spontan ja. Die jeweiligen Wohnungen sind zu klein. Magdalena möchte eine alte, ausbaufähige Scheune kaufen, in der sie sich als Tischlerin selbständig machen kann. Die Scheune wird gefunden, sie ist einhundertsechzig Jahre alt, reizvoll gelegen. Eigentlich hätte der Mann aber doch eine pflegeleichte Eigentumswohnung vorgezogen. Magdalena: »Ich war ganz schön anspruchsvoll.« Dann begannen die Unstimmigkeiten:

Gleich zu Beginn der Renovierungsarbeiten begannen unsere ersten Beziehungsprobleme. Er war rasend eifersüchtig auf meinen Ex-Freund, mit dem ich fünf Jahre zusammen und immer noch gut befreundet war. Diese Eifersucht hat mich ziemlich fertig gemacht. Unter anderen Umständen wäre das für mich ein Grund gewesen, die Beziehung zu beenden. Aber in diesem Fall hätte ich erstens meinen Lebenstraum aufgeben müssen, und zweitens konnte ich ihn auch nicht sitzen lassen mit der Arbeit, die noch im Haus steckte. Ich liebte meinen Mann ja immer noch. Ich habe dann schließlich den Kontakt zu meinem Ex-Freund abgebrochen, was ich später bereute. Ich gab überhaupt meine Lebensweise immer mehr auf und passte mich der meines Mannes an.

Das Haus wurde wunderschön. Aus der »Bruchbude«, wie die Freunde anfangs kritisierten, wurde ein herrliches Nest für das Paar und künftige Kinder:

Mein Mann war nie zufrieden. Vor allem, wenn wir Streit hatten, schimpfte er auf das Haus. Er fand immer etwas auszusetzen. Ich empfand das als Herabwürdigung meiner Arbeit und auch meiner selbst. Ich wurde immer stiller und zog mich hinter meine Mauern zurück. Meine sexuelle Lust reduzierte sich fast auf null. Spätestens jetzt hätten meine Alarmglocken schrillen müssen. Doch ich wollte mir nicht eingestehen, dass von meiner anfänglichen Liebe kaum noch etwas übrig war, und das nutzte mein Mann aus, um seinen Heiratsantrag zu wiederholen. Ich muss zugeben, er lockte mich auch mit 25 000 Euro, die er an Steuern sparen würde und die ich dann zum Ausbau der Scheune haben könnte. Letztlich habe ich das Geld doch nie bekommen, das war auch nicht der ausschlaggebende Grund, warum ich schließlich einwilligte. Ich sah zwar die Schwierigkeiten, die wir miteinander hatten, auch im sexuellen Bereich, doch ich fühlte mich dazu verpflichtet, diesen Herzenswunsch meines Mannes nach Ehe und Familie zu erfüllen. Ich fühlte mich in seiner Schuld; das war eine Gewissensentscheidung. Wir heirateten, und bald darauf wurde ich schwanger bei einem der letzten Male, die wir miteinander schliefen.

Es gab weiterhin große Probleme. Die unterschiedlichen Auffassungen der beiden prallten immer wieder aufeinander. »Wir traten auf der Stelle, verbrauchten sinnlos Energien.« Magdalena wird immer verzweifelter:

Schlimm wurde es noch nach der Geburt unseres Sohnes, als

ich nicht mehr arbeiten konnte, kein eigenes Geld mehr hatte. Wie musste ich darum kämpfen, wenigstens ein Taschengeld zu bekommen. Schließlich durfte ich monatlich 175 Euro mein Eigen nennen – mein Mann verdiente zu der Zeit 10 000 Euro brutto, monatlich! Mein Mann versuchte ständig, mich zu kontrollieren. Das Auto stand ungenutzt in der Scheune, weil mein Mann zu Fuß zur Arbeit ging. Aber jede Fahrt, die ich damit machen wollte, war Verschwendung, wenn sie nicht auch in seinem Interesse war.

In dem ersten Urlaub, den wir mit unserem Sohn machten, wurde mir das erste Mal bewusst, dass ich nur noch unglücklich war. Ich wusste, dass ich meinen Mann nicht mehr liebte. Ich hatte auch keine Hoffnung, dass ich es irgendwann wieder tun würde.

Warum brachte Magdalena nicht die Kraft auf, ihr falsches Heiratsmotiv kritisch zu sichten und einfach zu gehen? Antwort: aus Scham und aus materiellen Motiven:

Ich konnte auch mit niemandem darüber reden, bis zu dem Geburtstag einer alten Freundin, zu dem ich ruhigen Gewissens allein hinging, weil nur Frauen eingeladen waren. Ich erzählte dort von meinen Problemen. Eine Frau fragte mich: »Wenn es so unerträglich für dich geworden ist, warum verlässt du deinen Mann dann nicht?« Ich antwortete: »Weil ich an dem Haus hänge.« Daraufhin sagte sie: »Ein Haus! Das ist doch nur etwas Materielles.«

Da fiel bei mir der Groschen. Ich bin wirklich diese Nacht total beschwingt nach Hause gefahren. Mir ging es so gut wie lange nicht mehr! Am nächsten Tag sagte ich meinem Mann: »Ich werde dich verlassen.« Er tobte natürlich und stieß Drohungen aus. Aber das prallte an mir nur ab. Ich war ganz gelassen. Er konnte mich nicht mehr beeindrucken. Das ist jetzt fast genau ein Jahr her.

Heute ist Magdalena klüger geworden. Sie hat ihren Entschluss zu gehen nicht bereut und fühlt sich als Alleinerziehende gut:

Ich kann jetzt wieder ich selbst sein. Ich kann das Alleinsein genießen (wenn mein Sohn schläft), wenn ich mich auch nach einem Mann sehne, den ich lieben kann und der mich liebt und achtet, so wie ich bin. ... Es war falsch von mir, gegen mein Gefühl zu heiraten und ein Kind zu bekommen, quasi als Tauschgeschäft: »Du hast mir zuliebe ein Haus gekauft, ich schenke dir dafür eine Familie.« Das funktioniert nicht. Aber ich habe trotzdem keine Schuldgefühle. Die Trennung war überfällig.

So war es, so ist es. Nietzsche meint: »Was heißt Leben? Leben – das heißt fortwährend etwas von sich abstoßen, was sterben will.«

Warum trenne ich mich jetzt?

Wir sollten die Scheidung
in unserer heutigen komplexen,
heterogenen Gesellschaft,
die rapiden Veränderungen unterworfen ist
und in der die Menschen
sehr viel länger leben als früher,
als ein natürliches Phänomen in der Beziehung
zwischen Mann und Frau akzeptieren.

Margaret Mead

Ob ich Sie, liebe Leser, mit der Fülle dieser Fallgeschichten langweile? Ich hoffe nicht. Denn jeder Bericht enthält den Roman eines Lebens. Und was könnte spannender sein? Georges Simenon, der »Vater« des Kriminalkommissars Maigret, vor allem aber der Schöpfer von über hundert meisterhaften psychologischen Romanen, die zur Weltliteratur zählen, hat sich einmal in einem kleinen Essay gefragt, warum wir Menschen so süchtig danach sind, immer wieder Romane zu lesen. Romane, die doch zunächst einmal reine Phantasieprodukte auf dem Papier sind. Die Figuren eines Buches haben nie gelebt, und doch treibt uns ihr Schicksal Tränen in die Augen. Auch werden wir nie satt; haben wir ein Buch zur Seite gelegt, so greifen wir nach dem nächsten. Simenon fand die Antwort auf die Frage nach unserem unstillbaren Interesse an Romanen. Er sagte: »Es ist unsere Angelegenheit, die hier verhandelt wird. Es ist der immer wieder aufs Neue faszinierende Roman vom Menschen.«

Warum trenne ich mich? Auch hier sind die Antworten so tausendfältig wie das Leben selbst. Wohl die bündigste Antwort gab mir Sabine:

Der eigentliche Grund der Trennung war, dass ich mich verändert hatte. Ich war dabei, »erwachsen« zu werden.

Mein Mann wollte diese Entwicklung nicht wahrhaben.

Sprachlosigkeit und Harmoniesucht sind häufig genannte Trennungsgründe. Dorothea sieht es so:

Was unsere Beziehung zum Scheitern verurteilte, war das »Nicht-miteinander-Reden«! Ich hatte oft das Verlangen nach Gesprächen, konnte das aber wahrscheinlich nicht verständlich genug machen. Oder ich hatte Angst, ihn zu verärgern. Immer sollte alles friedlich dahinplätschern. Heute, mit meinem neuen Partner, wird über jede Kleinigkeit diskutiert und gesprochen. Dies macht groß und reich. Es ist eine schöne Beziehung.

Dürfen wir gehen, wenn die Sexualität nicht stimmt oder fehlt? Wenn alles nichts hilft und wir an diesem Problem ernsthaft gearbeitet haben, dann scheint es mir richtig und wichtig, auf die Sexualität in unserem Leben nicht zu verzichten und gegebenenfalls zu gehen. Das ist kein schäbiges Motiv, wie oft suggeriert wird. »Der Kampf um die Lust«, kommentiert Friedrich Nietzsche, »ist der Kampf um das Leben.« Heinz betont:

Der tiefste Grund meiner Trennung war mangelndes Sexualitätserleben meinerseits. Ich wollte so nicht weitermachen. Wenn ich Sex hatte, war ich manchmal so frustriert, dass ich keine Erektion mehr hatte und den Beischlaf, um dieses wissenschaftliche Wort zu verwenden, abbrach, weil sich alles so zäh hinzog. Die Trennung hat mir neue Lebensfreude, sexuelle Zufriedenheit und Bestätigung gebracht. Sie hat mir aber auch gezeigt, dass ich an mir noch einiges ändern bzw. aufarbeiten muss.

Schwierigkeiten mit der Sexualität können viele Ursachen haben. Bei Katharina war die Störung tragisch, denn sie ahnte nicht, dass ihr sexuelles Unvermögen das Symptom einer schweren Krankheit war:

Ich hatte nur mäßiges Interesse am Sex. Mein Ex-Mann war in dieser Hinsicht sehr aktiv. Dass meine Hormonstörung, die später zum Hypophysentumor und zu zwei Operationen führte, die eigentliche Ursache meines Verhaltens war, wussten wir beide nicht.

Bei Nina artikulierte sich die Krise in der Sexualität, obwohl der eigentliche Grund tiefer lag:

Wir waren in einer Krise, also genau genommen eigentlich ich. Er hat wohl nichts gemerkt oder wollte nichts merken. Alles war etwas langweilig geworden. Wir hatten drei Kinder. Ich war sehr mit den Kindern beschäftigt. Sie verlangten all meine Liebe. Meine Söhne waren sehr anschmiegsam und voll auf mich fixiert. Ich hatte so viel Zärtlichkeit den ganzen Tag über, dass ich abends oft einfach nur meine Ruhe wollte. Mein Mann war sehr aktiv im sexuellen Bereich, so dass er mir einfach keine Ruhe ließ und es deshalb oft zu Streitereien führte. Ich gab dann oft nach, was ich heute als Fehler betrachte. Denn mit der Zeit machte es überhaupt keinen Spaß mehr, ja, ich bekam einen richtigen Ekel davor. Aber zurück konnte ich auch nicht mehr, denn ich hatte ihm so oft etwas vorgespielt. Das dachte ich damals. Ich wusste noch nichts über Bewusstheit, über Tiefe in einer Beziehung, aber irgendwie reagierte mein Körper. Er zeigte mir, dass etwas nicht stimmte. Ich bekam nämlich häufig, mindestens einmal pro Woche, heftige Kopfschmerzen. Manchmal waren es richtige Migräneanfälle.

Bitter ist es natürlich, wenn ein Paar feststellen muss, dass es völlig unterschiedliche sexuelle Temperamente hat, und der Entschluss fällt, die Ehe zu beenden. Was Menschen sich antun, ist manchmal kaum zu begreifen. Paul, ein viel beschäftigter Internist und zärtlicher Mann, erinnert sich:

Seit der Geburt unseres Sohnes 1975 gab es keinen ehelichen Verkehr mehr. Meine Ex-Frau ertrug eine körperliche Berührung, z. B. Nackenkraulen, kaum, und wenn, dann mit fühlbarer Aversion. Der körperliche Abstand von mindestens einem Meter bis eineinhalb Metern wurde von ihr nie unter-

schritten. Ausnahme war das für mich sehr wichtige »Küsschen«, wenn ich zur Praxis fuhr und abends, wenn ich wiederkam. Aber auch dieses Küsschen wurde für sie stetig zur neurotischen Pflichtübung, mit »Igitt«-Ausdruck in den Augen. Praktisch passierte dieses Küsschen ohne Umarmung, vonseiten meiner Ex-Frau mit gespitzten Lippen und mit einer Geschwindigkeit, die man vielleicht mit photographischen Blendenverschlusszeiten von 1/100 oder 1/250 oder 1/500-Sekunden hätte messen können ... In den letzten zehn Jahren durfte im Schlafzimmer kein Wort gesprochen werden. Eine Berührung war sowieso gänzlich fern jeglicher Realität. Meine Ex-Frau sorgte dafür, dass wir nie zusammen ins Schlafzimmer gingen und nie gleichzeitig aufstanden. Der Katalog von derlei Zwangshandlungen ließe sich noch lange fortsetzen ...

Trennung ist oft ein Startpunkt zum eigentlichen Leben: Wenn ich nicht davon loskomme, mich in der Ehe selbst aufzugeben, dann kann mich die Trennung zu mir führen. Henriette musste heiraten. Sie war ein Scheidungskind und hatte, wie sie schreibt, ein »eher verklärtes Bild von Männern allgemein aufgebaut«. Sie ahnte nichts von der Egozentrik ihres Mannes:

Ich war neunzehn Jahre und fand meinen ersten Mann einfach toll. Wir begannen unsere »Muss-Ehe« unter seinem Motto: »Meine Frau und ich, wir lieben mich sehr!« Falsch waren meine völlig naiven Versuche gewesen, eine Schwangerschaft zu verhüten. Besonders falsch von mir war es, als es dann »passiert« war, so neurotisch und naiv, wie ich mit neunzehn Jahren war, zu heiraten. Mein Gefühl bei der Trennung war vor allem Befreiung. Ich habe noch längere Zeit geträumt, dass ich wieder zurück bin und in größter Panik versuche wegzukommen. Wenn ich aufwachte, war ich jedesmal grenzenlos erleichtert, dass der Alptraum zu Ende war. Schuldgefühle hatte ich wegen meiner Söhne, die bei ihrem Vater blieben.

Unreif kann man aber auch noch mit achtundzwanzig Jahren sein. Weil man sich selbst nicht kennt, gibt man sich vorzeitig auf. Ulli schildert diesen gefährlichen Selbstverzicht so:

Meinen Hauptfehler sehe ich in der Tatsache, dass ich mich voll auf den Mann einstellte und meine Bedürfnisse zurücktreten mussten. Das erzeugte sehr viel Wut, die ich unterdrückte und die sich dann irgendwann unkontrolliert entlud. In diesen Wutausbrüchen hatte ich ständig Schuldgefühle. Die habe ich dann gegebenenfalls gegen unser damals noch ganz kleines Kind gerichtet.

Konrad erwartete umgekehrt von seiner Frau Unmögliches, dass sie nämlich seinen Mangel an gesundem Selbstwertgefühl behebe. Sein damaliger Wunsch, »total geliebt zu werden«, scheint ihm heute »wahrscheinlich unrealistisch«:

Wir waren beide noch nicht fähig, unsere Wünsche, Gefühle und Bedürfnisse offen mitzuteilen und Abgrenzungen festzulegen, uns zu tolerieren. Wir glaubten beide, der »andere« sei schuld am eigenen Lebensfrust.

Manchmal müssen wir auch gehen, weil wir Erwartungen nicht erfüllen können. Anna-Marie, heute erfolgreiche Familientherapeutin, verließ aus diesem Grund ihren ersten Mann als noch junge Frau:

Grund der Trennung war, dass mein Partner meine Entwicklung nicht mittragen und schon gar nicht unterstützen wollte. Er war es gewohnt, von Frauen verwöhnt zu werden. Er hatte seinen Vater niemals kennen gelernt. So sorgten sich Mutter, Tante und Großmutter um ihn. In der Ehe sollte sein Ursprungssystem weitergeführt werden. Das Wichtigste für ihn war, dass ich so gut kochte wie Oma, die Hemden für ihn bügelte, den Haushalt versorgte – und das alles neben einem Vierzig-Stunden-Job. Ich war Sekretärin für einen Juristen und besuchte noch das Abendgymnasium. Mein Ex-Mann frönte wie eh und je ausschließlich seinen Hobbys.

Vor der Trennung hatte ich mich übrigens um eine Paartherapie gekümmert. Ich saß um zwölf Uhr beim verabredeten Gespräch. Wer nicht kam, war er. Vor der Tür hatte er sich auf dem Absatz umgedreht (seine Worte) und für sich beschlossen, »besser ein Bierchen trinken zu gehen, als Probleme zu wälzen«. Das Schlimmste für ihn war, dass ich nach der Scheidung seinen Namen ablegte und meinen Mädchennamen wieder annahm. Unglaublich, aber wahr! Spätestens an diesem Tag war ich bestätigt darin, dass meine Emanzipation bei ihm keinen Platz bekommen hätte.

Heinrich wurde von seiner Frau verlassen. Drahtzieherin war die Schwiegermutter:

Der eigentliche Grund meiner Trennung war primär der starke und nachhaltige Einfluss einer von Migräneattacken geplagten Schwiegermutter. Ich passte nicht in ihr Schema eines »Schwiegersohnes«. Kein everybody's darling, keine Bundfaltenhose, keine Lackschühchen. Erwünscht war ein Akademiker, am liebsten Arzt, mit Benimm. Evelyn (Name geändert) kam öfters weinend von ihrer Mutter zu mir, Thema war ich. Auch die erste lange Freundschaft von Evelyn wurde mit Hilfe ihrer Mutter zerstört.

Außenbeziehungen können, wie ich in meinem Buch ›Das sprachlose Paar‹ dargestellt habe, entweder Gift oder auch Medikament für die Beziehung sein. Wenn ein Paar die Seitenbeziehung konstruktiv zum Anlass nimmt, das Defizit der eigenen Innenbeziehung ohne wechselseitige Schuldzuweisungen zum Thema ernsthafter Auseinandersetzungen zu machen, dann kann der »Fehltritt« eine großartige Entwicklung in Gang setzen. Viele Paare sagen nach einer solchen Krise mit einer geradezu verblüffenden Erleichterung: »Wir haben noch nie so viel miteinander geredet.«

Bleibt die Außenbeziehung der Frau oder des Mannes ein Geheimnis, dann vergiftet sie meistens die Ehe. Sie fungiert als eine Art geheimes Ventil, d. h. sie führt Druck und Energie ab.

Der Beziehungskessel kommt nie zum Platzen. Die eigentlichen Gefühle und die zu Hause so schwierige Sexualität wird von einem der Partner draußen gelebt, statt dass er/sie innerhalb der Beziehung dafür kämpft. Dabei böte die Außenbeziehung eine großartige Chance, endlich einmal über das Unzumutbare, das Ungelöste und nicht mehr Tolerierbare in der Ehe mit Deutlichkeit, Trauer und Wut zu sprechen. »Ja, ich habe die Ehe gebrochen«, sagt die Frau zu Nietzsches Propheten Zarathustra, »aber zuvor brach die Ehe mich.«

Juliane spürte, wie sie sich erinnert, dumpf, dass einiges zwischen ihr und Werner nicht stimmte. Er und seine Familie drängten darauf, dass sie ihr drittes Kind abtreibe, »was für mich aber nie in Frage kam«.

Mehr und mehr hielt Werner sich aus unserem Familienleben heraus. Er wollte versorgt werden mit Essen und Kleidung, er wollte seine Kinder versorgt wissen. Mehr interessierte ihn nicht. Besonders egal war ihm, wie es mir dabei ging. Ich liebte ihn noch immer, aber mir war klar, dass ich mich von ihm verabschieden musste, weil immer mehr von dem, was ihn für mich liebenswert machte, verloren ging. Es war fast wie bei einem Onkel von mir, der an Krebs starb und Metastasen im Kopf hatte. Jeden Tag ging etwas verloren, und es war klar: Das Ende kommt. Ich hatte Werner oft gedrängt, dass wir uns mal aussprechen. Aber er wollte nicht, vielleicht weil ich dann etwas von seiner Freundin hätte ahnen können.

Einige Wochen später ergab sich dann alles. Ich hatte schon seit der vierundzwanzigsten Woche der Schwangerschaft vorzeitige Wehen. Die Frauenärztin hatte mich lange gewarnt, ich riskiere eine Frühgeburt. Mir war klar, dass ich den Grund für die verfrühten Wehen abstellen musste, dem Kind zuliebe. Ich verlangte also ein Gespräch von Werner. In dessen Verlauf erfuhr ich von der Freundin, aber er wollte mich nicht verlieren und sie nicht aufgeben.

Ich ging am nächsten Tag völlig aufgelöst und verwirrt zur Eheberatung. Ich wusste gar nicht, was ich dort wirklich wollte. Der Eheberater half mir, meine Gedanken und Gefühle zu sortieren, dass ich klarer sehen konnte. Die Folge war, dass ich am selben Abend noch meinen Mann vor die Tür gesetzt und die Schlösser ausgewechselt habe. Der Eheberater hat mir übrigens keine Ratschläge gegeben, er hat mir nur aufmerksam zugehört und durch seine Nachfragen geholfen, meine Gedanken und Gefühle zu ordnen, so dass ich selbst zu einem Entschluss gekommen bin.

Ein erstaunlich häufiger Trennungsgrund ist offensichtlich auch der Alkoholmissbrauch, vor allem der Männer. Der Alkohol ist der Todfeind der Liebe. Ich kann gar nicht alle die Briefe zitieren, die mich zu diesem Thema erreichten. Hannah erinnert sich:

Mein Ex-Mann wurde ein Jahr nach unserer Heirat alkoholabhängig. Ich stand ganz in der Co-Abhängigkeit und habe dann auch mit dem Alkohol und den Medikamenten angefangen. Es gab immer eine andere Frau neben mir. Ich habe es erduldet, weil ich ja das Gefühl hatte, ich durfte gar nicht auf dieser Welt sein und könne ohne diesen Mann gar nicht existieren. Wir sind beide durch den Kontakt zu den »Anonymen Alkoholikern« und den Helfern des Diakonischen Werkes trocken geworden. Dann aber kam nach leidvollen Ereignissen die Trennung. Es war wieder eine andere Frau im Spiel. Diesmal stellte ich meinen Ex-Mann zur Rede. Er belog mich und leugnete es. Ich gab wieder nach, wie schon so oft in meinem Leben.

Zwei Wochen später kam von ihm ein Telefonanruf, er käme nicht mehr nach Hause. Ich hatte das Gefühl, mir reißt jemand mein Herz aus der Brust und ich würde ganz langsam sterben müssen. Mein Fehler war das »Klammern« und der Glaube, nicht allein existieren zu können. Damit gab ich den Männern das Gefühl, sie könnten über mich frei ver-

fügen. Wer verlassen worden ist, sollte lernen, aus der Opferrolle herauszukommen. Ich hatte auch meine Anteile an dem, was in meinen Beziehungen passiert ist.

Susanne fasste nach fünfundzwanzigjähriger Ehe den Entschluss, von ihrem Mann fortzuziehen. Der Grund war die Alkoholkrankheit und die Kommunikationsverweigerung ihres Mannes, die miteinander zu tun hatten.

Mein Mann, an dem ich sehr hing (ein Stück von mir wird wohl immer an ihm hängen), hat viele große Eigenschaften, doch leider strebt er einen Perfektionismus an, der ihm und seiner Umwelt das Leben schwer macht. Hinzu kommt noch seine Schwierigkeit oder besser sein Unwille, sich mitzuteilen. Kommunikation entstand meist erst, wenn er zerknirscht am Boden lag und zuvor im versteckten Alkoholkonsum Hilfe gesucht hat. Als er an multipler Sklerose erkrankte, wurde alles noch schlimmer für ihn. Er verfiel einige Monate in eine extreme Melancholie, doch es gelang ihm, sich zeitweise wieder aus seinem Loch zu ziehen. Vor einigen Jahren kamen wir nach Lahnstein, und mein Mann sah, wie nützlich und wertvoll Dr. Brukers Ratschläge für ihn waren. Aber leider hielt er nicht durch. Sobald er wieder schwach wurde (meist war es, weil er das Gefühl hatte, sein Leben nicht mehr meistern zu können), verfiel er dem Alkohol oder nahm eine Packung Schlaftabletten. Die Verschnaufpausen zwischen den verschiedenen Krisen wurden in letzter Zeit immer kürzer, und hinzu kam eine verbale Aggression, die er gegen mich richtete.

Eines Tages verspürte ich eine ungewöhnliche Ruhe. Ich teilte ihm mit, dass ich unter diesen Umständen gehen würde. Ich mietete eine Wohnung in einer anderen Stadt und zog nach vierzehn Tagen aus. Er überreichte mir persönlich einen Abschiedsbrief, in dem er unsere fünfundzwanzigjährige Ehe als ein totales Fiasko bezeichnete: Ich hätte nie auf seiner Seite gestanden, ich hätte ihm jedes Gläschen ver-

boten, auf sexuellem Gebiet sei ich eine Niete, nur als Hausfrau hätte ich die Prüfung bestanden. Damals las ich Ihr Buch ›Mut zum Ich‹. Ich fand hier sehr viel Unterstützung, weil ich mich plötzlich nicht mehr so allein fühlte. Ich sah ein, dass ich kein Monstrum war, weil ich plötzlich an MICH dachte und meine eigene Haut, auch auf Kosten anderer, retten wollte.

Der Alkohol kann auch eine zweiunddreißigjährige Ehe auseinander bringen. Ilse weiß heute:

Mein Mann und ich haben uns damals darauf geeinigt, dass wir sagen wollten, wir haben uns getrennt. Denn es war so, dass ich mich in einen anderen Mann verliebt hatte. Der eigentliche, schwer wiegende Grund für unsere Trennung war der Alkohol. Er war ein ständiger Begleiter in meiner Ehe. Es gab keinen Tag ohne ihn. Mich widerte der Geruch von Bier an ... Eine erfüllte Sexualität hatte es für beide Seiten nur sehr selten gegeben. Ich war durch den ständigen Alkoholgeruch und die mangelnde Sensibilität meines Mannes nicht auf Sex mit ihm erpicht. Er hatte nur selten sexuelle Wünsche.

Mit meinem neuen Freund erlebte ich eine verzauberte Zeit. Jetzt blühte ich auf, besonders im Sex. Wir bemühten uns um eine perfekte Partnerschaft, wir redeten über alles. Nach ca. zwei Jahren kam trotzdem das Aus für diese Beziehung. Bei ihm waren es fast dreißig gemeinsame Jahre und drei gemeinsame Kinder, die irgendwann mehr zählten als ich.

Alkohol ist in viel mehr Ehen, als man glaubt, das verschwiegene Problem. Auch Emmi trennte sich, weil ihr Mann Alkoholiker war:

Da ich gut katholisch erzogen war, galt für mich das Motto: »Bis dass der Tod euch scheidet«. Dies habe ich acht Jahre lang ertragen, bis mein Körper nicht mehr mittat. Ich bin ganz sicher, Gott gab mir von oben ein Zeichen, und ich wurde regelrecht gesteuert, die Scheidung durchzuziehen. Meine Gefühle bei der Trennung waren sehr unterschiedlich. Ich habe mich zurückgezogen und hatte das Gefühl, einen sozialen Abstieg zu erleben. Wir wohnen in einem kleinen Ort an der Mosel, wo jeder jeden kennt. Die Leute hatten zwar Verständnis, konnten jedoch die ganze Problematik nicht erfassen. Nur wer selbst »durch die Hölle« gegangen ist, kann mitreden ... In der Scheidungsphase habe ich durch meinen Ex-Mann meinen jetzigen Partner kennen gelernt. Wir konnten uns gegenseitig stützen und beraten.

Die Trennung war das Beste, was mir nur passieren konnte. Mein Ex-Mann ging nach einem halben Jahr der Trennung in Therapie und war neun Jahre lang trocken. Ein halbes Jahr nach seiner Wiederverheiratung warf ihn seine zweite Frau aus dem Haus, da er wieder zu trinken anfing. Er lebte dann einige Jahre mit einer Lebensgefährtin zusammen, mit etwas niedrigerem Niveau, die ihn pflegte, bis ihn der Suff das Leben kostete. ... Für mich war die Scheidung ein Erlebnis, das mich mein ganzes Leben begleitet. Auf Weinfesten oder an Orten, wo viel Alkohol konsumiert wird, fühle ich mich total fehl am Platze und reagiere sehr aggressiv.

Eine Entziehungskur allein tut es nicht. Viele Alkoholkranke versäumen es, nach dem Entzug über Jahre hinweg regelmäßig zu einer Selbsthilfegruppe zu gehen oder eine Therapie zu machen, um die tiefer liegenden Gründe ihrer Abhängigkeit, sozusagen die Sehnsucht hinter der Sucht, aufzuarbeiten. In einem solchen Fall kann es dazu kommen, dass der Partner sich auch nachträglich noch von dem »trockenen« Alkoholiker trennt. Angelika hatte zum Beispiel geglaubt, »dass ein Alkoholiker ein Penner ist, nicht jemand, der morgens mit weißem Hemd und Anzug zur Arbeit geht«:

Ich hatte Angst, Lebensangst, Angst vor der Verantwortung meinen Kindern gegenüber. Ich habe mir unendlich Mühe gegeben, nach außen hin den Schein zu wahren. Ich habe wirklich alles versucht. Es ist mir sogar gelungen, meinen Mann zu einer Entziehungskur zu bringen, mit Erfolg, wie man so sagt. Aber jetzt wurde mir klar, dass die Kinder und ich nur eine Statistenrolle in seinem Leben spielten. Er ging zur Arbeit, wollte aber zu Hause nicht viel belastet werden. Er hat sich entzogen. Trotzdem habe ich mir immer gesagt, er trinkt wenigstens nicht mehr. Bis es dann nach weiteren zehn Jahren nicht mehr ging und ich auszog.

Ein weiteres, meist verschwiegenes Trennungsmotiv ist die Gemütskrankheit eines Partners. Das Thema ist deswegen so tabuisiert, weil es immer noch vielfach als unmoralisch gilt, einen kranken Partner zu verlassen. Ist es das? Wie steht es, wenn der Mann oder die Frau sich hartnäckig weigert, sich einer regelmäßigen Behandlung und behutsamen Medikation zu unterziehen?

Wer einmal einen manisch-depressiven Menschen in seiner manischen Phase erlebt hat, weiß, wie sehr ein solcher Patient sich und die Umwelt gefährdet. Ich kenne Patienten, die von der Polizei aufgegriffen wurden, als sie auf dem Mittelstreifen einer Autobahn spazierten, Eisenbahngleise entlangtippelten oder die man im verwirrten Zustand auf dem Feld eines Flughafens aufgelesen hat. Manische Menschen überziehen bedingungslos ihre Konten, sie fahren kreuz und quer in der Gegend herum, bringen in ihrer Hyperaktivität Chaos in die Wohnung und neigen schließlich, im depressiven Absturz, zum Selbstmord. Mit einem Gemütskranken, der sich nicht behandeln lässt und den Gang in die Selbsthilfegruppe scheut, das ganze Leben zu teilen, kann völlige Selbstaufgabe und Verzicht auf eigenes Glück bedeuten. Hilde (»es tut mir gut, mal darüber zu schreiben«) berichtet:

1995 verließ mich mein Mann nach einundvierzigjähriger Ehe. Er hat eine Krankheit, die manisch-depressiv heißt. Er musste fünf Mal in eine Psychiatrie eingewiesen werden.

Diese Einweisungen legte er mir später zur Last. Er sagte viel zu oft: »Du hast mich da hineingebracht.« Natürlich hatte ich das nicht. Mein Mann ist nicht krankheitseinsichtig. Er gab mir weiterhin die Schuld. Wir führten Gespräche, aber die Schuld blieb bei mir. Er lebt heute mit einer anderen Frau zusammen und will sich scheiden lassen und unser Haus verkaufen. Der Grund zur Trennung war, mein Mann fühlte sich von mir verfolgt, er wollte keine weiteren Einweisungen von mir hinnehmen. Die Trennung hat mir keinen Neuanfang gebracht, denn ich bin Jahrgang 1929. Ich lebe noch mit Schuldgefühlen, die ich nie loswerde. Innerlich habe ich mich aber so weit entwickelt, dass ich heute allein gut leben kann. Ich habe mein Schicksal angenommen. Ich denke, es ist ganz wichtig, sich selbst nicht aufzugeben und nach der Trauerphase wieder am Leben teilzunehmen. Es holt uns keiner hinter dem Ofen hervor. Wichtig war es für mich, mein Leben in Gottes Hand zu legen. Dann gibt es auch wieder einen Lichtblick. Das Gebet ist die stärkste Energie, die wir haben.

Erstaunlich erscheint mir oft, wie lange gesunde Partner die Quälerei mit einem Gemütskranken aushalten. Irene verließ mit zweiunddreißig Jahren ihren Mann:

Der Grund meiner Trennung war der, dass mein Mann geisteskrank wurde, Bewusstseinsspaltung und Verfolgungswahn. Ich brauchte drei Jahre, bis ich auszog. Mein Mann hatte auch einen religiösen Wahn. Er wollte keinen Körperkontakt. Ich durfte ihn nicht einmal mehr berühren. Das empfand ich als ganz schlimm. Ich hätte ihm oft so gerne sein Gesicht gestreichelt, weil er oft so fertig war. Aber nein, es durfte kein Körperkontakt sein. Das sei irdisch, sagte er. Die Krönung war nach der Scheidung, dass er aus der geschlossenen Nervenanstalt weglief und jahrelang untergetaucht war. Ich konnte nicht aus dem Mietvertrag des gemeinsam gemieteten Hauses entlassen werden, da man nur gemeinsam kündigen kann, was gemeinsam unterschrieben wurde. Drei Jahre lang musste ich Miete für ein leer stehendes Haus zahlen, da mein Mann unauffindbar war.

Man kann einen Partner auch an eine Sekte verlieren. Das ist besonders schmerzhaft. Hermann (»zu einer neuen Beziehung noch nicht fähig«) erlebte das Ende nach drei gemeinsamen Kindern und zwanzig Jahren Ehe:

Der Grund der Trennung war die Orientierung meiner Frau zu der Sekte der »Siebenten-Tags-Adventisten«. ... Bei jeder Gelegenheit versuche ich vorsichtig, meine Frau zurückzugewinnen. Ich muss aber immer wieder hören: »Du akzeptierst meinen Glauben nicht.« Ich antworte dann: »Du kannst es drehen, wie du willst, es passt nicht.« Damit meine ich, dass es einfach nicht mit dem christlichen Grundgedanken vereinbar ist, eine so wunderbare Familie einem so fragwürdigen Verein zu opfern, der außerdem auch noch sehr teuer ist.

Hermann ist von Pontius zu Pilatus gelaufen. Er hat die Kirchen, das Jugendamt, die Caritas, den Familiendienst, den Kinderschutzbund und Sektenbeauftragte kontaktiert. Es hat alles nichts geholfen. Er sieht aber seinen Anteil an dem Ehekollaps:

Ich bin nicht auf die Signale meiner Frau eingegangen. Ich habe ihren Weg nicht ernst genommen. Ich habe ihre Wünsche nicht respektiert und beispielsweise Alkohol getrunken, obschon Verzicht auf Alkohol ein Kernpunkt der Sekte ist. Nach der Trennung konnte ich mit dem Alkohol aufhören. Im Verlauf der vier Jahre seit der Trennung habe ich einige Male den Strick angelegt, die Depressionen aber immer überwunden. Sie sind zwar nach wie vor nicht ausgeschlossen, jedoch habe ich zwischenzeitlich gelernt, damit umzugehen. Ich habe auch noch Kontakt mit meiner Frau, die ich ja immer noch liebe.

Trennung kann auch die Antwort auf chronische Überforderung sein. Wolfgang, mit dem ich in der Therapie seine Verschlossenheit durchzuarbeiten versucht habe, sieht darin den Grund für die zwei Trennungen in seinem Leben:

Meine erste Frau war psychisch labil. Sie hat sich oft übergeben müssen, sie magerte ab und sie lag darnieder. Unsere beiden Kinder mussten tagsüber von anderen Personen betreut werden. Als sich die Psyche meiner Frau nach neunzehn Jahren mit psychotherapeutischer Hilfe stabilisiert hatte, war meine Frustration so übermächtig, dass ich nicht mehr gewillt war, die Beziehung aufrechtzuerhalten. Ich war den Belastungen nicht mehr gewachsen. Ich hatte Selbstmordgedanken. Ich hätte selbst therapiert werden müssen.

Meine zweite Frau habe ich sechs Monate nach dem Kennenlernen geheiratet – also bevor ich sie wirklich kannte. Sie kauft laufend Dinge, die nicht benötigt werden und nur die Schränke füllen: Kerzen, Wolle, Stoffe, Kugelschreiber usw. In beiden Ehen fehlte die Bereitschaft und wohl auch die Fähigkeit, sich zu öffnen, in einen ehrlichen Dialog einzutreten. Mein Mitdenken und Mitfühlen wurde nicht erwidert, so dass die Probleme nicht abgebaut werden konnten. Am Ende war ich das Problem. Ein Professor hat treffend formuliert: »Das zweite Mal auf denselben Typ hereingefallen.«

Man kann sich seines Partners auch zu sicher sein oder umgekehrt, der Partner fühlt sich zu sicher. »Mein Mann wird mich nie verlassen«, sagte einmal in meiner Praxis eine Frau und Akademikerin von, wie mir schien, etwas allzu forschem, selbstbewusstem Auftreten. Ein halbes Jahr später hatte sich ihr Mann mit einer anderen Frau aus dem Staub gemacht. Wenn wir uns des anderen zu sicher fühlen, dann respektieren wir seine Fremdheit und Eigenständigkeit zu wenig, fast verachten wir ihn insgeheim ein bisschen. »Du kommst ja doch nicht von mir los«, denken wir, »was würdest du denn ohne mich tun!« Iris hat das am eigenen Leib erlebt. Sie und ihr Mann halten die Ehe und das tägliche Zusammenleben zwar noch aufrecht, aber es ist etwas Einschneidendes passiert:

Ich bin verlassen worden, es ist ca. zwanzig Monate her. Mein Mann hat sich eine um siebenundzwanzig Jahre jüngere Geliebte genommen. Er ist jetzt achtundsechzig Jahre alt, ich bin fünfundsechzig. Sie will meinen Mann auch nicht heiraten. Er genügt ihr als Wochenendfreund und -liebhaber. Der Grund unserer Trennung: Sie wurde körperlich schon vorher vollzogen. Nach nunmehr zweiundvierzigjähriger Ehe hatten wir uns nichts mehr zu sagen. Hier im Ort und auch vor der Familie sieht alles aus wie immer. Und darum kommt es sogar schon mal vor, dass ich sein zweites Leben kurzfristig total vergesse. Alle zwei Wochen ist er zwei bis drei Wochen bei ihr. In der Zeit verreise ich dann. Das gibt mir eine nette Art von Ersatzglück.

Meine Liebe war zur Fessel für ihn geworden, wovor der Dichter Khalil Gibran in seinem berühmten Gedicht ›Über die Ehe‹ warnt. Ich hatte es zwar gemerkt, aber nicht darüber nachgedacht. Ich war seiner zu sicher. Nun bin ich sehr selbständig geworden; einen Partner brauche ich nicht mehr. Aber täglich neu tut es etwas weh. Mein Mann ist höflicher und rücksichtsvoller geworden zu mir. Ich habe mich damit angefreundet, dass mein Mann ein Doppelleben führt und damit glücklich ist. Inzwischen sehe ich das als Befreiung. Ich habe mehr Geld zur Verfügung und viel Zeit, um mir meine Reisewünsche zu erfüllen. Mein Mann ist sehr fair zu mir, was er früher nicht immer war. Ich habe Abstand zu meinem Mann gewonnen, was jedoch meine Liebe und Zuneigung nicht beeinträchtigt. Ich habe seiner Freundin gegenüber liebevolle Gefühle und werde sie auch rufen, falls mein Mann mal krank wird und ich Hilfe brauche.

Bildungsunterschiede können, aber müssen nicht Spaltpilze der Liebe sein. Ulrike (»Ich bin verlassen worden«) sagt heute:

Meine Eltern und ich haben meinen damaligen Mann nicht so anerkannt und respektiert, wie er war. Wir hatten einen ziemlich großen Bildungsunterschied. Er war Drucker, ich war Gymnasiallehrerin. Obwohl wir einerseits aufeinander flogen, war mir sein Verhalten manchmal peinlich.

Es sieht fast so aus, als ob sich Ulrikes Mann unbewusst an ihrem höheren Bildungsstatus rächen wollte. Ulrike berichtet nämlich:

Ich war tief verletzt, weil ich von ihm hintergangen und belogen und vor vollendete Tatsachen gestellt wurde. Mein Mann hatte sich in eine einfachere und jüngere Frau verliebt, die ihn wohl eher bewunderte ... Meine Sichtweise war damals zu sehr eingeengt auf meine Positionen. Es fehlte mir das große, weite Herz für verschiedene Daseinsformen. Tatsächlich hat mein Mann mir durch sein Anderssein die Vielfältigkeit des Lebens vorgelebt.

Heute arbeitet Ulrike ihre anhaltende Krise aus Lethargie, Leere und Depression in einer Psychotherapie auf, um »meine wirkliche Identität zu finden«.

In der Champagnerlaune des Verliebtseins unterschätzen wir manchmal auch kulturelle und ethnische Unterschiede, die auf die Dauer eine unerhörte Sprengkraft entwickeln können. Lizzy war mit einem gebildeten, ausnehmend gut aussehenden iranischen Mann verheiratet. Sie wusste als Zwanzigjährige nicht, was sie erwartete:

Ich war in seine braunen Mandelaugen verschossen. Reza (Name geändert) hatte lange, zarte Hände. Er war Chirurg. Er spielte Klavier, malte, er wurde von den Frauen vergöttert, kurz, er war mein Traummann. Ich hatte gerade das Abitur hinter mir und war noch völlig unerfahren. Am Tag, nachdem wir uns bei einem Vortrag über die Pianistin und Komponistin Clara Schumann kennen gelernt hatten, schickte er mir einen Strauß von dreißig roten Rosen! Ich war völlig aus dem Häuschen, meine Eltern desgleichen. Reza stammte aus einer wohlhabenden Familie, er sprach fünf Sprachen fließend. Wir verlobten uns nach vier Wochen. Ein halbes Jahr später heirateten wir. Reza brauchte mich nicht lange aufzufordern. Ich flog an sein Herz. Es war für mich selbstverständlich, dass ich mit ihm zwei Jahre später nach Teheran zog. Wer war denn ich? Ich war ein kleines Mäuschen, ohne Studium, ja sogar ohne Führerschein; nicht einmal kochen konnte ich richtig. Mein einziges Kapital waren meine Jugend, meine Schönheit und, wie ich später leidvoll merkte, meine sozusagen unbegrenzte Gebärfreudigkeit.

Wir zogen nach Teheran. Reza wurde Chefarzt an einer kleinen, aber exklusiven Klinik der reichen Bourgeoisie. Er verdiente prächtig. Seine Großfamilie nahm mich mit überwältigender Freundlichkeit auf. Das ist das Wundervolle an den orientalischen Familien: Du hast Halt als Frau und bist keinen Augenblick allein. Gerade darin aber bestand für mich als europäische Frau auch das Problem. Ich wurde bei jedem Schritt von der Sippe kontrolliert. Als ich erst einmal studieren wollte, Biologie und Mathematik an der Teheraner Universität, legte sich nicht nur Reza, sondern die gesamte Familie quer. Kinder sollte ich kriegen, hieß es. Das wäre meine Pflicht als Frau. Ich fügte mich. In vier Jahren gebar ich Reza drei Kinder. Ich liebte sie von Herzen, aber ich wollte auch noch etwas für mich tun. Heute kann ich es gar nicht mehr fassen, welche Kämpfe es gab, dass ich allein meinen Führerschein machen »durfte«. »Du kannst doch ein Taxi nehmen«, meinte Reza. »Wir sind doch wohlhabend genug.«

Als ich probeweise einige Vorlesungen an der Universität anhörte – einen richtigen Studienbeginn wagte ich nicht –, wurde Reza entsetzlich eifersüchtig. »Das sind doch alles Huren, die Studentinnen«, meinte er allen Ernstes. Er war außer sich. Ich habe dann die Vorlesungsbesuche resigniert abgebrochen. Ich führte das gelangweilte Leben einer reichen, aber beschränkten Teheranerin. Reza verbot mir sogar das Kochen als »standesunwürdig« und stellte eine Köchin ein. Wenn unsere Kinder im Kindergarten waren, verlegte ich mich aus lauter Frust wie eine richtige Zicke aufs Shop-

ping in den sündhaft teuren Exklusivläden der iranischen Hauptstadt. Ich kam mir vor wie eine alte Frau.

Mit Mühe erreichte ich die »Erlaubnis« zu einem Heimaturlaub. Ich konnte Reza nur dadurch gewinnen, dass ich argumentierte, ich müsse die Kinder meiner Familie vorstellen. Nach Hause zurückgekehrt, verspürte ich mein Heimweh nach Deutschland wie nie zuvor. Das Klima, die Kultur, die Lieder, der badische Wein, die Butterbrezel, meine alte evangelische Gemeinde – kurz, alles hielt mich mit tausend Fäden gefangen. Damit will ich nicht die persische Kultur abwerten. Iran ist ein wundervolles Land, und ich verdanke ihm so viel. Aber ich habe den Sprung in diese fremde Welt einfach nicht geschafft. Das ist mein Problem. Das weiß ich.

Zurückgekehrt nach Teheran, wurde alles viel schlimmer. Ich sehnte mich nach meinen emanzipierten Freundinnen zu Hause, die alle längst ein Studium absolviert hatten und in meinen Augen immense Privilegien genossen. Ich hätte ja nicht einmal allein in diesem orientalischen Land zum Tanzen gehen dürfen. Inzwischen hatte sich die reaktionäre und frauenfeindliche Mullah-Herrschaft auf dem Pfauenthron etabliert. Wenn mir einer vor zehn Jahren gesagt hätte, dass ich eines Tages mit einem Tschador herumlaufen müsse, dass das Tragen von Jeans verboten und der Lippenstift »Teufelswerk« sei, so hätte ich ihn ausgelacht. Jetzt war es die Realität. Studieren kam jetzt überhaupt nicht mehr in Frage. Ich empfand mein Leben als eintönig. Reza wiederum war über meine »Undankbarkeit« empört. »Schau dir doch die armen Frauen auf dem Land an«, wütete er. »Dir geht es so gut. Du hast alles, was du willst. Du kannst den ganzen Tag am Swimming-Pool in unserem Garten sitzen und es dir gut gehen lassen. Aber du meckerst den ganzen Tag und schaust mich böse an.« Aus seiner Sicht, denke ich heute, hatte Reza sogar Recht. Mit einer einheimischen Frau hätte er die Probleme, die er mit mir hatte, nicht gehabt!

Lange Rede, kurzer Sinn: Beim nächsten Deutschlandaufenthalt mit meinen Kindern kehrte ich nicht mehr zurück. Rezas Enttäuschung und Wut waren schrecklich. Er tat alles, um mich, vor allem aber »seine« Kinder, zurückzubekommen. Er schmeichelte, er bot Geld, er schickte Abgesandte seiner Familie, er erpresste mich: »Ich werde meine Kinder durch Mittelsmänner entführen lassen. Dir schicke ich einen Killer.« Das mit dem Killer mag nicht so ernst gemeint gewesen sein. Aber die Drohung des Kidnappings nahm ich ernst, denn einer seiner Freunde hatte exakt auf diesem Wege zwei Kinder seiner Ex-Frau in Deutschland wegnehmen und entführen lassen.

Heute denke ich, die Ehe mit einem Ausländer und im Ausland kann wunderschön und eine einzige Bereicherung sein, aber man sollte, bevor man eine solche Verbindung eingeht, sich die Verhältnisse und die Erwartungen der künftigen Familie sehr genau anschauen und prüfen, ob es einem zusagt.

Dies alles sind nur einige wenige Beispiele aus dem riesigen Spektrum von Trennungsgründen. Sie besagen alle jedoch übereinstimmend eines: Trennung ist möglich. Trennung ist erlaubt. Trennung ist manchmal überlebenswichtig. Trennung kann die Tür öffnen für eine glücklichere Zukunft. Trennung ist der Gang durch den Tod zu neuem Leben.

Thomas Moore (›Der Seele Flügel geben. Das Geheimnis von Liebe und Freundschaft‹) formuliert das Ringen um den Entschluss, sich scheiden zu lassen, in eindringlichen Worten: »Auf eine neue Erfahrungsebene können wir nur gelangen, wenn unsere Seele einen schmerzlichen Tod stirbt. Was aber ist für die Seele schmerzlicher als das Ende einer menschlichen Beziehung?«

Plötzlich und unerwartet

Aus heiterem Himmel,
nach all den Jahren,
völlig überraschend,
unversehens,
Knall auf Fall,
gehe ich?

Von langer Hand,
über Jahre hinweg,
im Stillen erwartet,
vorhersehbar,
langfristig geplant,
gehe ich?

Nach endlosen Versuchen,
Flehen an taube Ohren,
schlaflosen Nächten,
tausend Tränen,
vergeblichen Mühen,
gehe ich!

Ursula Andreas-Robioneck

Bleiben oder gehen? Das Problem der Beziehungsambivalenz

Eine Treue kann die andere ausschließen.
Wo die Bewährung der einen
durch die Verletzung der anderen
erkauft werden muss, da wird freilich immer
ein bitterer Beigeschmack bleiben;
aber gerade der, der diesen Beigeschmack
am bittersten empfindet,
wird aus den reinsten Beweggründen heraus
gehandelt haben.

Theodor Fontane: Vor dem Sturm

Soll ich gehen oder soll ich bleiben? Nichts quält mehr als diese Unentschiedenheit. Manchmal dauert der Tanz um den heißen Brei jahrelang. Man kann nicht mehr zusammenleben, aber man kann auch nicht gehen. Das Alte geht nicht mehr, das Neue zeigt sich noch nicht. Wir zermartern uns mit Fragen das Gehirn: Reicht die gemeinsame Substanz der Beziehung noch? Darf ich dem anderen die schreckliche Kränkung zufügen, ihn zu verlassen? Muss ich nicht für so vieles dankbar sein? Darf ich das Ende der Ehe unseren Kindern zumuten? Was denken Freunde, Bekannte, vor allem aber die Familie von mir? Werde ich den Trennungsschritt nicht eines Tages furchtbar bereuen, ihn aber nicht rückgängig machen können? Schlittern wir beide nicht durch die Trennung in die roten Zahlen? Müssen wir die gemeinsame Wohnung, das Haus verkaufen? Werde ich überhaupt einen anderen Partner, eine neue Partnerin finden? Ist Scheidung nicht Schande? Hatten wir uns nicht gelobt, miteinander alt zu werden? Dann stoßen wir plötzlich auf einen Satz des Dichters Christian Morgenstern, und er fährt uns heiß ins Herz: »Wer sich selbst treu bleiben will, kann nicht immer anderen treu bleiben.«

Bleiben oder gehen? – Dieses Drama hielt auch Kerstin jahrelang in Bann. Man mag es als Leser kaum glauben, wie lange sie die schwankende Situation aushielt. Kerstin berichtet:

Mein Mann hat mich bereits im Jahre 1988 verlassen, das heißt, er hatte plötzlich eine Freundin, die er heiraten wollte, zog aber aus der gemeinsamen Wohnung nicht aus. Lediglich juristisch brachte ich es fertig, ihn aus dem damals noch gemeinsamen Schlafzimmer auszuquartieren. An den Wochenenden war er bei seiner Freundin. Ich versuchte, mit meinem Leben zurechtzukommen, am Anfang mehr schlecht als recht, später umgekehrt. Nach einem Dreivierteljahr teilte er mir mit, er hätte sich getäuscht, wir sollten nochmal von vorne anfangen. Bis dahin war ich bereits einundzwanzig Jahre verheiratet, mit sämtlichen Höhen und Tiefen und furchtbaren Szenen. Ich willigte ein, da ich emotional nicht in der Lage war, mich von ihm zu trennen, obwohl ich es eigentlich wollte.

Kerstin wurde sehr krank, konnte kaum mehr etwas essen, sie ging zu allen möglichen Ärzten, bis sie auf die Bücher von Dr. Max Otto Bruker stieß und ihre Ernährung umstellte. Sie war wegen Depressionen krankgeschrieben. Es handelte sich wohl um eine reaktive Depression als seelische Antwort auf ihr Ehemartyrium. Ihr Mann war zwar zu ihr zurückgekehrt. Gleichwohl unterhielt er, wie er angab, »platonische« Freundschaften mit Frauen. Bei Kerstin sträubten sich alle Gefühle gegen diese Form von Außenbeziehungen. Nach dem Motto »Angriff ist die beste Verteidigung« kritisierte der Ehemann Kerstin als »dumm« und »konservativ«.

Mal getrennt lebend, mal zusammen hielt Kerstin diese Ehe bis 1994 aus. In Gruppenanalyse erfahren, machte sie jetzt, wie viele kluge Frauen, eine Einzeltherapie. Sie arbeitete an sich. Vorsichtig riskierte sie etwas Lebensfreude, indem sie einen Tanzkurs besuchte, nachdem der Ehemann ihre Bitte nach einem gemeinsamen Kursbesuch abgeschlagen hatte. Zwischen

Kerstin und ihrem Tanzpartner entwickelte sich beiläufig und von beiden eher unbemerkt ein Verhältnis der Achtsamkeit und sanften Zuneigung. Eines Abends ging der Tanzpartner nach dem Kurs mit Kerstin in eine Kneipe. Sie erzählte ihm, wie sie lebte. Der Tanzpartner meinte lapidar: »Da ist wohl ein schneller Wohnungswechsel angesagt.« Kerstin gingen die Augen auf. Umso mehr, als ihr Ehemann wieder einmal eine seiner »platonischen« Beziehungen geknüpft hatte. Als er ihr wütend befahl, sich da herauszuhalten, und es eine hässliche Szene gab, da klingelte es in Kerstins Ohren. Sie erkannte, dass sie handeln musste. Innerhalb einer Woche fand sie eine schöne Wohnung, räumte diese mit Hilfe des lieben Tanzpartners samt Ikea-Regalen und Klavier ein und war innerhalb eines Jahres glücklich verändert: »Man sagte mir überall, wie gut ich aussehen würde. Ich konnte es kaum fassen.«

Wir werden später hören, wie es mit Kerstin weiterging. Was sie mit ihrer Unentschiedenheit erlebte, das nennt man in der Psychologie das Problem der Beziehungsambivalenz. Sie ist gegeben, wenn ich eine Beziehung als zu gut empfinde, um sie aufzugeben, und zu schlecht, um an ihr festzuhalten. Kerstin betont nämlich in ihrem Brief: »Mein Mann ist sehr intelligent, sehr belesen, und wir hatten viele gemeinsame Hobbys. Daher machte mir eine Trennung auch so viel aus.«

Solange wir in der Beziehungsambivalenz sind, lähmen wir uns durch Pro- und Kontraerwägungen. Im tiefsten Innern hoffen wir, dass uns der Partner vielleicht etwas ganz Schlimmes antut oder sich gar auswärts verliebt, um leichter zu einer Entscheidung zu finden. Wer wirft schon gerne eine jahrelange Beziehung wie Abfall auf den Misthaufen? Nicht enden wollend wägen wir die Vor- und Nachteile unserer Beziehung ab – und bleiben in dieser Waagemethode stecken. Offensichtlich ist der Versuch unproduktiv, das Für und Wider gleichsam mit der Apothekerwaage gegeneinander aufzurechnen. Wir verfehlen dabei die tieferen Probleme unserer Beziehung.

Die Amerikanerin Mira Kirshenbaum entwickelte in ihrer Studie ›Soll ich bleiben, soll ich gehen?‹ ein Diagnose-Manual zum Selbstentscheiden, dem ich im Folgenden einiges verdanke. Wichtig ist, in der Krisensituation der Beziehung rückhaltlos und sorgfältig, vielleicht auch mit Hilfe einer Freundin, eines Freundes, klare Diagnosen zu stellen. Dafür sind rund zwei Dutzend kritische Fragen unerlässlich. Ohne einen Anspruch auf Vollständigkeit will ich die wichtigsten davon nennen:

War unsere Beziehung ursprünglich gut oder bildete sie von Anfang an eine Mesalliance? Wie oft höre ich in der Praxis Sätze wie: »Wenn ich ehrlich bin, die Sexualität stimmte vom ersten Tag an nicht.« Oder: »Schon nach kurzer Zeit begann ich mich mit ihr zu langweilen.« Ferner: »Er kannte außer seinem Computer keine anderen Interessen. Wir hatten keine gemeinsamen Hobbys. Was mich interessierte, bewegte ihn nicht oder umgekehrt.« Wenn sich die Situation so darstellt, dann liegt die Frage nahe, ob man etwas in Gang bringen kann, was überhaupt nicht da ist.

Gibt es in unserer Beziehung häufiger Gewalt? Das müssen nicht unbedingt bereits Schläge sein. Körperliche Einschüchterung, Drohgesten, aber auch massiver verbaler Terror, das heißt chronisch lautstarkes Schimpfen und Anschreien, genügen. Hier, scheint mir, ist das Ende einer Beziehung erreicht. Es sei denn, der gewalttätige Partner geht schleunigst in eine Therapie, und die gepeinigte Frau – meistens sind ja die Frauen Opfer einer solchen Konstellation – setzt dem Gewalttäter ein Ultimatum: »Wenn du noch einmal gewalttätig wirst, lasse ich mich von dir scheiden.« Körperliche und seelische Misshandlungen sind der Tod der Liebe. Sie sind in keiner Form zu tolerieren. Das bin ich mir selbst schuldig. Wenn ich mir das gefallen lasse, versündige ich mich an mir selbst und provoziere meinen Opfer-Status.

Habe ich oder der Partner bereits eine neue Lebensorientierung eingeschlagen, die eine Gemeinsamkeit ausschließt? Wenn einer von uns beiden ausgezogen ist, wie in Kerstins Fall der Ehemann zu seiner Freundin, dann ist dies ein unübersehbarer Trennungsimpuls. Wenn einer von beiden (oder gar beide!) über Jahre hinweg eine Stelle an einem weit entfernten Ort annimmt, vielleicht sogar mit Billigung des anderen, so stellt sich die Frage, ob insgeheim in der Beziehung bereits die zentrifugale, d. h. die nach außen und auf Abbruch der Beziehung gerichtete Tendenz dominiert. Wenn ich mich – oder der Partner sich – immer stärker abschotte, den Partner ausgrenze, dann liegt eine innere Kündigung vor.

Haben wir Respekt voreinander? Schätze ich die Klugheit, die Moralität, das Engagement, das Aussehen und die Körperlichkeit des anderen? Bin ich stolz, mich mit ihm/ihr sehen zu lassen? Genieße ich die Überlegenheiten des Partners? Lerne ich immer noch von ihm? Falls dies alles nicht mehr zutrifft, liegt die Anmeldung des Beziehungskonkurses nahe.

Stimmt das Geben und Nehmen zwischen uns? Oder fallen meine Bedürfnisse chronisch unter den Tisch? Schaffe ich es nur mit Kraftakten, meine Interessen durchzusetzen? Bin ich meist der Gebende? Ist der Partner ein materielles oder emotionales Sparschwein? Bin ich an einen skrupellosen Machtmenschen geraten? Fühle ich mich häufig gedemütigt? Da ist es wohl Zeit, das sinkende Schiff zu verlassen.

Kurt, ein geschäftstüchtiger Endvierziger, privat allerdings von sanfter Wesensart, gewährte mir einen Blick in sein eheliches Schreckenskabinett: »Wenn ich zu Hause bin, muss ich Pantoffeln anziehen. Sonntagmorgen zwingt mich meine Frau, mit ihr die katholische Messe zu besuchen, obwohl ich so gerne einmal ausschlafen möchte. Meine Zärtlichkeiten wehrt sie mit den Worten ab: ›Das bringt doch nichts.‹ Meinen Hund musste ich ins Tierheim geben, weil er zu viel Dreck mache.« Als dieser weibliche Putzteufel Kurt bei einem Abendessen vor den beiden Kindern befahl, den Tisch zu verlassen und sich erst einmal die Hände zu waschen, »wie sich das gehört«, da platzte Kurt der

Kragen. Anstatt sich weiter zum Pantoffelhelden degradieren zu lassen, verließ er nicht nur wunschgemäß den Tisch, sondern, zur grenzenlosen Verblüffung seiner Frau, die Ehe.

Würgt ein Partner Problemdiskussionen grundsätzlich ab? Das ist nicht zu verwechseln mit einem Menschen, der eher wortkarg ist und nicht gelernt hat, seine Gefühle zu äußern. Solche Menschen haben oft eine Seele aus purem Gold und sind von ozeanischer Tiefe und Hilfsbereitschaft. Aber wenn ein Mensch grundsätzlich alle Versuche seines Partners abblockt, Rückmeldung zu erhalten, dann ist, wie der Süddeutsche zu sagen pflegt, »der Ofen aus«. Der bereits zitierte Kurt hatte seine Frau gebeten, das Problem ihrer brachliegenden Sexualität, aber auch sein mögliches Fehlverhalten in der Paartherapie zu bearbeiten. Ihre Antwort: »Komm mir nicht mehr mit der Sexualität. Das Kapitel habe ich mit den Wechseljahren abgeschlossen.«

Überhaupt der Sex. Sexualberater sagen, es verhalte sich mit ihm wie mit den Kanarienvögeln, die die Bergarbeiter früher im Käfig in ihren Schacht mitnahmen, um zu prüfen, ob die Luft vergiftet war oder nicht. Sexualität ist meist, nicht immer, eine Art Gradmesser für den Sauerstoff des ehelichen Wohlbefindens. Hält die kritische Phase in Ihrer Beziehung hartnäckig an, so kommen Sie nicht daran vorbei, sich folgende unbequemen Fragen zu stellen: Berühre ich meinen Partner noch gern? Fasst er mich zärtlich an? Fühlen wir uns voneinander erotisch angezogen? Bin ich noch immer in seinen/ihren Körper verliebt? Schmusen wir noch gerne? Halten wir noch die Hand? Kraulen wir uns den Nacken? Umarmen wir uns spontan? Oder löst in mir schon der Gedanke an solche Zärtlichkeiten eine Gänsehaut aus? Falls alle Glut erloschen ist, liegt die Vermutung nahe, dass Sie sich definitiv fremd geworden sind.

Sträubt sich Ihr Partner gegen jede Veränderung? Liebe heißt, so sagt man, den anderen so zu akzeptieren, wie er ist.

Das ist jedoch nur die eine Hälfte der Wahrheit. Gewiss kann ich aus meinem rundlich-kleinen Ehemann keinen John Travolta oder aus meiner knabenhaft-schlankbusigen Frau keine Marilyn Monroe machen; gewiss muss ich andere Hobbys, fremde Neigungen und unterschiedliches Temperament grundsätzlich akzeptieren. Aber gibt es darüber hinaus nicht so etwas wie Paar-Evolution und Paar-Synthese auf einem fortschreitenden Weg? Die Ideologie des »Nimm-mich-wie-ich-bin« verdeckt in Wahrheit oft seelische Faulheit und Penetranz. Wie sagte doch ein noch nicht einmal dreißigjähriger Ehemann in meiner Praxis zu seiner Frau: »Mich wirst du nie zur Hausarbeit kriegen. Dafür bin ich nicht geeignet. Das hat schon meine Mutter gesagt.«

Eine Partnerschaft einzugehen heißt, sich dem Chemismus von Aktion und Reaktion, von Änderung und Entwicklung auszusetzen. Das ist der Unterschied zwischen Partnerschaft und friedlicher Koexistenz. Friedliche Koexistenz herrschte zum Beispiel, nach dem Ende des Kalten Krieges, zwischen den konträren Gesellschaftssystemen Ost und West. Das war keine Liebe, sondern nüchterner Realismus. Anstatt sich zu bedrohen, arrangierte man sich, akzeptierte die europäischen Nachkriegsgrenzen von 1945 und einigte sich mühsam auf »vertrauensbildende Maßnahmen«. Der epochale Prozess der friedlichen Koexistenz endete, für Konservative wie Progressive gleichermaßen überraschend, mit dem Kreislaufkollaps und Exitus des staatssozialistischen Weltsystems. Eine Liebesbeziehung ist dagegen etwas grundsätzlich anderes als nur friedliche Koexistenz unvereinbarer Gegensätze. Beziehung ist Dialektik, wechselseitige Durchdringung, Formung und Formbarkeit durch einander. Wer sich diesem Prozess mit dem Alibi-Spruch »Nimm-mich-wie-ich-bin« entzieht, der spricht ein Todesurteil über die lebendige Beziehung.

Hat Ihr Partner Ihre letzte Grenze überschritten? Sie haben Ihre Forderung glasklar und ultimativ ausgesprochen, er/sie ignoriert sie weiterhin: Wenn du mich noch einmal mit den Kindern allein lässt, gehe ich ... Wenn du mich noch einmal mit Sex erpresst, dann hast du mich zum letzten Mal gesehen ... Wenn du mich noch einmal betrügst, beende ich die Beziehung ... Wenn du mir weiterhin kein ordentliches Haushaltsgeld gibst, verlasse ich dich ... Wenn du bis Jahresende keine Alkohol-Entziehungskur gemacht hast, lasse ich mich scheiden ... Wenn du noch einmal mit deiner Mutter gegen mich koalierst, haue ich ab ... Diese Grenzlinien markieren das definitive Ende einer Beziehung. Wenn Sie sie allerdings selbst nicht ernst nehmen, dann gleichen Sie einem Staat, der im Ernstfall sein Territorium nicht verteidigen kann. Sie machen sich lächerlich. Ihre Worte werden unverbindlich.

Grenzen sind dazu da, dass man sie beschützt. Grenzen bewahren uns und machen uns kostbar. Ich muss meinem Partner gegenüber meine Grenzen definieren, mich klar darüber aussprechen und ihn/sie scharf warnen, wenn er/sie diese bedenkenlos übertritt. »Die Liebe«, bemerkt die amerikanische Schriftstellerin Anaïs Nin, »stirbt nie einen natürlichen Tod. Sie stirbt, weil wir das Versiegen ihrer Quelle nicht aufhalten, sie stirbt an Blindheit und Missverständnissen und Verrat.« Sie stirbt, bleibt hinzuzufügen, weil wir die Grenzen zwischen uns nicht achten und uns gnadenlos verletzen. In diesem Fall bedeutet die Trennung oft den Aufbruch in ein neues Lebensterritorium und das Ziehen neuer Grenzen um das eigene Ich.

Gibt es grundsätzliche, unüberwindliche und lebenshemmende Differenzen zwischen meinem Partner und mir? Wohlgemerkt, Unterschiede der Lebensanschauung und -führung sind das würzende Salz in der Beziehung. Es wäre schrecklich eintönig, wenn wir uns in der Partnerschaft miteinander wie das geklonte Schaf Dolly und sein Gen-Muster verhielten. Gegensätze ziehen (sich) an. Aber wenn Sie sich in Ihrem Partner überhaupt nicht mehr wiederfinden, wenn Sie all seine Interessen kalt lassen, wenn Sie seine Lebenssicht, seine Lebensziele und Mentalität nur vor den Kopf stoßen, ist es dann nicht Zeit, zu sich zu stehen und sich endlich sein eigenes Glück zu suchen?

»Ich liebe Belletristik, klassische Musik und Jazz, meinen Garten, Politik, die Lektüre vieler Zeitungen, regelmäßige Theatergänge, ich bin ein Cineast und versäume keinen neuen Film meiner Lieblingsregisseure, ich tanze gerne, schwimme und sauniere, ich töpfere und möchte gerne Bernhardiner züchten«, bekannte der bereits erwähnte Kurt, »aber meine Frau konnte mit all dem nichts anfangen. Sie verließ das Haus nicht, sie putzte und bügelte bis elf Uhr abends und hielt meine Hobbys für Zeitverschwendung.« Wofür soll da noch die Partnerschaft dienen? »Das Wort Familienbande«, so bemerkte der Wiener Aphoristiker Karl Kraus einmal ironisch-hintergründig, »enthält einen Beigeschmack von Wahrheit.«

Gibt es Verletzungen, die Sie Ihrem Partner einfach nicht verzeihen können? Oder Kränkungen, die Ihr Partner Ihnen nicht nachsehen kann? Ich erinnere mich an eine Frau, nennen wir sie Helga, die ihren Mann, nennen wir ihn Klaus, Sitzung um Sitzung fürchterlich beschimpfte, gleichsam aus tausend Wunden ehelicher Blessuren blutend. Alle meine Interventionen, Vorschläge zur Güte und paartherapeutischen Vereinbarungen kleiner neuer Schritte fruchteten nicht. Helga war zur Wärterin ihres »Museums der Verletzungen« erstarrt, Klaus konnte tun, was er wollte. Nach wiederholten Versuchen zu einem Neuanfang beendete ich ausnahmsweise die Paartherapie und gab Helga und Klaus zu bedenken, ob sie sich die Trennung nicht als eine Art der Gnade schenken wollten. Die erwachsenen Kinder hatten längst das Haus verlassen, das angestrebte Lebenswerk war vollbracht, die gemeinsame Substanz aber augenscheinlich aufgebraucht. Wo Vergebung nicht gewährt werden kann, ist eine Beziehung vergiftet. Es ist so, als ob man eine Giftmülldeponie unter seinem Haus lagern hätte.

Wo es keinen Rückweg zur Verzeihung gibt, da gibt es wohl auch keinen Weg zurück zueinander. Oder?

Was will ich von dem Rest des Lebens? Wo werde ich leben? Wie werde ich leben? Habe ich Geldreserven? Bin ich fähig, neue Menschen kennen zu lernen? Habe ich Angst vor der Einsamkeit? Sind die Kinder gut versorgt? Werde ich Freunde haben, die zu mir halten? Geben mir Geschwister oder Eltern moralische Unterstützung? Das sind die letzten Fragen bei dem Problem »Bleiben oder Gehen«. Wenn die gemeinsamen Ziele, Wünsche, Vorstellungen nicht mehr realisierbar sind und ich über keine Beziehungsvision mehr verfüge, dann endlich rückt das Neue ins Lebensbild. Wie Moses sehe ich das Gelobte Land, aber im Unterschied zu dem biblischen Patriarchen darf ich es auch betreten.

Hier spätestens entscheidet es sich, ob ich nur Hirngespinste in mir herumtrage und folgenlos nörgele oder ob sich das große Wagnis und der Schmerz der Trennung lohnen werden. Hier brauche ich all meinen Realismus und meine kritische Selbsteinschätzung. Zu diesem schweren Schritt brauche ich Freunde, Verbündete, bedingungslose Helfer. Natürlich meldet sich bei dem Gedanken an die Trennung auch brunnentiefe Traurigkeit. Diese Trauer braucht mich jedoch nicht abzuhalten. Sie ist eine natürliche Reaktion auf den bevorstehenden Verlust. Sie zeigt mir, dass vieles auch gut war in der alten Beziehung. Die Trauer bringt die erschütternde Einsicht, dass ein ganzer Lebensabschnitt zu Ende geht. Sie konfrontiert mich mit meiner Endlichkeit, mit der Unumkehrbarkeit alles Lebendigen. Was einmal war, wird nie wieder sein. Der Tod liegt nicht nur vor mir. Nein, alles, was ich gelebt habe, verschwindet im tödlichen Schattenbereich des Hades. Ich werde vielleicht ebenso viel Zeit für meine Trauer wie für den Aufbruch brauchen.

Ängste peinigen mich, die ich nie für möglich gehalten hätte: die Angst zu verarmen. Die Angst, nie wieder einen Partner zu finden. Die Angst, unwiederbringlich Heimat zu verlieren. Die Angst, den größten Fehltritt meines Lebens zu begehen. Die Angst, als Verlassender ein moralisches Schwein zu sein. Die Angst vor göttlicher Strafe. Die Angst vor der Abwendung der Kinder. Angst, wohin ich blicke. Aber auch Klarheit und Neubesinnung. Endlich werde ich wieder zum Architekt meines Lebens. Wie eine jubelnde Lerche über das Feld steigt die Freiheit in mir hoch. Unglückliche Paare sperren sich gegenseitig im Kerker ein, wie das orientalische Sprichwort sagt: »Binde zwei Vögel zusammen. Sie haben vier Flügel. Sie können aber nicht fliegen.«

Bleiben oder gehen? Darüber muss ich mit den mir liebsten Menschen immer wieder sprechen. Der Dichter Kleist, ein Zeitgenosse Goethes, schrieb einen berühmten Aufsatz mit dem Titel ›Über die allmähliche Verfertigung der Gedanken beim Sprechen‹. In der Tat bilden sich die Gedanken und Visionen beim Sprechen aus. Sie antizipieren das Künftige und nehmen dem Unbekannten seinen Schrecken. Jahre später kann man oft gar nicht mehr verstehen, warum einen der Trennungsschritt so geängstigt hat. Es gibt nämlich nicht nur die Trennungsdepression, sondern auch die Trennungsenergie: Im Prozess der Neuorientierung aktivieren wir erstaunliche seelische und körperliche Kräfte in uns; wir übertreffen uns gleichsam selber. Es ist, als ob die Krise uns mit einem wahren Kraftwerk von Adrenalinausstößen beschenkte.

So ging es auch Kerstin, von der wir am Anfang des Kapitels gehört haben. Sie berichtet über die Ereignisse nach ihrer Trennung – wie wir uns erinnern, mit Hilfe ihres lieben Tanzschulpartners:

Ich fand im Alter von dreiundfünfzig Jahren eine neue Stelle. Meine frühere Chefin machte einen Aufstand, nachdem ich an ihrem wissenschaftlichen Institut elf Jahre beschäftigt war. Sie konnte es nicht fassen, dass ich sie verlassen würde. Sie hatte mich immer furchtbar unter Druck gesetzt. Nun ging es weiter. Nachdem ich ausgezogen war, ging ich zum Anwalt. Nun bekomme ich seit meiner Trennung einen ordentlichen Unterhalt, so dass ich fast so gut leben kann wie vorher. Mein Mann war das heulende Elend. Er ist bis heute so gekränkt, dass er mir kaum in die Augen sehen kann.

Aufgrund »meiner vegetarischen Ernährung« sieht Kerstin, wie sie bemerkt, wesentlich jünger aus. Sie lernt ständig jüngere Männer kennen. Mit dem Tanzpartner, der ebenfalls therapieerfahren ist, hat sich eine tiefe Freundschaft entwickelt: »Wir sprechen viel über alles, was uns bewegt. Ich habe einen richtigen Freund, der sich um mich kümmert, was ich noch nie erlebt habe. Er gibt mir sogar richtigen Halt.« Kerstin hat ihre Zähne mit den alten Amalgamfüllungen in Ordnung gebracht. Ihr Freund hat sie bei den schwierigen, über vier Stunden dauernden Zahnarztsitzungen begleitet und sich dafür Urlaub genommen. Sie war in England zu einem Sprachkurs. Sie tut sich selbst viel Gutes. Sie ist interessiert, belesen, neugierig. Sie ist sogar auf den Ex-Mann zugegangen: »Ich habe versucht, mit ihm freundschaftliche Kontakte aufzubauen. Es ist mir nicht gelungen. Er verletzte mich ständig weiter. Es hat einfach keinen Zweck.« Wie lange hat Kerstin gebraucht, die Frage »Bleiben oder Gehen?« für sich zu entscheiden! Heute sagt sie:

Ich habe festgestellt, ich habe viele Fehler in meiner Ehe gemacht. Aber ich habe mich wirklich bemüht, immer wieder gekämpft. Ich bin wie gegen eine Mauer gelaufen. Ich war sehr verletzend, kann es heute noch sein. Ich neige dazu, alles entweder schwarz oder weiß zu sehen, will alles auf einmal. Ich ließ alles darauf ankommen. Ich dachte, er muss es doch merken. Er merkte gar nichts. Und: *Hätte ich gewusst, dass sich alles nach der Trennung so positiv entwickeln würde, hätte ich mich schon viel früher getrennt. Aber ich wusste es nicht, hatte auch damals Angst vor meinen Eltern.* Schließlich: *Meine Trennung ist das Wichtigste in meinem Leben gewesen. Ich fange seither an zu leben. Ich würde jederzeit wieder die Trennung wagen. Aber gerade Frauen sollten sich das gut überlegen. Sie müssen auch finanziell in der Lage sein, so etwas durchzustehen, sonst landen sie bei der Sozialhilfe.*

Die Scheidung hat Kerstin, zusammen mit Schwester und Freundin, in Italien gefeiert: »Ich muss an mich denken. Ich tue mir Gutes, indem ich mir kleine Geschenke mache.«

Die Psychologin Mira Kirshenbaum kommt zu dem Schluss: »Es ist sehr schwer, sich von jemandem zu verabschieden, der für Sie wichtig gewesen ist. Aber wenn Sie die Entscheidung treffen, die für Sie richtig ist, können Sie auch zuversichtlich in die Zukunft blicken.

Sie müssen wissen, dass Sie unter den gegebenen Umständen das Bestmögliche getan haben. Ihrer Beziehung fehlte die Substanz, die nötig ist, um Ihnen das Glück zu schenken, das Sie verdienen. Sie hätten sich nur dann etwas vorzuwerfen, wenn Sie einen Samen in einen fruchtbaren Boden gepflanzt hätten, aber wenn Sie dieses Samenkorn auf einen Stein fallen ließen, ist es der Stein und nicht Sie, der das Wachstum verhinderte. Ich sage damit nicht, dass Ihr Partner dieser Stein gewesen ist – vielleicht war es einfach nur die Tatsache, dass Sie beide nicht zusammenpassten.«

Mira Kirshenbaum empfiehlt, die Gefühlsmischung von Schuld, Befreiung, Wut, Hoffnung, Enttäuschung, aber auch das Meer der Trauer in uns zu akzeptieren:

»Das Wichtigste für Sie ist jetzt zu wissen, dass Ihre Traurigkeit nicht bedeutet, dass die Wahrheit, die Sie fanden, nicht Ihre Wahrheit ist. Wenn es für Sie am besten ist zu gehen, dann ändert die Traurigkeit beim Gedanken an die Trennung daran nichts. Ihre Traurigkeit enthält keine neue Information. Sie ist vielmehr eine ganz natürliche Reaktion auf den Verlust. Gönnen Sie sich also diese Traurigkeit, aber lassen Sie sich von ihr nicht wieder in die Beziehungsambivalenz hineinsaugen, die Sie so gut gelöst haben. Behalten Sie im Kopf die Klarheit, dass es am besten für Sie ist, wenn Sie gehen, und nehmen Sie sich Zeit, Ihre Trauer zu verarbeiten.«

So ist es nun einmal. Brigitte, eine Ärztin, beschreibt das Dilemma ihrer Beziehungsambivalenz mit den Worten:

Der tiefste und eigentliche Grund der Trennung von meinem Ehemann lässt sich nicht in wenigen Worten darlegen. Ich glaube, wir hatten uns schon unter völlig falschen Voraussetzungen aneinander gebunden, denn wir waren beide, als wir uns kennen lernten, eher unreife und einsame junge Menschen, die froh waren, jemanden gefunden zu haben, der zu ihnen gehörte. Was Liebe wirklich war bzw. sein konnte, haben wir damals beide nicht gewusst, und ich selbst habe es dann erst in einer Außenbeziehung zu einem sehr viel älteren Mann erlebt und dabei mit Erschrecken festgestellt, dass ich meinen Mann unter völlig falschen Voraussetzungen geheiratet hatte. Meine Außenbeziehung belastete unsere Ehe über viele Jahre, wobei es uns beiden nicht möglich war, über die Hintergründe und Folgen eben dieser Beziehung miteinander ins Gespräch zu kommen. Mein Mann hasste Auseinandersetzungen und ging ihnen geflissentlich aus dem Wege, während ich selbst viel zu schuldbeladen und verunsichert über mein eigenes Verhalten war, um die notwendigen Aussprachen bzw. Klärungen erzwingen zu können. So lebten wir uns im Laufe vieler Jahre auseinander: Er Beamter, ich selbständig, bis uns endlich Welten voneinander trennten und von Liebe, geschweige sexueller Anziehung schon lange keine Rede mehr sein konnte.

Brigitte hatte die denkbar schlechtesten seelischen Voraussetzungen für einen Trennungsschritt:

Als ich mich von ihm trennte, fühlte ich mich hundsmiserabel, denn als Pastorentochter hatte ich immer den Anspruch, meine Ehe gut hinzukriegen, zumal ich in meinem Elternhaus hautnah erlebt hatte, wie katastrophal schlecht die Beziehung zwischen zwei Menschen sein konnte. Ich fühlte mich als absolut Schuldige (da Ehebrecherin). Ich hatte versagt und meinen von aller Welt so geschätzten und als Menschen hoch geachteten Ehemann verlassen. Ich war traurig, fühlte mich sehr allein, weil sich auch viele Freunde damals von mir abwandten, und aus lauter Verzweiflung wollte ich am liebsten zurück, was dann aber glücklicherweise mein Mann verhinderte.

Heute ist Brigitte glücklich. Sie hat wohl das chinesische Sprichwort für sich realisiert: »Fürchte dich nicht, langsam zu gehen. Fürchte dich nur, stehen zu bleiben.«

Trennung auf Probe

Liebe wächst und blüht.
Warum sollte sie nicht auch welken,
wie alles andere auf Erden?

Jeanne Moreau

Heute, das haben mir die vielen Briefe noch einmal deutlich gemacht, sind alle Lebensformen möglich und erlaubt. Drei Schreiber machten mir besonders deutlich, dass nicht immer die sofortige Entscheidung der Weisheit letzter Schluss ist. Klara, Beamtin, zwei Kinder, mit einem Facharzt verheiratet, beschritt, zusammen mit ihrem Mann, den ungewöhnlichen Weg, eine *vorübergehende* Trennung als Aufbruch zu wagen:

Georg (Name geändert) und ich sind schreckliche Arbeitstiere. Darunter haben auch unsere beiden Söhne gelitten. Für uns beide stand die Karriere obenan. Das war sicher falsch. Heute würden wir es anders machen. Damit waren wir aber auch sehr erfolgreich, Georg in seiner riesigen Praxis, ich als Oberstudienrätin in einem Gymnasium. Unsere Ehe war intellektuell immer spannend. Wir hatten und haben auch Respekt voreinander. Aber die Zeit füreinander wurde im Lauf der Jahre so dünn wie der Sauerstoff auf der Spitze des Mount Everest. Die Folge: Sexualität, Zärtlichkeit, Albernheit, Verspieltheit, Lebenslust verödeten. Gleichzeitig litten wir beide unter der Sehnsucht nach einem lebendigen Leben.

Fast zur gleichen Zeit verliebten wir uns beide. Georg in eine kluge, hübsche Krankenschwester, ich mich in einen – ebenfalls jüngeren – Kollegen. Wir waren so ehrlich, uns die Wahrheit zu eröffnen. Beide waren wir irgendwie fassungslos, was da mit uns geschah. Wir waren verliebt nach außen, aber wir wollten doch unsere gemeinsame Liebe nicht lassen. Außerdem liebten wir beide unsere Söhne. Georg ist, bei aller Zeitknappheit, ein unglaublich lieber und temperamentvoller Vater. Was tun? Wir schwärmten von unserem außerhäusigen Glück und wir weinten gleichzeitig über unser Eheelend die Kopfkissen nass. In unserer Not gingen wir zu dir in die Paarberatung.

Nach einigen Stunden fanden wir mit deiner Hilfe eine Übergangslösung heraus. Wir trennten uns »auf Zeit«. Das heißt, ich blieb mit den Kindern im Haus. Georg zog in einen anderen Stadtteil. Wie wir es in deiner Praxis ausgemacht hatten, aßen wir jede Woche einmal in einem Restaurant gepflegt zu Abend. Wir gingen dabei wohlwollend miteinander um. Am Wochenende unternahm Georg viel mit den Jungs. Nach einiger Zeit hatten wir das Bedürfnis, das eine oder andere Wochenende zusammen mit den Kindern zu verbringen. Diese Ausflüge planten wir sorgfältig und genossen sie umso mehr. Beide reduzierten wir in dieser Zeit unsere Arbeit. Georg stellte eine junge Kollegin ein, ich delegierte berufliche Pflichten. Die Außenbeziehungen liefen einstweilen weiter. Im Laufe der Monate erkannte ich allerdings immer mehr, wie wichtig mir mein Mann war. Er ist ein gebildeter und tiefer Mensch. Ob es die hübsche, junge Krankenschwester war, ich weiß es nicht. Jedenfalls sah er plötzlich fast wieder aus wie der Medizinstudent, in den ich mich vor zwanzig Jahren verliebt hatte. Er bekam wieder sein freches, neugieriges Jungengesicht. Auch Georg empfand mich wieder, wie er gestand, als »sehr sexy«. Ich hatte allerdings auch mein etwas strenges, studienrätliches Outfit abgelegt und kleidete mich wieder recht feminin. Daran mag mein junger Liebhaber nicht unschuldig gewesen sein. Wie sagen wir Frauen doch, wenn wir uns schick machen: »Die Konkurrenz schläft nicht.«

Auch Georg spürte, dass er von mir nicht loskam. Er begann, mich mit neuen Augen zu sehen. Mit mir hatte er eben doch eine lange, uns verbindende Geschichte, vor allem aber die Kinder. Wir waren ratlos. Wieder tigerten wir zu dir und wollten Rat. Fast kamen wir uns etwas komisch dabei vor, gestandene Leute, die wir waren. Mit dir zusammen erarbeiteten wir einen neuen Weg – nach der »Scheidung auf Probe« eine »gemeinsame Probezeit« bei gleichzeitiger sexueller Abstinenz von unseren Geliebten. Auch diese mussten sich schließlich fragen, ob sie mit uns weiterwollten.

Wir begannen die »gemeinsame Probezeit« mit Herzklopfen mit einem Vier-Wochen-Urlaub in Kalifornien. Wir durchstöberten die traumhaften Nationalparks, wir verliebten uns in das quirlige San Francisco – und in uns. Es war fast so, als ob wir uns wie Fremde begegneten und gegenseitig unserer Faszination erlagen. Ohne dass wir eigentlich wollten, entwickelten wir neue Lebenspläne. An einem Abend am Meer, den ich nie vergessen werde, sprachen Georg und ich fünf Stunden lang darüber, was wir falsch gemacht hatten. Wir sprachen ohne Schuldzuweisung, liebevoll. Dann gingen wir noch am Strand spazieren. Unter dem funkelnden Sternenhimmel umarmten wir uns und weinten lange, vor Schmerz und Glück.

Zurückgekehrt haben wir, wie wir es in Kalifornien beschlossen hatten, unsere Außenbeziehungen beendet und ein neues Leben angefangen. Nach einer »Schamfrist« von einem Vierteljahr zog Georg wieder in unser Haus zurück. Wir sprachen mit den Jungs über unsere Schwierigkeiten und unseren Weg, sie zu überwinden. Wir baten sie um Verzeihung wegen des Kummers, den wir ihnen zugefügt hatten. Unsere Söhne reagierten großartig. »Das habt ihr gut gemacht«, sagte der Ältere. Der Jüngere meinte: »Ich liebe euch beide noch viel mehr.«

Einen anderen Weg ist Nina gegangen. Sie hat, wie sie schreibt, einen langen Weg »von der normalen Hausfrau zu einer selbständigen Frau« gemacht, »die weiß, was sie will, und die vor niemandem und vor nichts mehr Angst haben muss«:

Ich bin im Haus geblieben, wir sind immer noch verheiratet, aber seit sieben Jahren kein Paar mehr. Ich habe mein eigenes Zimmer, er hat seines. Arbeit und Freizeit mit den Kindern teilen wir uns. Ich bin nach der Trennung meinen eigenen Weg gegangen. Ich habe Selbsterfahrungsgruppen gemacht, ich war in Indien, ich bin Sanyasin geworden. Ich habe die Kinder losgelassen, sie haben heute ein sehr gutes Verhältnis zu ihrem Vater. Ich habe einen Teil der Verantwortung für die Kinder, für den Haushalt usw. an ihn abgegeben. Das war nicht einfach. Für die Kinder ist es eine Alternative. Sie finden es ganz gut. Ich möchte ihnen auch zeigen, dass es anders geht. Ich lebe die Woche über mit meinen Kindern, an den Wochenenden bin ich bei meinem Freund.

Wenn die Kinder alt genug sind, werde ich wohl ganz weggehen, denke ich. Aber das Leben ist ja ein ewiger Wandel, und das ist gut so. Aus meiner Sicht würde ich generell sagen, eine Trennung auf eine bestimmte Zeit wäre gut. Man gewinnt Abstand und macht nicht alles noch schlimmer durch ständige Vorwürfe. Durch sie geht unheimlich viel kaputt. Ein großer Graben entsteht.

Ähnlich argumentiert auch Ulla:

Wenn es heute möglich ist, Ehe auf Probe zu leben, warum dann nicht Scheidung auf Probe?

Stefan, ein Polizeibeamter, drei Kinder, wagte in der Krisensituation seiner Ehe, wie er schrieb, einen »Salto mortale«:

Unsere drei Kinder – zwei Töchter und ein Junge, zwischen ein und fünf Jahren – haben uns, wie wir heute wissen, total überfordert. Meine Frau litt gleichzeitig unter einem schweren Ekzem (Neurodermitis). Ich stand unter starkem beruflichen Druck, denn es ging um meine anstehende Beförderung. Eltern oder Schwiegereltern hatten wir keine vor Ort, die ganze Arbeit mit den Kindern lastete gnadenlos auf uns. Ursula (Name geändert) wurde immer gereizter, sie litt unter ihrer Schlaflosigkeit. Sie wertete mich im Bett sexuell ab. Ich wurde grob und ausfällig. Ich trank zu viel und begann in meiner Not auch noch ein ziemlich dummes Techtelmechtel mit einer Kollegin. Das Haushaltsgeld war knapp. Bei der geringsten Gelegenheit gingen wir aufeinander los. Ursula schrie, ich wurde einmal gewalttätig gegen sie, das heißt, ich ohrfeigte sie. Sie wurde schneeweiß und sagte: »Wenn du das noch einmal tust, lasse ich mich sofort scheiden.« Recht hatte sie! Ich schäme mich heute noch dafür, wie es so weit mit mir kommen konnte.

Ursula klagte immer, dass ich über unsere Probleme nicht sprechen wolle. Ich sei auch nicht bereit, zu einer Paarberatung zu gehen. Das stimmte. Über unseren Polizeipsychologen hätte ich unschwer an eine Therapeutin oder einen Therapeuten herankommen können. Aber ich war bockig und hilflos. Andererseits wollte ich mich auf gar keinen Fall von meiner Frau und unseren Kindern trennen, die ich liebe und für die ich hohe Verantwortung empfinde.

Da bot sich bei der Wiedervereinigung Deutschlands die Möglichkeit an, für ein Jahr in eines der neuen Bundesländer abgeordnet zu werden. Das war mit einem höheren Gehalt und besseren Beförderungschancen verbunden. Ich griff zu. Ich dachte: »Schlechter kann es mit unserer Ehe nicht werden. Vielleicht habe ich da drüben mehr Abstand zu meinen Eheverhältnissen, und wir beide finden wieder einen Weg.« Meine Frau wollte nicht, dass ich gehe. Sie hatte Angst, dass es ein Abschied für immer werden würde. Doch nach einer langen Diskussion willigte sie ein. Ich fuhr los zu meiner neuen Dienststelle im Osten. Die Arbeit war spannend, weil wir vieles neu aufbauen mussten. Das hat mir Selbstbewusstsein gegeben. Aber abends saß ich in einer winzigen Bude, in so einem Hochhaus weit draußen, mit Plattenbauweise. Mir fiel die Decke fast auf den Kopf. Und ich bekam schreckliches Heimweh nach Ursula und den Kleinen. Ich habe monatlich bis zu 250,– Euro für Telefonate ausgegeben. Jetzt begann ich auch etwas, was ich früher nicht für möglich gehalten hätte: Ich schrieb Ursula viele und lange Briefe. Sie wurden unter der Hand zu Liebesbriefen. Ursula staunte. Ich war glücklich in all meinem Heimweh. Als ich in meinem ersten Urlaub zurückkam, wurden es die schönsten Ferien meines ganzen Lebens. Als Vater von drei Kindern erlebte ich mit meiner Frau noch einmal Flitterwochen. Die Sexualität war unbeschreiblich schön.

Als ich wieder wegfahren musste, spürte ich, wie sehr Ursula um mich Angst hatte. Als ich in unseren Wagen stieg, legte sie mir selbst den Sicherheitsgurt an. Ich musste ihr versprechen, nicht über hundertdreißig Stundenkilometer zu fahren und sie sofort nach meiner Ankunft anzurufen. »Du bist das Wichtigste in meinem Leben«, sagte sie mir weinend durchs Autofenster hindurch. Das Ende meines Abordnungsjahres nach Ostdeutschland konnte ich kaum noch abwarten, so sehnsüchtig und verliebt war ich. Ich kehrte zurück, wir teilten die Arbeit zwischen uns neu auf, wir fanden eine »Leihoma« für die Kinder. Ursula arbeitet inzwischen halbtags und ist dankbar für die neuen beruflichen Anregungen. Die vorübergehende Trennung hat uns beiden die Liebe wiedergebracht.

Kein Zweifel, Klara, Nina und Stefan haben einen gefährlichen »Salto mortale« gewagt. Der Sprung hätte auch mit einem Absturz enden können. »Scheidung auf Probe« ist, wie alle anderen Ratschläge auch, ein Tipp mit beschränkter Haftung.

Omega und Alpha

Dass du's getan hast, ist okay,
auch wenn ich manches nicht versteh',
bestimmte Dinge wolltest du so,
doch wie's geschah, das tat mir weh.

Vielleicht hat es dazu beigetragen,
dass meine Liebe schneller schwand
und ich nach vielen schlimmen Tagen
dann doch den Weg nach vorne fand.

Aus Furcht davor, wie wird es sein,
allein zu leben, ohne dich,
waren einige Dinge gar nicht mein
und ich war oftmals nicht mehr ich.

Wichtig war, dich loszulassen,
das habe ich schließlich auch geschafft,
selbst Entschlüsse jetzt zu fassen,
das gab mir eine Menge Kraft.

Ich nehme mein Leben in die Hand,
freue mich auf jeden neuen Tag
und ich bin sehr darauf gespannt,
was mir die Zukunft bringen mag.

Mario

Was bringt mir die Scheidung?

Was wir den Anfang nennen, ist oft das Ende.
Und ein Ende machen, heißt anfangen.
Das Ende ist dort, wo wir neu anfangen.

T. S. Eliot

Wer alle Brücken abbricht, muss schwimmen können. Je stärker die Beziehung war, desto länger dauert meist die Trauer. Immerhin nimmt in der »psychologischen Stressskala« (bei einem Supergau von hundert Punkten) die Scheidung mit dreiundsiebzig Punkten die zweite Stelle hinter dem Tod eines Angehörigen ein. Eine Kündigung »beantworten« wir etwa mit siebenundvierzig Stresspunkten. Das ermittelten in den neunziger Jahren die amerikanischen Psychotherapeuten Thomas H. Homes und Richard H. Rahe von der Universität Washington. Aber das Erstaunliche, was ich auch in den Briefen bestätigt fand, ist, dass die meisten Geschiedenen im Nachhinein die Scheidung als eine positive Zäsur in ihrem Leben betrachten. Natürlich erfordert, wie wir gesehen haben, die »Ent-Bindung« genauso wie die ursprüngliche Bindung Zeit und hohen seelischen Aufwand. Vor allem lehrt uns der Trauerprozess auch, das Destruktive in uns anzunehmen. Der Trauerprozess erweist sich insgesamt als ein Heilungsprozess.

Paula schildert ihre Scheidung als Flucht vor dem »drohenden Erstickungstod«:

Ich hatte das Gefühl, lebendig begraben zu sein. Ich hatte große Angst, dass sich mein Mann etwas antut. Ich glaube aber fast, ich bin wie neu geworden. Ich habe mich endlich auf den langen Weg zu mir selber begeben. Eines der größten Aha-Erlebnisse war, dass ich niemanden mehr hatte, dem ich die Schuld für etwas geben konnte. Ich hatte gelernt, dass ich für mich verantwortlich bin.

Für Sabine, eine angepasste Frau mit einem »für mich so unvernünftigen und auch ungerechten weiblichen Lebensentwurf« und der »Sehnsucht, mehr aus mir und meinem Leben zu machen«, bedeutete die Trennung »die Rettung vor dem totalen Untergang«. Renate nahm Abschied vom alten, zum Teil auch selbst verschuldeten Sklavendasein:

Meine absolute Hörigkeit, alles recht zu machen. Ich war in die Fußstapfen der Schwiegermutter getreten und wollte deren Affenliebe zu ihrem Sohn fortführen. Ich habe nie etwas gefordert. Deshalb habe ich auch nicht erfahren können, wie dann unser Leben geworden wäre. Ich hatte keine Meinung und meldete keine Rechte an. Inzwischen bin ich ich geworden!

Was für eine Formulierung: »Inzwischen bin ich ich geworden«! Vor allem Frauen befreien sich durch die Trennung oftmals von ihrer alten Anpassung und dem weiblichen »Phänomen der Leere« (Irmgard Hülsemann), das heißt der Unfähigkeit, sich selbst facettenreich und interessant zu machen.

Isabell, zwei Kinder, analysiert zehn Jahre nach ihrer Trennung:

Es sind immer zwei an einer Trennung beteiligt. Die Fortsetzung der Elternhäuser in der Ehe sehe ich heute klar. Ich habe mich auch in der Ehe unsichtbar gemacht, meine Bedürfnisse nicht deutlich gezeigt. Ich kannte sie ja selbst nicht einmal. Ich hatte jahrelang Schuldgefühle, weil ich meinen Mann verlassen hatte. Ich habe eine ungeheure Entwicklung seither durchgemacht. Ich bin innerlich und äußerlich ein neuer Mensch geworden. Es war kein Stillstand mehr.

In der Trennung haben wir die Chance, uns wieder selbst zu entdecken, auf eigenen Füßen zu stehen. Irene, deren Mann einem religiösen Wahn verfiel, urteilt:

Dadurch, dass mir mein Mann »genommen« wurde, war ich gezwungen, selbständig zu werden: allein-stehend. Ich hatte, wie die Frau von König Blaubart, mit meinem Mann ziem-

lich abgeschottet von der Außenwelt gelebt. Durch die Trennung lernte ich nun, mit Menschen Kontakte zu knüpfen. Nach dreizehn Jahren Vollzeithausfrau begann ich wieder zu arbeiten und merkte, dass ich eine Frau war, der die Männer nachblickten. Ich habe meine »Blauäugigkeit« verloren. Das klingt witzig, aber ist sogar im Wortsinn wahr. Früher hatte ich himmelblaue Augen, jetzt sind sie grün-blau. Ich bin selbstbewusster geworden. Ich gehe auf Menschen zu. Ich schreibe Leserbriefe. Ich rufe im Radio an, wenn ich zu einem Thema etwas sagen will. Ich mache mehr den Mund auf.

Uschi, die fünf Jahre mit einem kranken Mann zusammenlebte, spricht von »Befreiung auf der ganzen Linie«. Sie hat einen neuen Freund gefunden. Den eigenen Mann hatte sie eigentlich nie geliebt und es ihn auch spüren lassen. Sie hatte Sebastian (Name geändert) eher aus Torschlusspanik, aus Versorgungsgründen, wegen der Steuerklasse und als »gute Partie« wegen des nun möglichen Hausbaus geheiratet. Jetzt fühlt sie sich von ihm aus Rache gepeinigt:

Er wühlt in meinen persönlichen Sachen herum, er belästigt meine Mutter stundenlang am Telefon, er erhöht mir die Praxismiete um 50% (!) usw. … Es ist mir völlig unverständlich, wieso man sich nicht in Frieden trennen kann. Dieses Zerfleischen ist unnötig und hochgradig belastend.

Gabriele verlor ihren Mann Albert (Name geändert) während – oder wie sie meint aufgrund – seiner Kur und lernte mächtig:

Es war eine Trennung, wie sie sicherlich nicht alltäglich ist. Oder passiert es häufiger, dass Ehemänner, die in eine Klinik gehen, nicht mehr nach Hause kommen, sondern sich anderweitig in ein neues Nest einkaufen lassen?! … Aus der Trennung habe ich für mich gelernt, dass ich meine Bedürfnisse und Wünsche nicht mehr unterdrücken werde. Ich lerne, dass ich eine eigene Meinung haben darf und kann und diese auch vertrete. Ich unterlasse Besitzdenken wie die Formulie-

rung »mein Mann«. Falsch gemacht habe ich, dass ich ihm in allen Dingen zu sehr vertraut, zu viel überlassen und geduldet habe. Unsere finanziellen Dinge hat er »geregelt«, die Gestaltung zum Beispiel von Freizeit- und Urlaubsaktivitäten habe ich ihm überlassen, und seine sexuellen Verhältnisse habe ich geduldet. Ich habe ihm meistens nicht widersprochen, weil ich Angst vor seiner Flucht in Krankheitsschübe hatte.

Ich arbeite nun schon seit Monaten in einer von meiner Krankenkasse bezahlten Gesprächstherapie mit einem Psychologen und einer weiteren Therapie auf Esoterik-Basis an der Bewältigung des Geschilderten. ... Ein ganz tolles Erlebnis hatte ich bei einer Wohnungsbesichtigung. Die Vermieterin wollte wissen, warum ich denn eine neue Wohnung suche. Nach meiner Stichwortschilderung war sie fassungslos. Fassungslos warum? Nun, sie wollte nicht glauben, dass eine Frau – ohne Verursachung durch neues Liebesglück – so »strahlend«, wie sie sich ausdrückte, nach einer Trennung vom Partner durch das Leben gehen könne. Sie kennt nur die am Boden Zerstörten! Das war für mich das schönste Kompliment.

Pia hat endlich Zeit für sich gewonnen:

Heute bin ich noch immer froh, dass ich den Schritt der Trennung getan habe. Ich sehne mich jedoch sehr nach einer neuen, harmonischen Partnerschaft. Ich vermisse an manchen Tagen stark Zärtlichkeit und Sexualität. Ich habe mich voll und ganz wieder auf mich konzentriert. Ich bin die Dinge angegangen, die mir wichtig sind, ohne Schuldkomplexe zu haben, dass ich dafür zu viel Zeit opfere. Ich bin lockerer und aufgeschlossener geworden. Ich habe mehr Kontakt zu Menschen als früher. Ich fühle mich wohler. Ich hoffe, einen Fehler der letzten Partnerschaft in einer neuen Beziehung nicht zu wiederholen, nämlich ausschließlich fürsorglich zu sein.

Für viele Menschen bedeutet die Trennung die Möglichkeit, sich endlich wieder sozial zu engagieren und einen neuen Sinn in ihrem Leben zu entdecken. Katinka, anfänglich »todtraurig, ich liebte ihn noch, konnte aber nicht mehr mit ihm leben«, hat ihren Lebensstil radikal gewechselt:

Ich lebe jetzt meine Jugendträume, Radtouren, Bergwandern. Seit drei Jahren bin ich (63) in Rente. Ich helfe jetzt im Rahmen der Nachbarschaftshilfe und in der »Bürgerbörse« einmal in der Woche älteren Menschen. Ich habe unterschiedliche Frauen kennen gelernt. Ich setze mich für SOS-Kinderdörfer ein oder für Eurosolar, Greenpeace usw., Organisationen, zu deren Mithilfe Dr. Bruker aufruft. Ich bin jetzt innerlich ein zufriedener, glücklicher Mensch und möchte keinen Partner mehr. Dir und den Lesern deines Buches schenke ich den Spruch von Leo Tolstoi: »Wenn uns etwas aus dem gewohnten Gleis wirft, bilden wir uns ein, alles sei verloren, dabei fängt etwas Neues, Gutes an.«

Häufig bringt die Trennung, nach dem scharfen Anfangsschmerz, auch den Kindern Erleichterung. So beurteilt Julia heute die Frage nach dem Neuanfang durch Trennung positiv:

Unbedingt. Die Migräne unserer Tochter hörte auf – vom Umzugstag an. Sie nässte nachts immer seltener ein, bis es ganz aufhörte. Das war für mich als Mutter sehr positiv. Es bestätigte mir, wie sehr sie unter den Spannungen der Eltern gelitten hat.

Scheidung kann ein höheres Maß an Ehrlichkeit und Authentizität nach sich ziehen, eine elementar wichtige Lebensqualität. Anna sagt:

Ich habe für mich gelernt, dass ich sehr »unecht« mir gegenüber war, dass ich so gelebt habe, wie es die anderen, mein Mann, die Gesellschaft usw., von mir forderten. Ich sah ein, dass ich nicht so lebte, wie ich es gern wollte. Ich denke, es war falsch, immer nur zu funktionieren. Mir fehlte oft der Mut, meine Liebe zu meinem Freund zuzugeben und zu leben. Ich wollte perfekt sein und in der Gesellschaft, im Freundeskreis, in der Familie gut dastehen. Ich habe gelernt, dass mich nicht jeder lieben kann und dass auch ich nicht jeden zu lieben brauche. ... Dass mein Sohn nicht mit mir ging, tat mir sehr weh.

Jetzt lebe ich mit meiner Tochter allein in einer Drei-Zimmer-Wohnung. Ich stehe das erste Mal in meinem Leben mit siebenunddreißig Jahren, nach neunzehn Jahren Ehe, auf eigenen Füßen. Heute bin ich froh, dass ich alleine mit meinem Kind bin und nicht gleich wieder in eine neue Partnerschaft zu meinem Freund gegangen bin, obwohl ich den Mann noch liebe. Ich spüre, dass ich zuerst das »Alte« beenden muss, bevor ich das »Neue« leben kann.

Durch eine Scheidung haben wir die Chance, über uns hinauszuwachsen. Katinka äußert sich selbstkritisch:

Ich habe gelernt, dass ich als eigenständiger Mensch existieren kann und viel mehr zu leisten vermag, als ich jemals für möglich gehalten hatte. Ich wurde insgesamt »wacher«. Ich habe vieles anders gesehen und beurteilt. Ich bin viel toleranter geworden. Ich habe Fehler bei mir gesucht und gefunden und ich habe viele neue Menschen kennen gelernt. Ich bin viel offener. Mein Hauptfehler war wohl, dass ich oft »geklammert« habe und dass wir uns beide zu wenig Freiraum gelassen hatten. Schuldgefühle hatte ich sehr lange meinen Kindern gegenüber. Ich habe diese Schuldgefühle heute noch gegenüber meinem Jüngsten, der bei der Scheidung erst vier Jahre alt war.

Trennung kann im positiven Sinn härten. Helga sagt heute:

Ja, die Trennung brachte mir einen Neuanfang. Ich hatte zum ersten Mal ganz allein die Verantwortung für mich und die Kinder. Das ist hart, macht aber auch stark. Ich habe früher, als ich es ursprünglich vorhatte, eine Ausbildung begonnen. Innerhalb von nur fünf Semestern habe ich alle nötigen Scheine für ein Staatsexamen erworben und das

Examen glänzend bestanden. Es ist mir noch im Nachhinein rätselhaft, wie ich das geschafft habe. Von Ärzten und anderen Menschen werde ich auf einmal ganz anders behandelt. Plötzlich bin ich wer. Ich habe nun die Chance, mich und die Kinder aus der Armut zu befreien. Meine Erziehung gegenüber den Kindern ist konsequenter geworden. Früher war ich viel zu weich. Alle sind in der Schule gut. Zu ihrem Vater haben sie ein viel besseres Verhältnis als früher.

Trennung ist, wie wir bereits ausgeführt haben, immer auch Auseinandersetzung mit der eigenen, existenziellen Angst. Rudolf, der heute als über Sechzigjähriger unter anderem auch als Märchenerzähler auftritt und auf Wunsch einiger Teilnehmerinnen eine Frauentheatergruppe gründete, hat bei dieser Art der Angstbewältigung als Mann besonders viel gelernt:

Ich habe für mich als Einsicht und Praxis gelernt: Wenn ich mich öffne, bekomme ich die Zuwendung vieler Menschen. Die wenigen Absagen sind zu verkraften. Mut überwindet Angst. Ohne Anstrengung geht es nicht. Man muss das Leben organisieren und für einen zuverlässigen Rahmen sorgen. Ich habe vieles falsch gemacht: Drohende Auseinandersetzungen gemieden. Ich habe nicht »meinen Mann gestanden«. Ich ließ die Resignation wachsen. Ich wehrte mich nicht – »um des lieben Friedens« willen. Ich belastete mit meinen Ängsten, die ich von früh auf hatte, meine Frau und meine Kinder. Natürlich habe ich Schuldgefühle wegen all dem, was ich falsch gemacht habe. Aber ich bin ein anderer Mensch geworden. Freunde stellen das immer wieder erstaunt fest. Ich bin »angstfrei« geworden. Ich liebe das Leben und die Menschen. Ich freue mich auf das, was das Leben mir noch bringen mag. Wenn das alte Leben »Wüste« war, dann blüht sie jetzt.

Oft ermöglicht die Trennung auch das, was die Franzosen »corriger la fortune« nennen, eine Fehlentscheidung zu revidieren und dem Glück ein wenig »nachzuhelfen«. Maike, die sich mit einundvierzig Jahren und zwei Kindern scheiden ließ und sich mit dreiundvierzig wieder verheiratete, spürt heute, besonders nach dem Wiedereinstieg ins Berufsleben, »unendliche Erleichterung«. Das begründet sie in zwei knappen Sätzen:

Die Trennung brachte mir die neue Situation, dass ich meine Entscheidungen selbst und für mich treffen muss, nicht für andere, d. h. in deren Sinne. Ich hätte diesen Mann nie heiraten dürfen.

Wenn ich in meiner Praxis Frauen oder Männer vor und nach der Scheidung erlebe, dann nehme ich oft etwas ganz Aufregendes wahr, was ich vorher meist nur mit einer gewissen inneren Hemmung anzusprechen wagte: Aus der übergewichtigen Endvierzigerin wird plötzlich eine schlanke Junge, die anziehend auf Männer wirkt. Der fahlgesichtige Kettenraucher mit schlaffer Bierwampe mutiert, als ob ein Wunder geschehen wäre, zum straffen Jogger mit frisch durchbluteter Haut und neuem Glanz in den Augen. So ein Scheidungsmutant hat nämlich etwas kapiert: An meiner Scheidung und der früheren Sex-Misere war ich nicht ganz unschuldig. Wer soll mich mit diesem Äußeren denn begehren?!

Ilse, die Frau eines Alkoholikers, sieht ihre Scheidungs- und Schocktherapie so:

Nach der Trennung war ich erstmals so richtig allein: Meine Töchter, meine Mutter und meine Geschwister wohnen weit weg. Doch dann kam ein gewisser Ehrgeiz bei mir auf: Ich werde mich nicht hängen lassen! Ich werde besonders gut zu mir sein! Angefangen habe ich mit ziemlich konsequenter frischer Rohkost. Dadurch habe ich abgenommen und so rein äußerlich mein Selbstbewusstsein geliftet. Dazu habe ich viele konstruktive Gespräche mit Kollegen, Kolleginnen und Freundinnen geführt. Da ich mit einer Zwillingsschwester an meiner Seite großgeworden bin, musste ich mich erst recht »freischwimmen«. Das übe ich immer noch. So habe ich zum Beispiel in den letzten großen Sommerferien allein eine fünfwöchige Radtour durch Österreich und Deutschland gemacht. Doch je besser ich allein zurechtkomme, desto mehr merke ich, dass ich auf Dauer nicht allein bleiben möchte.

Gerade die Monate und Jahre des Alleinseins können mir dabei helfen, endlich zu lernen, mich selbst zu »bemuttern« und zu »bevatern«, anstatt dies von einem anderen Menschen zu erhoffen. Nicht umsonst bestätigen so viele Briefeschreiber, dass sie durch die Trennung »erwachsen« geworden sind. Um es immer wieder zu sagen: Die Trennung demonstriert mir, dass ich meine Sache selbst anpacken muss, dass ich letztlich, bei aller Verbundenheit mit den Menschen, allein bin. Ich kann auch nicht länger Bildungs- und Berufsdefizite an den Partner delegieren.

Vanessa, eine Patientin von mir, machte mit achtunddreißig Jahren, nach ihrer Scheidung von einem Fabrikanten, auf einer Abendschule das Abitur nach. Sie setzte gleichsam ihre Wut produktiv um. Ihr Mann, Absolvent eines altsprachlichen Gymnasiums, Doktor jur. und offensichtlich ein penetranter Besserwisser sondergleichen, hatte ihr bei einem Restaurantbesuch mit den Top-Managern seines Unternehmens kaltlächelnd ins Gesicht gesagt: »Halt du dich lieber aus der Diskussion heraus, du hast ja noch nicht mal das Abitur geschafft.« Tatsächlich war sie vor dem Hintergrund der Scheidungsturbulenzen ihrer Eltern »nur« mit der Mittleren Reife von der Schule abgegangen und hatte eine Ausbildung zur Krankenschwester absolviert. Jetzt bewies sie sich und ihrem reichlich von sich eingenommenen Ex-Ehemann ihre Intelligenz. Sie bestand das Abitur mit der Gesamtnote »gut« und steckt inzwischen in einem sozialwissenschaftlichen Studium.

In ähnlicher Weise machte sich auch Karla auf den Weg:

Mit zwei kleinen Kindern war keine Zeit, den Kopf in den

Sand zu stecken. Ein Teilzeitjob und die regelmäßigen Alimentenzahlungen gaben mir zuerst mal eine finanzielle Sicherheit und die nötige freie Zeit, mich um das Wohlergehen der Jungs zu kümmern. Das war mal die erste Aufgabe. Daneben habe ich im Rahmen meiner Möglichkeiten immer wieder Kurse besucht und mich weitergebildet. Allein verantwortlich sein für mein Leben und das der Kinder war am Anfang mein zentrales Thema. Dies war eine total neue Erfahrung, ein neuer Anfang. Es war der eigentliche »Startschuss« in »MEIN Leben«.

Verantwortlich sein für sein Leben – das ist es. Isabell, tüchtige Frau und Buchhalterin an der Seite eines erfolgreichen Handwerkers, wagte es, nachdem die drei erwachsenen Kinder eigene Existenzen gegründet hatten, das märchenhaft exklusive Ghetto ihrer Villa und ihres feudalen Lebensstils zu verlassen. Der Grund: Zwischen ihr und Alfred gab es außer dem Geschäft keine Gemeinsamkeiten mehr. Längst hatten die beiden sich daran gewöhnt, ihre Beziehungsleere, wie Isabell schreibt, »mit Sekt, Lachs und Edellimousinen« zu füllen. Es half alles nichts, die Lieblosigkeit schmerzte – beide. Ein Gedicht, das Isabell eines Samstagmorgens in der Wochenendbeilage ihrer Lokalzeitung entdeckte, traf sie wie ein Blitz. Es gab ihr Mut zur Trennung, zunächst zum Entsetzen ihres Mannes. Inzwischen sind beide, Alfred und Isabell, mit einem anderen Partner in Bewegung geraten und glücklich! Das Gedicht stammt von Eva Strittmatter:

Risiko

Es gibt zwei verschiedene Haltungen
Gegenüber dem Leben.
Die eine: Streben nach Sicherheit.
Die andre: Sich über Schicksal und Zeit
Und alles das erheben.

Das Risiko muss man bejahn:
Man arbeitet ohne Seil.
Es macht nichts, wenn man sich außen verletzt:
Innen bleibt man heil.

Das ist die Haltung der Sucher und Finder:
Nicht auf Sicherheit, auf Sinn eingestellt,
Können sie auf fast alles verzichten,
Nur nicht auf ihren Entwurf von der Welt.

Miriam, von der wir schon im ersten Kapitel dieses Buches gehört haben, entdeckte durch die Trennung, die sie als einen »Höllensommer voller Tränen, Alpträume, Aggression und Abmagerung« empfand, sich selbst und ihre Wünsche wieder:

Ich lernte, dass ich nicht alles in mich »hineinfressen« darf. Dass ich nicht länger glauben muss, ich müsse alles mit mir allein ausmachen. Es ist keine Schande, Hilfe in Anspruch zu nehmen. Ich lernte, auf mich aufzupassen, auf mich, auf meinen Körper zu hören und zu achten. Ich habe für meinen Trennungsprozess sehr, sehr viel Zeit gebraucht!!! Unendlich lange hat es gedauert! Aber ich glaube, ich habe diese Zeit einfach benötigt, um klarzukommen.

Ich habe mich auch auf Dinge besonnen, die ich immer schon gerne tun wollte. Zuerst tat ich das gar nicht bewusst, bis ich dann merkte, dass es Wünsche aus meiner Kindheit waren: Ich wollte damals schon klettern und auf hohe Berge steigen, und das tue ich jetzt. Mit Begeisterung klettere ich durch Felswände, mache Skitouren und bin auf hohen Bergen unterwegs. Ich genieße die Schönheiten in der Natur, die Ruhe, die Stille. Das tue ich in Gruppen mit netten Menschen, als Seilschaft und manchmal auch ganz allein. Ich könnte jubeln und jauchzen und manchmal tue ich es auch. Ich habe auch eine eigene Wohnung gekauft. Genug Platz zu haben ist ein sehr alter Wunsch von mir, hatte ich bisher doch immer sehr beengt gelebt. Die Arbeit an meiner Dachwohnung hat mir in meiner schwersten Zeit sehr viel geholfen. Ich war beinahe glücklich, wenn ich nach Berufstätigkeit und handwerklichen Tätigkeiten todmüde ins Bett fiel.

Momentan erlebe ich das Leben als sehr spannend, und ich habe noch nie so intensiv und gerne gelebt wie jetzt. Seltsam! Aber es ist so. Ich habe mich in dieser Zeit auch intensiv mit gesunder Ernährung beschäftigt. ... Ich habe meine Schwäche und Hilflosigkeit akzeptiert und habe mir selber gestattet, nicht immer stark sein zu müssen. Meine Kraft ist wieder zurückgekehrt! Schön!

Ich möchte nicht durch das Zitieren so vieler dezidiert optimistischen Rückbetrachtungen der falschen Vorstellung Vorschub leisten, die Scheidung sei so eine Art sportliche Herausforderung. Undine, zwei Kinder, erste Heirat mit vierundzwanzig Jahren, zweite Heirat mit neunundvierzig Jahren, drückt den gewaltigen Ernst dieser Lebenshürde mit eindringlichen Worten aus:

Immer wieder kommt mir das Wort Aufbruch in den Sinn. Ich habe lange darüber nachgedacht. Für mich war die Trennung kein Aufbruch, leider. Es war eher ein Umbruch, denn es wurde lediglich umgebrochen, teilweise auch zerbrochen, einfach alles auf eine andere Seite hingebrochen, die da hieß: ein anderer Mann. Ein anderer Mann wird besser sein, mit einem anderen wirst du es schaffen, glücklich zu leben. Im Grunde blieb alles beim Alten, die Aussichten, die Gründe, die Vorstellungen, das Wissen usw. Der innere Aufbruch zu mir selbst fand nicht statt.

Es musste noch viel Wasser den Berg runterlaufen, ehe ich merkte, nur aus dir selbst heraus kannst du glücklich sein und dann mit einem Menschen das Leben teilen. Leben ist ständige Bereicherung. Nie habe ich in meinem Leben so viel gelernt, gelesen, studiert wie gerade jetzt, wo man sagen könnte: »Wozu mit deinen zweiundsechzig Jahren?« Ich finde das Leben interessant und spannend, wie es nie zuvor war.

Natürlich bringt mir die Scheidung nichts, wenn ich das Geschehene nicht begreife und nicht durcharbeite. Wenn ich zum Beispiel sofort zu einem neuen Partner renne, sozusagen von einem warmen Bett ins andere springe. Wir Männer neigen oft dazu, unsere Trauer wegzulachen oder, wie es ein gebildeter Mann in meiner Beratung drastisch formulierte, »wegzuficken«. Das Nichtbewältigte meldet sich wieder.

Sigrid, heute eine selbständige freischaffende Künstlerin, erkennt:

Meine Minderwertigkeits- und Schuldgefühle waren immer Machtmittel für den anderen, um mich auszunutzen, um mich zu manipulieren. Das war eine schmerzhafte Erkenntnis. Genau das, was ich in meiner ersten Ehe nicht bewältigt habe, tauchte dann in meiner zweiten Ehe wieder auf: die Problematik des Versuchs, endlich ich selbst zu werden, so wie ich bin, und nicht so, wie man mich gerne haben möchte. Eine Liebe zwischen zwei Menschen will gehegt und gepflegt werden wie eine Pflanze, und zwar von beiden Seiten. Ich hatte es gar nicht bemerkt in meiner ersten Ehe, dass nur ich die Pflanze hegte – eines Tages war sie dann vertrocknet!

Die Trennung war eigentlich der Punkt in meinem Leben, an dem ich anfing, mich mehr und mehr kennen zu lernen, mich zu fragen: Was will ich? Warum bin ich in dieser Welt? Was ist meine Aufgabe? Was ist meine Bestimmung? Was kann ich aus den jeweiligen Situationen und Erlebnissen lernen? Was will mich das Schicksal lehren? An diesem Punkt begann ich mich zu entwickeln, und das hat bis heute, dreizehn Jahre später, nicht aufgehört.

Der Münchner Dichter Eugen Roth hat einmal so klug gereimt: »Ein Mensch schaut in die Zeit zurück/und sieht, sein Unglück war sein Glück.« Es scheint einen dialektischen Zusammenhang zwischen Glück und Unglück zu geben. Das Glück erwächst aus dem Unglück, wenn wir unser Unglück kritisch reflektieren und den eigenen Anteil daran erkennen. »Liebe ist Produktion«, formulierte Bert Brecht. Liebe ist Beziehungsarbeit, sie ist Knochenarbeit.

So sieht es heute auch Sabine. Wir erinnern uns: Als sie schwanger wurde, eröffnete ihr der Mann, dass er eine Freundin habe und die Ehe beenden werde. Sabine, heute Psychologiestudentin und alleinerziehende Mutter, betont:

Eines habe ich ganz bestimmt gelernt, dass Beziehung Arbeit bedeutet. Dass eine gelungene Partnerschaft lebendig und spannend sein kann, wenn sie nicht vor sich hindümpelt wie ein totes Gewässer. Sie kann nur fließend sein, wenn ich bzw. beide Partner ihren Teil dazu beitragen.

Was ich ebenfalls gelernt habe, ist, dass für eine gelungene Beziehung eine Balance zwischen Nähe und Distanz ganz wichtig ist. Und zwar räumlich ebenso wie seelisch. Ich würde, glaube ich, nie mehr auf so relativ engem Raum zusammenleben wollen, ohne dass ich nicht wenigstens ein Zimmer für mich habe. Wenn man zu eng zusammenlebt, zu sehr klammert, schrumpft die Beziehung auf eine Einzelhaft zu zweit. Da haben wir uns wohl gegenseitig die Luft zum Atmen genommen. Ich habe aber auch gelernt, dass ich selbst für mein Erleben und Verhalten verantwortlich bin. Das kann mir kein Partner erfüllen. Da muss ich verdammt noch mal für mich und meine Bedürfnisse selbst sorgen. Das kann ich niemand anderem aufladen.

Etwas Wesentliches habe ich auch begriffen. Dass Trennungen zum Leben gehören. Und dass es vollkommen illusorisch ist zu denken, etwas muss jetzt für alle Ewigkeit so halten. Schön, wenn es gelingt, und ich kann es versuchen, aber es gibt auch die andere Seite. Klar, dass ich nicht emotional obercool, völlig abgeklärt durch eine Trennung gehe. Aber ich würde mir wünschen, dass die Gesellschaft, die Menschen nicht wie mit einer Katastrophe, so weltunter-

gangsmäßig damit umgehen. Denn der Gedanke des Scheiterns und des Versagens, der einer Trennung überwiegend anhaftet, hat doch einen großen Druck auf mich ausgeübt, mir nichts anmerken zu lassen. Was werden die von mir denken? Was wird sie wohl falsch gemacht haben usw.? Das führte auch dazu, dass ich lange, lange niemandem erzählte, was mich quält und dass ich mich sehr einsam gefühlt habe. Meine ganz verzweifelte innere Verfassung stand so im krassen Gegensatz zum äußeren Bild.

Ich für meinen Teil habe die Schule vollgestopft mit Wissen, aber als Analphabetin der Gefühle verlassen. Ich sehe, dass unsere so genannte Zivilisation auf einer pathologischen Verdrängung der Gefühle beruht. Für mich bedeutet das eine absolute Bewusstseinsverengung. … Und gleichzeitig kommt so eine Wut in mir hoch. Ich weiß gar nicht, soll ich sagen, auf diese Zeit, auf diese Gesellschaft, die Schule, die Erziehung, die mir so absolut gar kein Wissen, gar kein bisschen Handwerkszeug mitgaben, um wenigstens etwas von dem zu erahnen, was an menschlichen Krisen zum Leben gehört, was Beziehung auch bedeuten kann. … Ich lerne immer noch, das Leben nicht zu eng, zu zwanghaft, zu einseitig zu sehen und zu gestalten. Ich habe spät kapiert oder gelernt, dass ich ein Recht habe auszuprobieren, egal in welchem Bereich! Ich habe gelernt, dass das Zulassen der Gefühle mich mit mir selbst konfrontiert. Das war und ist manchmal sehr schmerzhaft, aber es bedeutet letztendlich Gewinn. Durch meine eigene, neue Vielfalt an Interessen, Offenheit, Wissen und Neugier kamen nämlich auch neue Menschen in mein Leben, ergaben und ergeben sich für mich tiefe Freundschaften und Verbindungen.

Eines habe ich mit Sicherheit auch verinnerlicht: Dass das, was mir passiert ist, nicht ein Einzelschicksal ist, sondern dass das Ganze auch auf einem sozio-kulturellen Hintergrund zu sehen ist. Dass in einer immer noch überwiegend patriarchalischen Gesellschaftsstruktur vieles gar nicht anders hätte laufen können. Ich denke, da spielen zweitausend Jahre Frauengeschichte eine große Rolle. Ich habe erst nach der Trennung, durch intensive und oft schmerzvolle Seelenarbeit, herausgefunden, was meine Persönlichkeit ausmacht. Was Frausein früher für mich bedeutete, welche Botschaften ich als Mädchen mitbekommen habe, und was Frausein für mich heute bedeutet. Wie wertvoll für mich Frauenfreundschaften sind, ohne diese oft destruktiven Vergleiche. Ich habe erst nach einer langen Beziehung und nach dem Mutterwerden eine Frauenrolle und Geschlechtsidentität finden können. Schade, dass es nicht umgekehrt war. Ich bin da heute noch am Nachlernen.

Ein Weiteres ist für mich auch ganz klar geworden: Ich als Frau, ob mit oder ohne Partner, habe meinen eigenen Wert. Und noch ein anderer Punkt ist mir wichtig. Mir war von Anfang an klar, dass ich dem Kind die Chance geben muss, eine eigene Beziehung zu seinem Vater zu entwickeln. Das, was zwischen uns war oder nicht war, liegt auf einer ganz anderen Ebene.

Aber glaube nur nicht, dass das so einfach war. Am Anfang dachte ich, nein, er hat überhaupt kein Recht auf den Jungen, kein Recht, ihm nahe zu sein, weil es, weiß Gott, nicht sein Verdienst war, dass dieses Kind gesund auf die Welt kam. Mich hat es unmittelbar nach der Trennung fast innerlich zerrissen, wenn er den Bub nur auf den Arm nahm. Und ich sagte mir, du musst es zulassen. Das war so ein Prozess, je weiter ich Abstand hatte von der Trennung, desto leichter fiel mir der Umgang mit diesem Thema. Ein Stück weit bin ich da auch stolz auf mich. Ich denke, das war eine hohe Leistung, mit der ich mich zu Anfang sicher überfordert habe.

Wunderschön ist es oft zu sehen, wie nach einer Scheidung und in einer neuen Beziehung die Sexualität wieder aufblüht wie eine Wiese im Frühling. Natürlich stößt man bei diesem Problemkomplex auf einen Grundwiderspruch der bürgerlichen Ehe – ihre Monogamie als Zwangsform und die potenzielle Anarchie und Unendlichkeit unserer sexuellen Sehnsüchte, die schon Freud diagnostizierte. Sexualpioniere und Kulturphilosophen wie Wilhelm Reich, Magnus Hirschfeld oder neuere Autoren wie Dieter Duhm (›Der unerlöste Eros‹) oder Otto Mainzer (›Die sexuelle Zwangswirtschaft‹) haben darüber geschrieben. Bereits der Philosoph Immanuel Kant (1724–1804) bezeichnete in seiner Rechtsphilosophie die Ehe nüchtern als »Verbindung zweier Personen verschiedenen Geschlechts zum lebenslangen wechselseitigen Besitz ihrer Geschlechtseigenschaften«.

Otto Mainzer gab zu bedenken, ob die konstante »Zweierbeziehung nicht lähmend sei und den Menschen fessele«. »Das Grundübel und die einzige Erbsünde der Menschheit«, so formulierte dieser Vorkämpfer der sexuellen Befreiung sehr pointiert, »ist und bleibt einzig die Ehe.« Somit aber, behauptet Mainzer, »wird die Ehe zum Urtypus der sexuellen Korruption. Sie macht den Gebrauch wie die Funktion der geschlechtlichen Organe des Menschen von Bedingungen abhängig, welche ihrer Anlage und natürlichen Gesetzlichkeit widersprechen. Sie degradiert die spontane Umarmung der Liebenden zur außerehelichen Unzucht. Sie erzeugt eine künstliche Geschlechtsnot, welche den Einzelnen zwingt, die regelmäßige Abspeisung seiner Begierde zu sichern, indem er auf alles Persönliche, freie Sich-einander-Nähern für immer verzichtet.«

Doch wer wird uns ein Modell präsentieren, das den grundlegenden Widerspruch der Psyche, hier Sehnsucht nach der Ausschließlichkeit der Liebe, dort die Faszination vielfältiger erotisch-emotionaler Begegnungen, löst? Simone de Beauvoir und Jean-Paul Sartre haben dieses Experiment versucht. Wen dieses Liebes- und Lebensexperiment interessiert, der kann es in Walter van Rossums brillanter Studie ›Simone de Beauvoir und Jean-Paul Sartre. Die Kunst der Nähe‹ (1998) nachlesen. Die beiden Denker wohnten in getrennten Wohnungen übereinander und ließen sich jegliche erotische Freiheit. Ihren ungewöhnlichen Liebes- und Freiheitspakt sicherten sie mit einer kleinen, aber ganz entscheidenden Kautel. Simone de Beauvoir: »Wir hatten vor, uns ohne Zögern und ohne Einschränkungen der Neuartigkeit unserer Existenz hinzugeben. Wir schlossen einen weiteren Pakt: Weder würden wir einander je belügen noch etwas anderes verbergen.«

Wie immer man das auch sehen mag, die Trennung erlaubt uns, endlich sexuell mündig zu werden. Was das heißt? Vieles. Ein Mann, nennen wir ihn Michael, sagte zu Beginn seiner Therapie bei mir:

Ich habe in meiner ersten Ehe sexuell schrecklich gehungert. Meine Frau kam aus einem streng katholischen Elternhaus. Als ich sie kennen lernte, war sie sexuell unaufgeklärt. Sie meinte allen Ernstes, wenn sie mir einen Zungenkuss gäbe, würde sie schwanger. Ihre Regel versteckte sie schamhaft vor mir. Wenn wir einmal im Vierteljahr zusammen schliefen, das heißt, wenn ich »die Erlaubnis« bekam, musste ich zuvor die Rollläden herunterlassen und das Licht löschen. Das klingt alles zum Lachen, aber es war umso schlimmer, als ich in meiner innersten Natur ein schüchternes Bübchen blieb, das nie gelernt hatte, mit der Faust auf den Tisch zu hauen. Vergeblich kaufte ich meiner Frau sanfte erotische Lektüre und Aufklärungsbücher. Ich bat ihre Freundin, mit meiner Frau zu sprechen. Ich lockte, ich überredete, ich wollte mir den Sex durch Sonderleistungen »erkaufen«. Lache nicht, aber damals habe ich an jedem Wochenende das Haus vom Keller bis zum Speicher geputzt – in der Hoffnung, dass sie mich mit einem kleinen Beischläflein belohne. Aber ich sage dir, ich hätte die Autobahn von Flensburg bis Neapel wienern können, sie hätte es nicht getan.

Eine psychologische Beratung wollte meine Frau auch nicht. Sie terrorisierte mich mit ihrer Frömmigkeit. Am Ende wurde sie Zeugin Jehovas. Als sie ihre Zustimmung verweigern wollte, unserer durch einen Autounfall verunglückten zwölfjährigen Tochter eine Bluttransfusion zu geben – das verbietet ihre Sekte –, da platzte mir endgültig der Kragen. Ich setzte die Transfusion durch, und ich trennte mich unmittelbar nach der Rückkehr meiner Tochter aus dem Krankenhaus von meiner Frau. Die Richterin sprach mir das Sorgerecht für die Kleine zu.

Damals habe ich einen heiligen Schwur getan: Nie wieder lasse ich mir meine Sexualität wegnehmen. Kein Mensch auf der ganzen Welt hat das Recht dazu. Sexualität ist schön und keine Teufelsversuchung, wie meine Frau einmal eiferte. Ich bin gerne ein Mann!

Waltraut holte nach ihrer Trennung mit vierunddreißig Jahren »im Leben danach Dinge nach, die ich in der Jugend und Pubertät versäumt hatte«. Dabei ist sie eine religiöse, oder sagen wir vorsichtiger, eine spirituelle Frau:

Ich ging in dieser Zeit mit einer Freundin in einen Gottesdienst der »Charismatischen Erneuerung«. Als ich die Kirche betrat, musste ich stark weinen. Eine Stimme schien zu sagen: »Da bist du ja endlich!« Meine Freundin sagte mir im Anschluss an den Gottesdienst, dass sie bei unserem Eintreten das Gefühl gehabt hätte, jemand würde sich sehr freuen, dass ich gekommen war. Die Trennung hat mein ganzes Leben verändert. Ich bin weiblicher geworden. Ich bin selbständiger, selbstbewusster und klüger geworden. Es gibt im Alltag fast nichts, was ich nicht wenigstens versuchen würde. Früher war ich extrem ängstlich. Ich kann Menschen endlich in die Augen sehen. Ich lernte »nein« zu sagen und Konflikte auszuhalten. Ein ganz wichtiger Aspekt war für mich die Wandlung im Umgang mit meiner Sexualität. In vielen Selbsterfahrungsseminaren und dann mit einem sexuell sehr freien Mann lernte ich, meinen weiblichen Körper anzunehmen und erst einmal richtig wahrzunehmen. Viele Verkrampfungen konnte ich loslassen.

Wer sich während der Ehe chronisch in Außenbeziehungen wiederfindet (»es passiert einfach«), für den bedeutet die Scheidung die Möglichkeit, endlich Konsequenzen zu ziehen und Klarheit in sein Leben zu bekommen. Karina begann die Neuorientierung schon in der Endphase ihrer Ehe. Sie besuchte Frauengruppen, sie erwarb den Führerschein, sie forderte ihren Mann auf, auch aktiv zu werden:

Er tat es nicht. Er fand immer Ausflüchte. Er blieb von der Zeit an stehen wie festgewachsen auf einem Fleck. Selbst auf den Töpferkurs an der VHS war er eifersüchtig. Und dann legte ich los! Ich legte meine Fesseln ab und baute mir ein eigenes Leben innerhalb unserer Ehe auf. Als ich das erste Mal fremdging, war das phantastisch. Ich blühte auf. Nichts mehr mit Depressionen oder mit Essstörungen – ich schwebte. Dieses Doppelleben war anstrengend. Ich liebe gerade Wege. Deshalb war das auf Dauer keine Lösung. Meine Töchter waren auch für eine Trennung, obwohl sie sehr litten. Ich bin gegangen. Eine Tochter mit mir.

Du magst es glauben oder nicht. Die Trennung von meinem Mann fiel mir leicht. Ich legte die Ehe ab wie ein Paar Schuhe. Ohne Schuldgefühle. Ich konnte mich nach ganz kurzer Zeit an diese Ehe nicht mehr erinnern. Nur mein schönes Haus fehlte mir.

Ja, ich hatte einen Neuanfang. Zirka acht bis zehn Jahre vor der Trennung hatte ich eine Vision. Ich wurde morgens wach und dachte: Wenn du nochmal von vorn beginnen könntest, würdest du Krankenschwester werden. Ich sah dieses Ziel und habe es wieder vergessen. Nun wurde ich Krankenschwester aus Berufung. Mein Examen bestand ich mit achtundvierzig Jahren! … Ich lernte mich selber erst kennen nach meiner Trennung. Ich erkannte meine eigenen

Bedürfnisse und lernte, sie durchzusetzen, ohne ein schlechtes Gewissen zu haben. Ich begann mich zu lieben, aber das war ein langer, schwieriger Weg, mit etlichen Fehlschlägen.

In den letzten Jahren habe ich mehrere große Entwicklungssprünge gemacht, manche bedingt durch Krankheiten. Mein letzter »Sprung« war die Versöhnung mit meiner Mutter. ... Ich mag mich jetzt, so wie ich bin: spontan, eigensinnig, fröhlich, meckerig, geduldig, klarsichtig, wütend und oft voll kindlicher Freude. Ich bin gerne albern mit fünfundfünfzig Jahren. Übrigens bin ich wieder verheiratet.

»Nichts ist so beständig wie der Wandel«, erkannte schon vor zweieinhalbtausend Jahren der Philosoph Heraklit. Manchmal trifft uns die Erkenntnis wie ein Schlag. Im Oktober 1997 erreichte uns ein Brief, der uns in seiner knappen Entschiedenheit und Fröhlichkeit verblüffte. Er soll dieses Kapitel abschließen. Uta-Marie schrieb:

Ich möchte heute den ›Gesundheitsberater‹ zum nächstmöglichen Termin kündigen – aber nicht etwa, weil er mir nicht mehr gefiele! Vielmehr hat der Auszug aus Ihrem Buch, lieber Dr. Jung, ›Mut zum Ich‹ mir den letzten Anstoß zu einem Schritt gegeben, der zwar lange geplant war, den ich aber aus Feigheit nicht vollzogen habe: die Trennung von meinem Mann und die Übersiedelung nach Afrika für mindestens ein Jahr. Dort kann ich in unserer Partnergemeinde sehr sinnvoll arbeiten – und sehr wohl fühle ich mich dort auch. Ich habe viel aus Ihren Büchern gelernt und möchte das Wissen dort weitergeben. Danke! Sie haben maßgeblich an meiner Entwicklung mitgearbeitet. Den ›Mut zum Ich‹ werde ich mitnehmen.

Treu musste ich mir sein

Warst Du gar immer so?
War es auch mein Trugbild –
mein Wunsch
das Bild, das in mir wohnt?
Erinner ich mich doch an Gespräche
Versuchtest Du mich hineinzuweisen
in die Schranken,
die Deine waren.
Du warst nicht fähig,
mich zu nehmen, wie ich war.
Ich lief davon
floh
Erstickt wäre ich
Treu musste ich mir sein
nur mir selbst
niemand sonst.
All das trennt uns
jetzt für immer.
Der Ärger ist verraucht –
auch die Trauer wird verblassen.

Evelin Schlichting

Am Ende unseres Lebens bleibt eine einzige Frage:
Bist du dir treu gewesen?

Robert Schneider: Die Luftgängerin

Tipps von »Überlebenden«

Ganz gleich, wie der Schnitt erfolgt,
eine Scheidung ist schmerzvoll.
Man mag alt oder jung sein,
Frau oder Mann, reich oder arm:
Der, der geht, erlebt genau wie der,
der zurückbleibt, die Auflösung der Beziehung
als Zusammenbruch einer Ordnung,
als Entzug des Bodens unter den Füßen,
als eine extreme Belastung.

Constance Ahrons:
Die Familie erhalten, wenn die Ehe zerbricht

Die Überschrift mag Sie, liebe Leser, vielleicht erstaunen. Kann man wirklich Tipps geben für die Scheidungssituation? Sind Tipps nicht Ratschläge, und enthalten Ratschläge nicht immer auch »Schläge«?

Das stimmt und das stimmt nicht. Natürlich, jeder von uns erlebt und gestaltet die Qual einer Trennungssituation auf seine eigene Weise. Man könnte formulieren: Sage mir, wie du dich trennst, und ich sage dir, wer du bist. Der eine macht einen schnellen, gleichsam chirurgischen Schnitt in das Fleisch der alten Verhältnisse, der andere zögert jahrelang. Der eine mobilisiert immense Aggressionen, der andere leidet passiv und zum Steinerweichen. Der eine lässt sich das Fell über die Ohren ziehen, der andere jongliert meisterhaft mit seinen finanziellen Interessen. Der eine versteinert förmlich psychisch, der andere fließt vor Weinen fast über.

Andererseits suchen die meisten, wenn sie in der Trennungsoperation stecken, das Gespräch mit Vertrauten, aber oft auch mit Fremden. Ich habe noch nie so viel mit Geschiedenen gesprochen wie in dem Moment, als es mich selbst betraf, als mich Schmerz- und Schuldgefühle wegzuspülen drohten. Mir hat das außerordentlich geholfen. Vor allem begriff und spürte ich durch diese Gespräche, dass ich das Recht auf ambivalente Gefühle habe, auf Befreiungsgefühle einerseits und eine lange Trauerzeit andererseits. Jeder wird von einem anderen Schlüsselsatz, der ihm geschenkt wird, bis ins Herz getroffen sein und Dankbarkeit für ihn empfinden.

Markus, zweiunddreißig, geschieden, arbeitete in einer Therapie bei mir seine frühere Ehe auf. Das war ein schmerzhafter Prozess, bei dem ihm häufig die Tränen kamen. Denn das schwer Erträgliche war, dass seine Frau Jutta (Name geändert) kurz nach der Trennung bei einem Autounfall verstorben war. Die beiden waren im Zorn auseinander gegangen. Jutta verzieh Markus nicht, dass er die letzten zwei Jahre eine Beziehung mit einer anderen Frau eingegangen war und dies verheimlicht hatte. Als Jutta einen Liebesbrief dieser Frau entdeckte, stritt Markus alles ab. Er war schon immer konfliktscheu gewesen und neigte dazu, wie ein kleiner Junge zu mogeln. Andererseits war Markus, wie er in der Therapie sagte, mit der etwas schizoiden, gefühlskargen Jutta »nie recht satt« geworden. Die Sexualität hatte von Anfang an nicht geklappt. Markus, der zwei Jahre nach der Scheidung zu mir in die Therapie kam, war bis dahin untröstlich, dass er sich über all das mit Jutta nicht mehr aussprechen konnte. Was ihm dann half, waren die Worte der Freundin seiner Frau. Markus schilderte mir das so:

> *Wir begegneten uns zufällig in der Stadt. Ich lud sie zu einem Kaffee ein. Wir sprachen über Jutta. Ich wusste nicht, wie mir geschah, aber plötzlich brach ich in Tränen aus. Ich schluchzte wie ein kleiner Junge und konnte gar nicht mehr damit aufhören. Da legte die Freundin meiner verstorbenen Frau ihre Hand auf meine Schulter und meinte tröstend: »Natürlich hast du vieles falsch gemacht. Jutta war auch kein Engel. Das ist alles ja normal. Lass es gut sein und lerne daraus.«*

Es gibt keinen »Trockenkurs« für Beziehungen. Die Liebe lernen wir in der Liebe. Gerade indem wir scheitern, werden wir beziehungsfähig. Scheidungen sind sozusagen die Lebensschulen unserer Beziehungsausbildung. Wir dürfen dabei auch von denen lernen, die uns auf diesem Weg vorausgegangen sind und »überlebt« haben.

Auf die Sprache des Körpers zu achten, empfiehlt Pia:

Wenn der Beziehungsstress so groß wird, dass man ihn körperlich wahrnimmt – Magenkrämpfe, Kopfschmerzen, deprimierte Stimmung – oder dass man einfach nicht mehr miteinander reden und lachen kann; wenn der andere nicht bewusst zuhört oder vergisst, was man ihm gesagt hat – wenn das alles zusammenkommt, ist es Zeit zum Ausbruch bzw. Aufbruch in einen neuen Lebensabschnitt. Beziehung kann sehr schön sein, aber man sollte sie nicht erzwingen. Alleinsein kann manchmal nicht schön sein, aber es verhilft einem zu einer neuen Sicht- und Lebensweise, die dann vielleicht wieder die Basis für eine bessere Beziehung sein kann.

Es ist manchmal auch die innere Stimme, das, was der Philosoph Sokrates das »Daimonion«, die göttliche Stimme in uns, nannte, die uns weiterhilft. Erika empfiehlt, gleichsam als Psychonaut die Raumfahrt in den Kosmos der innerpsychischen Galaxien anzutreten:

Ich möchte jedem Menschen in einer Trennungssituation empfehlen, wann immer er seinen Entschluss anzweifelt, still zu werden, die Augen zu schließen und nur nach innen zu schauen: Was ist in mir? Wie geht es mir? Wohin möchte ich?

In Trennungssituationen lassen wir an uns selbst (und am anderen) keinen guten Faden. Wir beschimpfen und kasteien uns. Je nach Charakter reduzieren wir das Essen oder stopfen und trinken im Gegenteil wild in uns hinein. Wir rauchen wie ein Schornstein, fahren riskant Auto, wir vernachlässigen uns. Die meisten der Menschen, die mir geschrieben haben, empfehlen den Trennungsopfern, gerade in dieser Situation mit sich selbst lieb umzugehen. Manfred meint:

Fange an, dich selber so zu lieben, wie du jetzt bist. Blicke nicht im Zorn auf eine gescheiterte Partnerschaft zurück, sondern auf die schönen und intensiven Zeiten deiner Beziehung. Vertraue deiner Fähigkeit zur Weiterentwicklung und lasse dich von der Angst vor dem Alleinsein nicht verrückt machen. Lieber »solo« und zufrieden als zu zweit und unglücklich!

Eines ist für alle Briefeschreiber unerlässlich, nämlich nach einer Beziehung schonungslos Zwischenbilanz zu ziehen, Soll und Haben ihres Lebens kritisch anzuschauen. Alfred, vierundvierzig, Computerfachmann, zwei Kinder, ging dabei einen ungewöhnlichen Weg:

Ich habe mich zwei Wochen in die Ruhe eines Dominikanerklosters zurückgezogen. Dabei bin ich gar nicht religiös. Ich habe auch nicht den Messen beigewohnt. Ich habe einfach einmal, mit wenigen Ausnahmen, vierzehn Tage am Stück geschwiegen und außerordentlich viel nachgedacht auf langen Spaziergängen. Ein Pater stand mir für Gespräche zur Verfügung. Er versuchte überhaupt nicht, mich zu missionieren. Er war erstaunlich liberal und hatte sogar Verständnis für meine sexuellen Probleme. In diesen zwei Wochen habe ich mein ganzes bisheriges Leben rekapituliert: die Schule, das Studium, die Freundschaften vor meiner Ehe, die Begegnung mit meiner früheren Frau, die Geburten meiner Kinder, den beruflichen Aufstieg, den Hausbau, unsere erotischen Schwierigkeiten, meine Unnahbarkeit und Flucht in die Arbeit, die Hilflosigkeit meiner Ex-Frau, meine Verbissenheit und meine nicht zu unterdrückenden Wünsche nach Glück und Nähe.

Das Kloster war eine Radikalkur. Ich merkte, wie schwer ich es mit mir selbst aushalte. Ich spürte, ich will nie wieder in die Situation kommen, in der ich, wie in den letzten Jahren meiner Ehe, meine innere Leere Abend für Abend damit verdränge, dass ich mich vier Stunden(!) vor den Fernseher hocke. Dass ich sprechen lernen muss. Dass ich nie mit einer Frau glücklich werden kann, wenn ich selbst keine Berührung und kein Streicheln gebe. Ich erkannte auch, dass ich mit meinem Geiz aufhören muss. Meine Frau hatte immer gesagt: »Ich will heute leben!« All das bedachte ich und noch viel mehr. Ich hielt mich für einen Scheißkerl und verfluchte mich, bis der Pater zu mir sagte: »Was glauben Sie wohl, warum ich in den Orden eingetreten bin? Weil ich keine Probleme hatte?!«

An meinem letzten Tag in diesem Kloster beendete ich meine Tagebuchaufzeichnungen und schrieb mir einen »Zwölf-Punkte-Katalog« auf, was ich in meinem künftigen Leben ändern wollte. Daran habe ich mich im Wesentlichen gehalten. Heute bin ich glücklicher als früher. Zurück will ich nicht mehr. Auch meine frühere Frau nicht. Aber wir hatten eine lange Aussprache, bei der wir schrecklich weinten und uns am Schluss umarmt haben. Wir haben uns gegenseitig verziehen und uns für alles Gute, was es ja auch gab, bedankt. Über die Kinder werden wir einander immer verbunden bleiben.

Trennung auf Probe – dieser Vorschlag, den wir bereits erörterten, taucht spontan immer wieder auf. Cornelia führt aus:

Eine Ansicht, die ich heute noch vertrete, ist die, dass ich, falls ich mit Trennungsgedanken leben würde, mir zuerst eine Trennung auf Zeit wünschen würde. Das heißt, ich würde mir eine eigene kleine Wohnung suchen und zuerst einmal für mich prüfen, ob es das ist, was ich will. Denn ich denke, meist kommt man erst nach Beendigung einer Beziehung auf den »Trichter«, was sie eigentlich wert war. Dann ist es meist zu spät. Lebt man erst einmal eine Zeit getrennt von Tisch und Bett, sieht man, denke ich, die Sache in einem anderen Licht.

Uschi empfiehlt ebenfalls eine Trennung auf Probe: »Falls die Situation noch zu retten ist. Aber auf keinen Fall unter einem Dach, das gibt ein Fiasko!« Sie bringt die grausamen, rachsüchtigen Scheidungsduelle zwischen Michael Douglas und Kathleen Turner in ihrem Film ›Der Rosenkrieg‹ in Erinnerung. Es ist übrigens ausgerechnet eine Schauspielerin, die uns vorlebte, wie man mit Scheidungen gut umgehen kann und keine »verbrannte Erde« zurücklässt: Audrey Hepburn. Als sie starb, versammelten sich ihre Ex-Ehemänner und die gesamte Familie mit gegenseitiger Zuneigung um ihr Grab. Da war Mel Ferrer, ihr erster Ehemann, Andrea Dotti, ihr zweiter Mann, ihre Söhne, Sean Ferrer und Luca Dotti, schließlich Robert Woldirs, der zwölf Jahre lang ihr Lebensgefährte gewesen war. Keiner der hundertzwanzig Gäste reagierte befremdet. »Unsere Mutter hat vor allem an eines geglaubt«, sagte Sean Ferrer, »sie hat an die Liebe geglaubt.«

Viele Männer und Frauen sind heute unzufrieden darüber, dass sie sich allzu lange um eine klare Entscheidung gedrückt haben. Manchmal werden Entscheidungen so verschleppt, dass Menschen darüber eingehen wie Blumen ohne Wasser. Ausnahmsweise will ich hier einen Fall veröffentlichen, der mir aus zweiter Hand erzählt wurde. Maggie berichtet:

Vielleicht kann ich mit dem Folgenden doch etwas zu deinem Buch über Trennung von Ehepartnern beitragen. Meine Freundin (54) ist letztes Jahr an Krebs gestorben. Sie war fast blind, ihr Mann ganz blind. Sie waren total verschiedene Typen, er gefühlskalt und unselbständig, sie sehr gefühlvoll und ein absolut selbständiger Mensch. Sie hat sehr unter ihrem Mann gelitten. Er hat ihr zum Beispiel alles, was sie allein machen wollte, madig gemacht, Gitarre spielen, Psychotherapie. Vor fast zwanzig Jahren hat sie mir schon gesagt, dass ihr Mann sie kaputtmacht. Aber sie hat es fünfundzwanzig Jahre ausgehalten. Vor sieben Jahren bekam sie Brustkrebs, aber sie durfte keine Haushaltshilfe nehmen.

Fünf Jahre später war sie voller Metastasen. Als ihr Hausarzt ihren Mann kurz kennen gelernt hatte, hat er ihr gesagt, dass ihr Mann ihr Krebs sei. Ich habe es nie verstehen können, dass sie sich nicht rechtzeitig getrennt hat. Ich hatte oft richtige Wut im Bauch. Aber wir haben über dieses Thema nie offen gesprochen, da es ihr Leben und ihre Entscheidung war. Sie hätte nach einer Trennung wohl auch stets ein schlechtes Gewissen ihrem Mann gegenüber gehabt. Aber so kann es gehen, wenn Mann/Frau nicht rechtzeitig die Notbremse zieht und sich trennt.

Seine Emotionen ungehindert zulassen, das empfehlen die meisten der Ratgeber. Hulda meint:

Die Gefühle rauslassen, Wut, Enttäuschung, Bitterkeit und Tränen. Ich muss mich anderen Menschen anvertrauen, mit denen ich gemeinsam »schimpfen« kann. Ich habe das Recht, zornig zu sein. Nicht anfangen, sich zurückzuziehen! Versuchen, bei »Verlassenwordensein« aus der Opferrolle herauszukommen. Schließlich hatte ich auch meine Anteile an dem, was in der Beziehung passiert ist.

Reden, reden, reden, das empfehlen andere. Dankwart (»Ich habe verlassen«), sechsunddreißig, empfiehlt, »dem Trennungsschmerz nicht zu entfliehen, allerdings ebenso wenig sich dem Schmerz zu ergeben und in Passivität zu verharren«.

Ria-Luise sieht in den wilden Gefühlen den Weg nach vorne:

Ich würde jedem raten, die Gefühle, die in ihm aufsteigen, zuzulassen und sich diese Gefühle genau anzugucken – sie sind in Ordnung. Ich habe immer nur versucht, sie zu verdrängen. Ich finde es wichtig, sich selbst Mut zu machen, »ja« zu sich zu sagen und zu dem Vertrauen zu gelangen, dass immer wieder etwas Schönes anfängt.

Ein fesselndes Bild für die Folgen der Gefühlsverdrängung findet Sabine:

Alles Verleugnen und Unterdrücken der eigenen Gefühle bringt keinen Nutzen, weil sie einfach da sind. Ich habe für mich eine gute visuelle Übersetzung gefunden: Wenn man einen Gummiball unter Wasser drückt, bleibt er dort, solange man Druck auf ihn ausübt. Lässt der Druck nach, kommt er sofort an die Oberfläche. Bei meinen Gefühlen habe ich es genauso erlebt.

Sabine ist es übrigens auch, die den Blick auf eine andere »Marscherleichterung« nach der Trennung lenkt – den völligen Szenenwechsel auf der Lebensbühne:

Was mir nach der Trennung (aus heutiger Sicht) noch sehr geholfen hat: Der hundertprozentige Schnitt mit meiner alten Vergangenheit. Es war ein abrupter Ausstieg aus meinem alten Leben: der Weggang aus meinem Heimatort, der Kontaktabbruch zu meinem Mann, meiner besten Freundin, meinem Freundeskreis. Es hat mir geholfen, eher damit abzuschließen und nicht immer noch auf irgendeine Weise damit verflochten zu sein und emotional wieder in mein altes Leben zurückgezogen zu werden. So musste ich meinen Blick notgedrungen auf das Neue ausrichten und die wenigen Energien, die ich damals noch hatte, brauchte ich auch dafür.

Nimm dir Zeit und nicht ne(n) Neue(n). Diesen Tipp geben fast alle Schreiber. Wir sollten nicht eine gescheiterte Beziehung damit vergessen wollen, indem wir im Schweinsgalopp zum nächsten Partner, möglichst einem jüngeren »Modell«, preschen. Schließlich war der alte Partner kein »Auslaufmodell« jenseits der Verfallsgrenze. Für jeden von uns ist es lebenswichtig zu erspüren, was unseren Part an der Krise und dem Tod der alten Beziehung ausmacht. Denn wir müssen mit uns weiterleben, lebenslang, und nicht mit dem verflossenen Partner. Die Scheidungskrise ist ja oft ein Abschied von meiner Wahrnehmung des anderen und der Eigenwahrnehmung. Ungeachtet der stützenden Rahmenbedingung von Liebe und Partnerschaft bin ich letztlich ein Individuum, das seinen mühsamen Weg zur persönlichen Reife selbst gehen muss. Das macht die Dramatik bei der Auseinandersetzung mit der Trennung aus.

Nietzsche bringt dieses Problem der Selbstfindung, das ich nur allein lösen kann, auf den Punkt (in ›Schopenhauer als Erzieher‹): »Es gibt in der Welt einen einzigen Weg, auf welchem niemand gehen kann außer dir: wohin er führt? Frage nicht, gehe ihn!«

»Abstand gewinnen!«, rät Elvira. Sie empfiehlt, sich mehr Zeit zu lassen für eine neue Bindung:

Ich habe mich zu schnell wieder an einen Mann gebunden, obwohl ich eigentlich einen ganz tollen Partner gefunden habe, mit dem ich mittlerweile fünf Jahre verheiratet bin. Ich glaube, mir fehlen trotzdem ein bis zwei Jahre, die ich vielleicht gebraucht hätte, um das alles richtig zu verarbeiten und etwas Freiraum zu haben.

Loslassen und sich Zeit lassen empfiehlt auch Christine:

Wichtig ist erst einmal, nicht mit aller Kraft die Angel festzuhalten, ohne wahrhaben zu wollen, dass der Fisch längst schon fort ist. Dann ist es wichtig, etwas Zeit vergehen zu lassen, getrennt zu leben, einfach etwas Abstand und Ruhe zu gewinnen. Man sollte nicht in eine andere Beziehung stürzen. Man braucht zwar einen Freund, aber man sollte auch das Alleinsein lernen.

Bevor man einen neuen Partner sucht, sollte man die alte Beziehung möglichst abgeschlossen haben. Nicht immer ist das möglich. Oft ist ja gerade die neue Beziehung der Grund der Scheidung. Lilo wünscht sich heute auf Grund ihrer Erfahrungen erst einmal ein Moratorium, eine Auszeit, vor dem Beginn einer neuen Partnerschaft:

Ich werde jetzt erst einmal alleine leben. Bei meinen bisherigen Partnerschaften war sofort ein neuer Mann da, nachdem die alte Beziehung in die Brüche gegangen war. Die neuen Partner waren alles alte Bekannte, die ich schon Jahre zuvor kennen gelernt habe. Jetzt ist es mir wichtig, meinen Trennungsschmerz auszuleben und abzuschließen, dann nach vorne zu schauen, einmal nur an mich zu denken und zu leben.

Die Fähigkeit zum Alleinsein und sich etwa als Frau nicht ewig durch den »Besitz« eines Mannes zu definieren, ist unerlässlich. Das soll jedoch nicht, meinen viele Briefeschreiber, zum anderen Extrem des totalen Rückzugs führen. Dankwart, ein fünfundsechzigjähriger trennungserfahrener Schwabe in dritter Ehe, plädiert heute für eine wohlüberlegte Trennung und das Motto: »Unter die Leute gehen! Nicht in den eigenen vier Wänden brüten!«

Am schwierigsten ist es wohl, die unvermeidlichen Schuldzuweisungen an den Ex-Partner abzubauen. Sie sind zunächst ja unbedingt notwendig, um das eigene angeschlagene Selbstwertgefühl zu stabilisieren. Mit den chronischen Schuldzuweisungen stilisieren wir uns aber langfristig nur zum hilflosen Opfer. Wir lehnen damit die Verantwortung für uns selbst ab. Wir leugnen das Realitätsprinzip. Alles ist nur so gekommen, weil der Partner so ein Satansknochen war! Wir nehmen uns damit die Chance, die Trennung als einen Wachstumsschub für uns zu nutzen.

Susanne hat darüber viel nachgedacht:

Der Prozess einer Trennung, wird er bewusst erlebt, hat immer sehr viel mit dem Besinnen auf sich selbst zu tun und mit Selbsterkenntnis. Diese kann manchmal auch sehr schmerzhaft sein! Vielleicht sind Trennungen jene Meilensteine in unserem Leben, an denen wir, wenn wir zurückschauen, Richtungsänderungen in unserem Leben vornahmen. Unter Trennungen meine ich auch Trennungen von Kindern, Eltern, Geschäftspartnern, Arbeitgebern, Arbeitnehmern etc. Auf keinen Fall würde ich einen Partner festhalten, wenn er gehen möchte! Das macht abhängig und erpressbar. Auch ist eine Trennung nie ein Grund zur Verzweiflung. Ich vergleiche es eher mit einem Sturm, der das Wasser der Seele aufwühlt und einiges hochspült, das sich schon lohnt, einmal anzuschauen.

In besonders harten Fällen gibt es ja auch Therapeuten.

Doch würde ich mich niemals ganz alleine auf sie verlassen. Die Arbeit an sich selbst, gegebenenfalls mit einem Therapeuten, ist immer noch von größtem Nutzen. Schuldzuweisungen in einer Trennungssituation bringen nichts. Sie verschlimmern alles nur noch mehr. Ist eine Trennung unabwendbar, so sollte sie mutig durchgestanden werden – als Chance, in der Persönlichkeit zu wachsen, und als Neubeginn. Lieber ein Ende mit Schrecken als ein Schrecken ohne Ende. Doch für all das braucht man Mut, den wünsche ich Paaren in Krisen- und Trennungssituationen hundert- und tausendfach! Es lohnt sich immer, auch wenn wir es erst viel später erkennen. Auf jeden Fall sollte es ihnen gleichgültig sein, was die Leute sagen. Hier heißt ein Sprichwort: Do wat do wullt, de Lüd snackt doch! (»Tu was du willst, die Leute schwätzen in jedem Fall.« – M. J.).

Dies alles sind Tipps von »Überlebenden«. Ich halte diesen Begriff nicht für zu hoch gegriffen. Wer eine Scheidung gut hinter sich gebracht hat, der hat vielleicht den schlimmsten Tiefpunkt seines Lebens »überlebt«. Auf diese Überlebenskraft darf er stolz sein. Sie wird ihn auch bei anderen, schmerzhaften Trennungen, die das Leben mit sich bringt, tragen.

Viele Bücher sind allein über den Umgang mit den Kindern bei der Scheidung geschrieben worden. Ich kann ihre Lektüre nur empfehlen. Kinder, da sind sich alle Schreiberinnen und Schreiber einig, dürfen nicht zur »Lösung« eigener Probleme missbraucht werden. Wir dürfen sie nicht in Geiselhaft nehmen, sie nicht instrumentalisieren gegen den Partner, sie ihm abspenstig machen, ihn mit ihnen erpressen, sie gegen ihn aufhetzen. Ich mag meinem Ex-Mann am liebsten die Augen auskratzen wollen, er bleibt doch immer der Vater meiner, nein, unserer Kinder. Sie haben ein Grundrecht, einen Vater zu besitzen. Ich mag meine Ex-Frau ein »Flittchen« oder ein »kaltes Biest« schimpfen – für meine Kinder ist sie die Mutter und damit die Urinstanz ihres Lebens. Das darf ich ihnen nicht nehmen.

Ich habe, womit wir uns im Schlusskapitel noch beschäftigen werden, meine Ex-Partnerin als Mutter, meinen Ex-Partner als Vater der gemeinsamen Kinder zu achten. Auch kann und darf ich dieses Band zwischen uns, das lebenslänglich ist, nicht zerstören. Kinder haben ein ganz elementares Bedürfnis: beide Eltern zu lieben. Kinder sollten daher nicht in die Scheidungszwistigkeiten hineingezogen, wohl aber auf die Trennung liebevoll vorbereitet werden.

Henriette meint:

Einen Ratschlag habe ich für das Ehepaar: dass sie trotz aller Zwistigkeiten bei der Trennung versuchen müssen, die Kinder behutsam und einfühlsam auf die bevorstehende Veränderung vorzubereiten. Dies ist mir im eigenen Fall überhaupt nicht gelungen.

Geradezu eine Gnade ist es, wenn es uns gelingt, nach der Phase der leidenschaftlichen Auseinander-Setzung halbwegs im Guten auseinander zu gehen. Es war für mich erschütternd zu lesen, wie viele Schreiberinnen und Schreiber sich danach sehnten, gerade weil es ihnen selbst nicht gelungen war.

Beatrice rät den Zerstrittenen:

Versucht in Frieden auseinander zu gehen. Lasst dem anderen sein Leben und mischt euch nicht mehr ein. Ihr habt euch doch einmal geliebt. Ist nicht wenigstens Respekt übrig geblieben? Liebe heißt doch, dem anderen nur Gutes zu wünschen, sich über sein Glück zu freuen, auch wenn es nicht mehr mit mir geteilt wird. Bleibt Freunde, ihr kennt euch und habt einmal einander vertraut. Es trennt sich besser in Freundschaft. Wenn ihr Kinder habt, denkt daran, dass das Kind ein Recht auf den anderen Elternteil hat, auch wenn ihr ihn noch so scheußlich findet. Ein Kind liebt beide Eltern bedingungslos. Und ein wenig bedingungslose Liebe solltet ihr auch euch erhalten.

Ein heikles Problem ist die Frage nach der Hinzuziehung von Anwälten. Werner hat seine eigene Auffassung dazu:

Die Vernunft muss die Oberhand behalten. Jeder kann seinen Anwalt konsultieren, sich über die Rechtslage informieren. Keiner darf jedoch dem Anwalt ein Mandat erteilen. Andernfalls entfachen die Anwälte sofort einen Scheidungskrieg, der finanziell nur den Anwälten hilft. Er schadet jedoch dem Trennungspaar, belastet die Psyche und behindert den Neuanfang.

Hier kann man, denke ich, geteilter Meinung sein. Natürlich richtet die rücksichtslose Inanspruchnahme von Rechtsanwälten oft verheerenden Schaden an. Die Situation wird juristisch bis zur Unerträglichkeit angeheizt, die Forderungen steigen maßlos, nicht selten muss unüberlegt ein Haus verkauft und das potenzielle Erbe der Kinder verramscht werden. Andererseits sind gerade Frauen, die nicht einmal die Gehaltsstreifen ihres Mannes oder die Düsseldorfer Unterhaltstabelle für Kinder kennen, auf handfeste juristische Hilfe bei ihrem nackten Überleben dringlich angewiesen. Hier bietet sich ein goldener Mittelweg an, der leider immer noch viel zu wenig bekannt ist: die Mediation. Was ist das?

Die Technik und Profession der Mediation kam in den achtziger Jahren von den USA nach Deutschland. Es ist ein Trennungskonzept mit Hilfe eines Fachmanns, der Therapeut oder ein psychologisch geschulter Jurist ist. Im Vorfeld wird sich das Paar mit Hilfe des Mediators über die wichtigsten Dinge, die geregelt werden müssen, einig: die Unterhaltszahlung, die Teilung von Vermögen und Hausrat, das elterliche Sorgerecht, das Umgangsrecht. Anliegen der Mediation ist es, ohne Hinzuziehung der teuren Anwälte und ohne kalten Krieg im Vorfeld bereits eine außergerichtliche Lösung zu finden. Der Mediator ergreift nicht Partei, er ist eher ein Moderator zwischen den Partnern. Er leitet wohlwollend ihre Verhandlungen, schlägt gegebenenfalls Kompromisse vor. Es liegt ihm fern, die Ehe noch einmal kitten zu wollen. Sein alleiniges Interesse ist es, dass das Paar es schafft, was es vielleicht jahrelang nicht mehr geschafft hat, sachlich die Konflikte auszudiskutieren, klar Wünsche zu äußern und wie in einem Tarifstreit Vereinbarungen zu treffen, mit denen man anschließend leben kann.

Das Scheidungsrecht fördert solche außergerichtlichen Vereinbarungen, die man übrigens, gerade was das Umgangsrecht mit Kindern oder finanzielle Überlegungen angeht, sehr phantasievoll gestalten kann. Ein Paar, das bei mir »Trennungsarbeit« leistete, fand zum Beispiel eine originelle Lösung in der Frage ihres gemeinsamen Hauses. Der Mann wollte es anfangs unter allen Umständen verkaufen. Der Verkaufserlös wäre jedoch, bei der aktuell schlechten Inmobilienlage, dramatisch unterhalb der tatsächlichen Erstellungskosten gelegen. Dem Paar stand das schlimmste finanzielle Verlustgeschäft seines Lebens bevor. Mit Hilfe einer Mediatorin entwickelten sie eine andere Lösung: Das Haus wurde den Kindern übertragen. Bei gleichzeitigem Nießbrauch der Eltern. Man einigte sich auf einen angemessenen Mietwert. Die Frau konnte mit den Kindern im heimatlichen Haus wohnen bleiben, der auf den Mann entfallende ideelle Mietanteil wurde mit den Unterhaltszahlungen verrechnet.

Bei der Mediation besteht auch nicht die Gefahr, dass einer von beiden über den Tisch gezogen wird. Jeder hat nicht nur das Recht, sondern wird vom Mediator ausdrücklich dazu aufgefordert, die getroffenen Vereinbarungen von einem Rechtsanwalt, einem Steuerberater oder einem Bankfachmann überprüfen zu lassen. Erst dann unterschreiben beide den Mediationsvertrag, der nun verbindlich ist.

Vorwürfe und Beschuldigungen sind während der Mediation nicht erlaubt. Erlaubt und erwünscht ist vielmehr die Klärung aller Fragen bis in die wichtigen Details: Wer wird wann die Kinder betreuen? Wer übernimmt die Schuldentilgung? Wer kriegt das Auto, den Fernseher, die gemeinsam angeschaffte Campingausrüstung? Anders als in vielen Scheidungsverfahren vor Gericht geht das Paar von einer wohlwollenden und rückhaltlos offenen Regelung der Dinge aus. Man lässt keine Unterlagen verschwinden, sondern studiert gemeinsam Gehaltsauszüge, Darlehensverträge, Kontoauszüge, Lebensversicherungen, Schätzungsexpertisen. Der Mediator achtet darauf, dass keiner zu kurz kommt. Wenn das Paar in alte Rollenspiele und verdeckte Kriegsführung gerät, weist der Mediator darauf hin.

Die Mediation beruht auf der systemischen Familientherapie, folgerichtig können auch die Kinder hinzugezogen werden. Der Trennungsstress aller Beteiligten wird, wie mir Paare berichteten, deutlich verringert. Man bekämpft sich nicht mit so harten Bandagen wie sonst. Viel mehr Paare als im normalen Scheidungsfall entscheiden sich für das seit 1982 mögliche gemeinsame Sorgerecht. Auf den finanziell schwächeren Partner, meist die Frau, wird gebührend Rücksicht genommen. Die Mediation ist das Konzept für die Zukunft. Am Ende dieses Buches finden Sie zahlreiche Adressen, an die Sie sich bei Bedarf wenden können.

Der Königsweg zur Aufarbeitung einer Trennung – vergessen wir dabei das ebenso schmerzhafte Ende vieler nichtehelichen Lebensgemeinschaften nicht – ist jedoch immer noch, da bin ich ganz eigensinnig, die Psychotherapie. Geradezu wütend schildert Ulla den Extrakt ihrer eigenen Erfahrung bei der Konfrontation mit ihrer Schwiegertochter:

Eine Scheidung ist fast immer etwas Endgültiges. Ist erst einmal geschieden, dann bleibt es schon aus den banalsten Gründen dabei. Nach sieben Jahren kriselte es in der Ehe meines Sohnes. Meine Schwiegertochter rief mich wutentbrannt an und schrie: »Ich lasse mich von deinem Sohn scheiden.« Ich erwiderte: »Du kannst dich jederzeit scheiden lassen, aber bevor du es tust, geh' in eine Gruppe, zu einem Seminar, zu Fachleuten oder Beratern und lerne. Lerne, die Dinge auch anders zu sehen, mal von einem anderen Standpunkt aus, vor allem aber lerne auch dich kennen. Die Scheidung läuft dir nicht weg!«

Auch Sabine empfiehlt, Hilfe und Beratung von außen in Anspruch zu nehmen, solange noch Zeit ist:

Es ist ganz wichtig, mit einem vertrauten Menschen über die Krise oder eine bevorstehende Trennung zu reden. Nicht alles in sich hineinzufressen, nach außen die heile Welt zu mimen, sondern etwas von diesem Innendruck nach außen zu bringen. Ich empfand das als große Erleichterung. Dann würde ich dazu raten, professionelle Hilfe/Beratung von außen in Anspruch zu nehmen. Ich denke, beide Parteien sind zu sehr in ihren Problemen verstrickt, als dass sie da alleine noch herausfinden könnten. Wenn eine massive Krise da ist, sind beide absolut betriebsblind, um das alleine zu bewältigen. Gut wäre es, wenn das schon bei den ersten Vorboten gelingen würde, und nicht erst, wenn das Kind schon in den Brunnen gefallen ist und eine dritte Person vor der Türe steht.

Eine gute Therapeutin, ein verständnisvoller Therapeut findet sich nicht immer auf die Schnelle. Man muss da, wie bei der Suche nach einem klugen, ganzheitlichen Arzt, schon etwas Geduld haben, sich umhorchen, gegebenenfalls einige Probestunden nehmen.

»Unbedingt psychotherapeutische Hilfe holen«, rät Anneliese, »und zwar so lange einen Therapeuten suchen, bis man den richtigen gefunden hat!« Anneliese schreibt »trotz« langer Psychoanalyse ganz vergnügt:

Es ist Sonntagmorgen. Eben noch habe ich in meinem gemütlichen Bett gesessen, Frischkornmüsli gegessen und dabei in Ihrem Buch ›Mut zum Ich‹ gelesen. Ein wunderbares Buch. Ich kann es mit dem unendlich guten Gefühl lesen, mit der Gewissheit, Mut zum Ich bewiesen zu haben. Mein Leben ist heute reich, und in mir ist eine große Dankbarkeit. Nach einer traumatischen Trennung und Scheidung, mit Hilfe einer ganz phantastischen Psychotherapeutin (Analyse dreieinhalb Jahre, dreimal in der Woche eine Stunde) wurde aus mir, was ich heute bin: eine selbständige, aktive, selbstbewusste, zufriedene Frau.

Alexandra wiederum schätzt in dieser Situation das Aufgehobensein unter Gleichgesinnten und Gleichleidenden:

Es ist wichtig, dass man sich einen Freund sucht, bei dem man sich aussprechen kann. Einen Zufluchtsort, wo die Seele auftanken darf. Vielleicht ist für manche auch eine Gesprächstherapie in der Gruppe gut. Ich erlebe in der Gruppe, dass ich nicht alleine bin mit meinem Problem. Außerdem sollte man sich Lichtpunkte setzen, indem man sich etwas Gutes tut. Man sollte sich nie im Hass verlieren.

Warum sich überfordern?, fragt sich heute Anna-Luise:

Ich würde mir heute von Anfang an Hilfe in Form eines guten Therapeuten suchen. Ich dachte damals, ich würde alles alleine schaffen und erkrankte vier Jahre später an Krebs. Ich hatte mir zu lange zu viel zugemutet.

Sowohl bei einer schweren Beziehungskrise, in der sich am Horizont die Trennung andeutet, wie bei vollzogener Trennung sollte man gütig und klug mit sich umgehen und sich Hilfe suchen. Es muss übrigens nicht immer eine umfangreiche, elaborierte (durchgearbeitete) Therapie sein. Ich erlebe immer wieder, dass eine einzige zweistündige Paarsitzung beiden hilft, die Weichen neu zu stellen. Das ist dann das, was wir im »Dr.-Bruker-Haus« altmodisch »Lebensberatung« nennen. Dr. Max Otto Bruker selbst hat auf dieser Praxis und diesem Begriff bestanden. Er sagte mir bei Beginn meiner Arbeit in Lahnstein: »Die Menschen brauchen nicht in jedem Fall langwierige Therapien. Oft genügt eine einzige Beratungsstunde. Das weiß ich aus tausenden Sprechstunden. Gut die Hälfte meiner Praxis bestand aus solcher Lebensberatung. Ich finde den Begriff auch gut, weil er das heikle Wort Psychotherapie meidet. Dies ist immer noch belastet und für viele Menschen ein Tabu. Psychoanalyse, das verbindet sich bei ihnen mit der Assoziation von geisteskrank und Psychiatrie. Aber eine Lebensberatung, das kann jeder mal brauchen.«

Oft kann schon eine einzige Sitzung einem Paar klar machen, wo das Problem liegt. Der gemeinsame Gang zur Beratung – und nicht unbedingt die Beratung selbst – erlaubt es ihnen, aus dem gegenseitigen Grabenkrieg auszusteigen, das Gesicht zu wahren und vertrauensbildende Maßnahmen einzuleiten. Auch nach der Trennung kann, wie ich es immer wieder erlebe, eine einzige gründliche Beratungssitzung entscheidenden Aufschwung geben. Die wohlwollenden Fragen des Therapeuten tun gut. Wenn er/sie kluge Fragen stellt, dann ist das ein kleiner Schatz für die Zukunft. Oft reicht es schon, dass ich als Trennungsgeschädigter mir nur Bestärkung hole für das, was ich erkannt habe. Dass da ein Mensch sitzt, der sagt: »Du machst es gut.« Dass da ein Mensch ist, der mich bedauert und mich am Ende vielleicht lachend in die Arme nimmt. Oder dass er mich von Racheakten, Verzweiflungsschritten oder meiner Jammerei abhält.

»Meine Therapie war wie ein Frühjahrsputz«, gestand mir die frisch geschiedene Helene:

Meine Therapeutin hatte auch eine Scheidung hinter sich und verstand mich gut. Ich durfte mal so richtig auf all diese Scheißtypen von Männern schimpfen und mich wie ein Teenager mit Liebeskummer ausweinen. Dann hat sie mich mit sanfter Hand wieder in mein erwachsenes Frausein geführt. Wir haben uns nicht nur die Macken meines Ex-Mannes, sondern auch meine – nicht wenigen – Zicken angeschaut. Einmal hat sie mich mit meinem Perfektionismus und meiner etwas humorlosen Pedanterie so aufgezogen, dass ich geschrien habe vor Lachen.

Sie hat mich ziemlich rangenommen, und ich bin ihr immer noch dankbar dafür. Ich fühle mich irgendwie runderneuert, wie man bei der Vulkanisierung von Reifen sagt. Jetzt fährt mein Lebenswägelchen wieder tipptopp. Ein hüb-

scher männlicher Anhalter winkt übrigens schon am Straßenrand. Ob ich ihn mitnehme?

Die Aussprache mit Freunden, das Tagebuchschreiben oder die Therapie geben mir Gelegenheit, ein neues Leitbild für eine Partnerschaft zu entwickeln, das ich in Zukunft brauchen werde. Damit mache ich meine Entscheidung fruchtbar. Eine gut verarbeitete Scheidung ist Dünger für die neue Beziehung.

In Trennungssituationen ergeben sich oft die seltsamsten Geschichten. Man könnte ein ganzes Buch damit füllen. Da entdeckt die eine plötzlich ihren alten Schulfreund wieder und erlebt eine wahre Himmelfahrt mit stabilem Happy End. Der andere macht in seiner Verzweiflung das Hängegleiterfliegen zu seinem Hobby und entschwebt alsbald mit einem gleichgesinnten Engel der Lüfte in aufregende neue Gefilde. Sogar in einer Selbsthilfegruppe – die wir ja leicht für eine Art Wartesaal unglücklicher Seelen halten – ereignet sich häufig der »coup de foudre«, der wahnwitzige Blitzschlag der Liebe.

Sabrina erzählt:

Da Gespräche mit meinem Ehemann über die Ursachen der Trennung und zukünftige denkbare Veränderungen in unserer Beziehung unmöglich waren, entschloss ich mich, an einer sich gerade konstituierenden Selbsthilfegruppe zu dem Thema »Trennung und Scheidung« teilzunehmen. Ich wollte die Gelegenheit nützen, mit Menschen, die in einer vergleichbaren Situation waren, auch meine eigenen Probleme und Ängste zu besprechen und möglicherweise für künftige Beziehungen alte Fehler zumindest teilweise vermeiden zu lernen. Die Gruppenmitglieder fassten den Entschluss, sich mit dem Thema »Partnerschaft« anhand von Literatur zu beschäftigen und gemeinsam gelesene Texte zu diskutieren.

Innerhalb der Gruppe ergaben sich zwischen deren Mitgliedern Kontakte, die teilweise auch zu einer gemeinsamen Freizeitgestaltung führten. Im Rahmen dieser Aktivität fand ich auch eine neue Partnerschaft mit einem Mann aus dieser

Gruppe. Zusammen mit meinem neuen Partner beschäftige ich mich intensiv mit Beziehungsliteratur. Wir besuchen weiterhin unsere Selbsthilfegruppe und sind zusammen sehr glücklich.

Glückwunsch!

Von allen Lebensempfehlungen ist mir eine am kostbarsten, die der wundervolle Lyriker Heinz Kahlau gibt. Trennungsopfer sollten seinen Rat besonders beherzigen:

Mahnung an C.

Geh sorgsam mit dir um,
Dich kann's nur einmal geben
Und auch nur kurz
Man darf dich nicht verbrauchen
Wie einen Rohstoff
Du bist kein Produkt.
Entzieh dich der Statistik.
Du bist wichtig.
Bewahre dich.
Weiche der Härte aus,
Verweigere dich
Den Überflüssigkeiten.
Gib deine Antwort selbst.
Stell selber deine Fragen,
Gib acht auf dich,
Dich gibt es nur einmal.

Der Umgang mit dem Ex-Partner

Warum bist du gekommen?
Ich bitte dich um die Scheidung.
Deshalb?
Nicht nur deshalb.
Um dir zu sagen, dass ich mit dir in Frieden bin.
Dass ich dich nicht mehr lieben muss.
Und dass ich erst jetzt dazu fähig geworden bin,
dich zu fragen, wie du bist.

Robert Schneider: Die Luftgängerin

Leider gehört Terror, besonders in der Form des Psychoterrors, häufig zur Ära nach der Scheidung. Die Boulevardpresse bringt ständig Horrormeldungen darüber. Ich habe einmal einige Überschriften dazu gesammelt: »Verlassener Baggerfahrer walzt Auto der Ex-Frau nieder«. »Telefonterror gegen Ex-Geliebte«. »Sie ohrfeigte seine neue Geliebte«. Das sind natürlich Extreme. Aber wie viel Energie verbrauchen Geschiedene oft für gehässige Prozesse um Kleinigkeiten. Selbst um Fotoalben ist schon vor Gericht gestritten worden.

Vor allem Männer haben einen Hang zu unkontrollierten und gewalttätigen Aktionen. Ein Weltbild ist in ihnen zusammengebrochen. Der Hass gilt der Frau, die ihnen durch ihren Weggang wehtut. Aber sie hassen zugleich auch sich selbst, weil sie sich zum ersten Mal in ihrem Leben schwach erleben. Jahrelang spielten sie die Rolle des beinharten Siegertypen. Jetzt zieht ihnen die »Alte« plötzlich den Boden unter den Füßen weg. Das schreit nach Rache. Noch einmal versuchen sie zu zeigen, wer der Herr im Haus ist. Ich habe in der Praxis gestandene Männer erlebt, die auf eindringliches Befragen hin zugaben, ihre Frau in dieser Situation geschlagen zu haben. Fast immer bagatellisierten sie dann dieses strafrechtliche Delikt mit den verharmlosenden Worten: »Ich habe ihr eine Ohrfeige gegeben.«

Dem Trennungsterror muss man vorbeugen. Sich eine eigene Wohnung besorgen. Die Hilfe der Eltern oder guter Freunde organisieren. Sich juristisch gut beraten lassen. Den Terror des Ex-Partners öffentlich machen, um damit Bundesgenossen zu sammeln. Bei akuter Gefahr sich nicht scheuen, die Polizei zu holen. Man braucht einen randalierenden oder angetrunkenen Partner nicht in die neue Wohnung zu lassen. Den Notruf wählen. Bei Trennungsterror den Kontakt mit dem Ex-Partner auf das Notwendigste reduzieren und sich möglichst nicht mit ihm allein treffen. Im Fall von Telefonterror mitten in der Nacht sich bei der Telekom eine Geheimnummer geben lassen. Den Chef über die private Situation verständigen, damit einen der/die Trennungsterrorist/in nicht in der Firma anschwärzt.

Sven, ein smarter junger Tennislehrer mit zugegebenen stark promisken Neigungen, den die Mädchen umschwärmten, enthüllte mir bei einem Gespräch:

Gina (Name geändert) hat mich, als sie vorzeitig von einer Heilpraktikerausbildung zurückkam, mit einer Tennisschülerin in flagranti im Bett erwischt. Zuerst goss sie einen Sektkübel voll Wasser über meine Bettgefährtin, dann schmiss sie deren Kleider vor die Haustür. Sie warf zwei Stühle gegen mich. Sie zerstach die Reifen meines Autos. Gina war nicht mehr zu beschwichtigen und hat mich sofort verlassen. Sie kroch mit unserer Lütten (Kleinen – M. J.) bei ihren Eltern unter. Eine Woche später trafen bei der Leitung des Tennisclubs, bei dem ich angestellt bin, bei einzelnen Tennispartnern und mit uns befreundeten Paaren »Steckbriefe« ein. Darauf waren zwei Fotos kopiert. Das eine zeigte mich wie einen Verbrecher mit Drei-Tage-Bart und leicht derangiert in einer feucht-fröhlichen Alkoholsituation. Das andere Bild hatte sie aus der Clubzeitschrift ausgeschnitten. Es zeigte die besagte Tennisschülerin, mit der sie mich erwischt hatte. Das besonders Infame war, dass sie ein fünf Jahre altes Bild von der damals Sechzehnjährigen ausgeschnitten hatte. Es muss-

te also der Eindruck entstehen, dass ich Halbwüchsige missbrauchte.

Was tun? Meine berufliche Stellung war gefährdet. Ich ging zum Rechtsanwalt. Wir stellten Strafanzeige gegen meine Ex-Frau und gewannen. Sie hörte mit ihren Hassaktionen auf, aber jetzt verweigert sie mir den Zugang zu meiner Tochter. Da ich nicht noch einmal einen Prozess will, möchte ich ein Vermittlungsgespräch mit ihr zusammen in deiner Praxis.

Gina war nicht bereit dazu. – In einem anderen Fall erlebte ich, dass die Frau allein eine Abschiedsparty mit den früher gemeinsamen Freunden veranstaltete. Damit geriet der Ex-Mann optisch in die Rolle des Bösewichts. Ich fand das geschmacklos.

Wenn gemeinsame frühere Freunde einen mit Schuldvorwürfen belasten und dem Trennungspaar nicht beiderseitig loyal gegenüberstehen, dann sollte man sich das nicht zumuten, sondern den Kontakt zu ihnen abbrechen. Auf keinen Fall darf man die Rolle des Opfers übernehmen und sich fertig machen lassen. Hier gilt es, Stärke und Konsequenz zu zeigen und Einschüchterungsversuchen zu widerstehen.

Wichtige Vereinbarungen regelt man im Zweifelsfall besser schriftlich als mündlich, damit der Partner die Verbindlichkeit nicht anschließend unterlaufen kann. Falls der Partner Amok läuft, bin ich nicht für sein psychisches Versagen verantwortlich. Das ist seine Sache. Auch wenn er trinkt, zeigt das nur, dass er sein seelisches Dilemma nicht richtig angeht. Wichtig ist es, zuerst einmal die Trennung zu dem Ex-Partner konsequent durchzuhalten. Das heißt, dass man gemeinsame Orte, wie zum Beispiel das Schwimmbad, meidet, wo man auf ihn stoßen könnte.

Für einen Partner, von dem man sich getrennt hat oder von dem man verlassen wurde, ist man nicht mehr verantwortlich. Er ist ein erwachsener Mensch. Er muss von jetzt an sein Leben allein meistern und kommt an der Erfahrung nicht vorbei, die

Trennung zu akzeptieren. Sollte der Ex-Partner – Frauen tun das häufiger als Männer – mit Selbstmord drohen, sind Sie nicht sein Laien-Therapeut. Informieren Sie seine Umgebung, aber lassen Sie sich nicht in die Mitleidsrolle locken. Erpressungsversuche und Psychoterror resultieren letztlich aus der Problemverdrängung.

Wem nach der Trennung nichts anderes einfällt, als eine psychologische Kriegsführung gegen den früheren Partner zu starten, der weigert sich, seinen Anteil am Konflikt und seine Probleme zu analysieren und zu bewältigen. In jeder Partnerschaft ist auch die Möglichkeit ihres Endes angelegt. Erwachsen sind wir, wenn wir mit dem Ende einer Beziehung umgehen können. Alles andere ist kindliche Realitätsverweigerung. Wer umgekehrt auch nur einen kleinen Schritt nachgibt und sich auf Erpressungen einlässt, der hat schon verloren.

Britta schilderte ihren diesbezüglichen Irrtums- und Lernprozess wie folgt:

In der Phase nach der Trennung und vor der eigentlichen Scheidung war ich völlig von meinem Mann abhängig. Ich saß mit zwei kleinen Kindern da und konnte keinen Beruf ausüben. Die Kinder waren anfänglich richtig verstört über den Auszug meines Mannes. Mein Mann verdiente als Oberarzt gut. Obwohl er eine neue Freundin hatte, eine medizinisch-technische Assistentin am Krankenhaus, und das Leben in vollen Zügen genoss, gab er keine Ruhe. Obgleich ich ihn in dieser Situation nicht sehen wollte, kam er zwei-, dreimal pro Woche zu uns. Er tat dies weniger der Kinder wegen, sondern, wie er sagte, »um mit mir zu sprechen«. Tatsächlich wollte er sein schlechtes Gewissen entlasten. In endlosen, sich bis in die späte Nacht hinziehenden Gesprächen versuchte er, mir meine »Alleinschuld« am Zusammenbruch unserer Ehe zu »beweisen«. Ich sei »frigide«, »beziehungsunfähig«, ein »Streithammel«, »humorlos«, »schäbig«, »verschwenderisch«, »hinterlistig«.

Ich kam mir vor wie ein Monster aus Frankensteins Labor. Weil er einfach nicht gehen wollte, schrie ich ihn dann an und verlangte, dass er das Haus verlasse. Jedesmal, wenn das passierte, zog er im nächsten Monat pro Streit 100,– DM von der vorläufig und mündlich vereinbarten Unterhaltssumme ab. Das habe ich Idiotin ein ganzes Jahr mitgemacht – er hatte immer schon finanzielle Macht über mich –, dann reichte es mir. Ich ging zum Anwalt, erreichte eine schriftlich präzisierte Unterhaltsregelung und stellte die Bestrafungsaktion ab.

Meist ist es so, dass der Partner, der seine Fassung verloren hat und der nur noch seine Wut lebt, den Psychoterror einstellt, wenn er merkt, dass der andere nicht zurückkommt und sich entschlossen wehrt. Auch gegen die Politik der kleinen Nadelstiche sollte man feste Grenzen setzen.

Auf meine Frage »Hast du noch Kontakt zu deinem Ex-Partner?«, antwortet die Mehrheit der Schreiberinnen und Schreiber mit »Nein«. »Aus den Augen und dem Herzen verbannen«, lautet leider oft die hilflose Devise. »Nach der Trennung«, so beobachtet der Psychoanalytiker Bernd Nitschke, »beginnt die Zeit der gegenseitigen Abwertung; nur selten bemerken die Beteiligten, wie sehr sie sich dabei selbst abwerten.«

Weil keine gesellschaftlichen Rituale der Trennung existieren, weil wir nirgendwo Vorbilder haben oder gelernt haben, wie man mit einem Lebenspartner nach dem Ende der Beziehung umgeht, reagieren wir so armselig. Gleichzeitig nimmt jedoch mit der Liberalisierung der allgemeinen Lebensverhältnisse die Tendenz zu, mit dem Ex-Partner locker und freundlich umzugehen. In den Briefen raten die Geschiedenen immer wieder, Geduld zu haben. Oft dauere es Jahre, bis man selbst oder der Partner zur vorsichtigen Wiederanknüpfung der Kontakte und dem Zulassen des Gefühls der Verbundenheit bereit sei.

Mia berichtet:

Nach einundzwanzig Jahren haben wir in den letzten Monaten den Briefkontakt wieder hergestellt. Ich würde mich freuen über den Dialog. Ich schrieb ihm: »Als sehr hohes Ziel sehe ich einen freundschaftlichen Briefkontakt. Diesen halte ich jetzt für möglich, da wir nichts mehr voneinander erwarten außer der eventuellen Bereitschaft zur Analyse der vergangenen Gemeinsamkeit.« Dieser Mann ist ein Teil meines Lebens wie die Schulzeit oder das Berufsleben danach. Trotz und nach allem, auch er hat einen Platz in meinem Leben, den kein anderer Mensch einnehmen kann.

Auch Doris hält das Sprechen und die Aufarbeitung für entscheidend wichtig:

Er fragt mich, ob ich wieder zu ihm kommen will. Doch ich bin nicht mehr die »Doris«, die er vor fünfundzwanzig Jahren geheiratet hat! Ich versuche ihm jetzt alles zu sagen, was mich enttäuscht, was mir wehgetan hat. Ich will von ihm wissen, warum er so gehandelt hat. Ohne Bewusstsein gibt es keine Änderungen. Der Kontakt zu ihm ist noch nicht klar. Wir versuchen zurzeit, miteinander zu reden, was wir all die Jahre nicht konnten. Wichtig ist mir dabei die Klärung: Was ist mein Teil, dass es zu der Trennung gekommen ist? Man muss sich die Zeit nehmen, das Vergangene abzuschließen – wenn es möglich ist, zusammen mit dem Ex-Partner.

Man darf sich keine Illusionen machen: Die Auseinandersetzung mit dem alten Partner, das Lecken der Wunden also, die Vorwürfe, die Eingeständnisse, der Schmerz, das Nichtvollendete – das alles tut weh. Es ist ein Prozess voller Zwiespältigkeiten.

Annabell (»Wegen der Finanzen haben wir zwangsläufig miteinander zu tun«) konstatiert:

Es ist von Anfang an sein Wunsch gewesen, freundschaftlich miteinander zu verkehren. Das ist wohl auch das Beste, obwohl meine Gefühle ihm gegenüber sehr wechselhaft sind. Hassgefühle, die ich eigentlich nicht haben wollte, stellen sich zwischendurch ein, vor allem dann, wenn in der Erinnerung so manche Verletzung wieder bewusst wird. Mich macht manchmal geradezu wütend, dass er über seine Gefühle nur kopfgesteuert reden kann. Da er viel gelesen hat und auch über Psychologie vieles weiß, kann er anderen gute Bücher empfehlen und Ratschläge geben, bei sich selbst hat er meines Erachtens aber große Schwierigkeiten.

Ilse trifft sich neuerdings wieder unbefangen mit ihrem früheren Mann, aber manchmal kocht der Zorn in ihr hoch:

Jetzt spielen wir mindestens einmal in der Woche Tennis und gehen alle vier Wochen danach in die Sauna. Ab und zu kommt er auch zu mir, wenn eine der Töchter zu Besuch ist. Heute können wir besser miteinander reden. Er ist seit rund drei Jahren trocken. Das freut mich auf der einen Seite, doch auf der anderen macht es mich wütend und ärgerlich. Warum kommt er jetzt ohne Alkohol aus? Warum nicht schon früher? Was mich zusätzlich verstimmt, ist, dass er jetzt viele Sachen macht, zu denen er damals keine Lust hatte und sie auch mir zuliebe nicht gemacht hat, zum Beispiel Kino-, Theater- und Konzertbesuche, bummeln gehen, Freunde besuchen oder einladen etc.

Das Nein zum Kontakt mit dem früheren Partner muss nicht unbedingt heißen, dass ich ihn aus meinem Herzen hinausgeworfen habe. Corinna schildert das Auf-und-ab-Verhältnis zu ihrem Ex-Mann plastisch:

Dass ich mich mit ihm, trotz meiner schon bestehenden Beziehung zu meinem jetzigen Mann, immer noch getroffen hatte, lag an der Tatsache, dass ich trotz dem von mir gezogenen Schlussstrich und meiner großen Freude an meinem neuen Leben mich von ihm nur sehr schwer lösen konnte. Es war noch lange diese gewisse Abhängigkeit da. Seit zwei Jahren hören und sehen wir uns nicht mehr. Der Kontakt ist total abgebrochen. Manchmal wünsche ich mir schon, ihn zu sehen, zu wissen, was er tut und macht. Trotz allem gehört er immer noch ein klein bisschen zu meinem Leben. Er ist immer in meinem Herzen. Aber ich denke, es ist eine »gesunde Sehnsucht«, denn ich kann sehr gut damit umgehen.

Trotz all der seelischen Wunden, die mein Ex-Partner mir zugefügt hat, bin ich ehrlich und sage, dass er mich zum großen Teil auch so »geformt« hat, wie ich heute bin. Er hat viel an meiner heutigen Persönlichkeit, an meinem Ich mitgearbeitet. Dafür bin ich ihm auch dankbar, denn durch ihn musste ich lernen, auf eigenen Füßen zu stehen. Vorher habe ich mich – der Liebe wegen – nur an ihm orientiert. Trotz allem, was in dieser Beziehung passiert ist, es gab auch viele, viele schöne Seiten. Hier muss ich auch einmal ganz deutlich sagen, ich halte viel von ihm. Er ist ein ganz lieber Mensch. Ich möchte auch so ehrlich sein und offen zugeben, dass ich auch heute noch, nach immerhin über sieben Jahren Trennung, fast täglich an meinen Ex-Partner denke. Oft überlege ich auch, ob da nicht sogar noch eine gewisse Liebe dabei ist. Wenn ich ehrlich sein darf, denke ich, dass es tatsächlich so ist. Für mich bleibt er immer etwas Besonderes. Leider weiß er das nicht.

»Kontakt zum Ex-Partner?«, fragt Paul, der Internist, von dem wir hörten:

Nein. Das Erleben war zu bitter. Ich bin auf dem Wege vom Hass in Richtung auf innere Ausgeglichenheit gegenüber meiner Ex-Frau noch nicht ganz am Ziel angekommen. Trotz allen Verständnisses für Ethik, Humanitas, Mildtätigkeit und Ausgleich möchte ich diese Frau nicht mehr sehen; das Schicksal möge mir das ersparen.

Es gibt aber auch ein wunderschönes, klares Ja zu den Kontakten mit dem Ex-Partner. Annika (»Ich habe meinen Mann verlassen, weil er nicht dazulernte«) berichtet:

Grundsätzlich möchte ich sagen, dass wir bezüglich unserer gemeinsamen Interessen, sportlichen Ambitionen und sonstigen Vorlieben sehr gut zusammenpassten. Wir haben heute ein sehr gutes freundschaftliches Verhältnis. Er fehlt mir zum intellektuellen Austausch. Die emotionale Seite vermisse ich überhaupt nicht. Er sagte kürzlich: »Ich habe auch viel von dir gelernt.« Für manches Verhalten – das wirklich nicht gravierend schlimm war, sondern nur mir gegenüber ungerecht – hat er sich später nach unserer Trennung entschuldigt. Er hat vieles eingesehen und ist heute oft noch sehr traurig. Ich auch.

Mein ehemaliger Mann und ich verbringen im nächsten Sommer eine gemeinsame Woche in Cap d'Agde, einem Nacktbadestrand. Seine neue Frau, weil zu konservativ, badet nicht nackt. Ich freue mich auf den Urlaub – er freut sich auch –, um mich einfach über vieles mit ihm zu unterhalten. Schlafen könnte ich nicht mit ihm und wollte ich auch nicht. Das kann ich mir überhaupt nicht mehr mit ihm vorstellen. Es ist überhaupt keine erotische Spannung mehr vorhanden, kein Prickeln, nichts.

Es hat mich immer wieder überrascht und gefreut, wie viel Mehrwert Ex-Partner bei heutigen Begegnungen miteinander realisieren können. Hubert bekennt:

Meine Kontakte zu Ines (Name geändert) waren in den ersten zwei Jahren sehr frostig und schwierig. Sie bezogen sich ausschließlich auf das Wohl unserer Tochter. Meine jetzige Frau und ich waren immer darauf bedacht, bei Feierlichkeiten, die meine Tochter betrafen, Ines mit einzubeziehen. Sie hat es auch dankend angenommen. Begegne ich Ines heute irgendwo, können wir ganz ungezwungen miteinander reden, lachen und uns sogar freuen.

Ich will nächstes Jahr meinen sechzigsten Geburtstag feiern. Zehn meiner sechzig Jahre war ich mit Ines verheiratet. Die Zeit kann und will ich auch nicht ausradieren. Es hat ja auch viele frohe und schöne Stunden miteinander gegeben. Man hat sich ja auch einmal lieb gehabt. Man darf die Achtung gegenüber seinem Ex-Partner nicht verlieren.

Ich glaube, es ist ein wunderschönes und ungeschriebenes Kapitel, wie sehr sich Ex-Partner oft noch großartige Hilfe leisten. Da sorgt sich zum Beispiel die Frau bei ihrem Weggang noch liebevoll darum, dass ihr Mann bei der Teilung des Hausrats genügend Porzellan, Geschirr, Bettwäsche und Dinge des Alltags bekommt. Es wird nicht um jede Kleinigkeit gestritten, sondern großzügig zugeteilt. Eine Frau, so erinnere ich mich, schickte ihrem Ex-Mann sogar nach dem Umzug über fünfhundert Kilometer einen teuren, hochmodernen Fernsehapparat zurück, an dem sein Herz hing. Dazu wäre sie überhaupt nicht verpflichtet gewesen. Umgekehrt half ihr der Mann, ohne dass ein Gang zum Rechtsanwalt notwendig gewesen wäre, weit über die rechtlich gebotenen Grenzen hinaus finanziell beim Ankauf eines Hauses in ihrem neuen Wirkungsort. Manche Partner bringen es sogar fertig, sich beim Auseinandergehen ein Abschiedsgeschenk zu machen. Das sind keine Selbstverständlichkeiten. Wenn man darüber berichtet, finden sich vielleicht noch mehr und mehr Nachahmer. Neben viel Kleinkariertheit gibt es auch Menschen, die sich bei Trennungen quasi selbst übertreffen.

Dorothea (»Meine neue Beziehung macht mich groß und reich«) berichtet:

Ich habe noch Kontakte zu meinem Ex-Partner. Sie sind guter, freundschaftlicher Natur. Ich hege keinen Groll gegen ihn. Er unterstützt mich seit der Trennung freiwillig finanziell und auch mit Rat und Tat. Wir haben jetzt gute Gespräche. Ich denke, unsere Trennung war eine Chance für mein neues Dasein.

Die anhaltende Sympathie zum Ex-Partner kann auch den neuen Lebensgefährten umfassen. Brigitte (»Schuldgefühle gegenüber meinen drei Kindern«) registriert:

Zu meinem ersten Mann habe ich inzwischen einen guten freundschaftlichen Kontakt, auch zu seiner jetzigen, sehr viel jüngeren Frau. Ich schätze sie sehr. Wir sehen uns regelmäßig auf Familienfeiern. Dabei nehmen wir uns herzlich in den Arm. Ich spüre, dass auch er mich nach wie vor sehr mag. Das ist ein warmes und wohltuendes Gefühl für uns beide. Wir gratulieren uns regelmäßig zum Geburtstag. Wir nehmen auch Anteil am Schicksal des anderen, zum Beispiel an jeweiligen Erkrankungen.

Ich hatte auch das große Glück, dass zum Zeitpunkt meiner Trennung meine drei Kinder erwachsen waren. Denn nach meinem Dafürhalten sind minderjährige Kinder die Hauptleidtragenden in einer Trennungssituation der Eltern. Die Schadensbegrenzung für die Kinder und die Erhaltung der elterlichen Liebe ist mir ein tiefes Anliegen. Ich weiß aber auch, wie wenig gerade dies in der Realität des Alltags gelingt.

Die alte Liebe kann, und das hat mich erschüttert, bis zum Tod des Ex-Partners währen. Renate, zweiundsechzig (»Ich bin vor mehr als einundzwanzig Jahren aus meiner Ehe, die neunzehn Jahre dauerte, gegangen«), schildert das Mysterium:

Wir waren so verschieden. Ich hatte immer Kontakt zu ihm. Zuerst hatte ich natürlich ein sehr gespanntes, doch im Laufe der vielen Jahre bis zu seinem Tod vor sechs Wochen ein friedliches Verhältnis zu meinem ehemaligen Mann. Den Weihnachtsabend 1997 wollten wir bei unserer gemeinsamen Tochter verbringen. Der Tod kam dazwischen.

Kinder sind oft das Bindeglied zwischen den Getrennten. Diese Möglichkeit sollten wir nutzen. Rudolf spricht für viele andere Schreiberinnen und Schreiber, wenn er meint:

Zu meiner Ex-Partnerin habe ich noch gelegentliche Kontakte beim Gedankenaustausch über das gemeinsame Haus, über die Finanzen, die Kinder. Mit den Kindern treffen wir uns einige Male im Jahr zum Familientreffen oder zu Jubiläen. Die Kinder haben beschlossen: »Wir wollen beide Eltern behalten. Wir wollen uns nicht einmischen.«

Wie wenige andere Ereignisse in unserem Leben lehrt uns die Trennung, über die Brüchigkeit unserer Existenz nachzudenken. Man kommt beim Sterbeprozess einer Beziehung nicht umhin, eine persönliche Lebensphilosophie zu entwickeln. Warum bin ich hier auf dieser Erde? Was will ich aus meinem Leben machen? Wie gehe ich mit Endlichkeit und Tod um? Was bedeuten mir Bindungen? Bin ich überhaupt liebenswert, so wie ich mich jetzt gebe? Stecke ich in einer Sackgasse meines Lebens? Was muss sich in mir entwickeln? Warum ist ein Menschenleben so grausam und so schön zugleich?

Als gelernter Philosoph wurde ich von einem Diktum der existenzialistischen Denkerin Simone de Beauvoir (1908–1986) in ihrem Buch ›Der Lauf der Dinge‹ angerührt: »Ein Menschenleben ist eine seltsame Angelegenheit, von einem Augenblick zum anderen sonnenklar und im Ganzen undurchsichtig, etwas, das ich mir selbst zurechtmache und das mir aufgezwungen wird, dessen Substanz mir die Welt gibt und nimmt, zermahlen durch die Ereignisse, zerstückelt, zerfetzt, zerhackt und dennoch ein einheitliches Ganzes. Schwerwiegend und flüchtig: ein Widerspruch, der die Missverständnisse begünstigt.«

Eine Art Verlust

Gemeinsam benutzt: Jahreszeiten, Bücher und eine Musik.
Die Schlüssel, die Teeschalen, den Brotkorb, Leintücher und ein Bett.
Eine Aussteuer von Worten, von Gesten, mitgebracht, verwendet, verbraucht.
Eine Hausordnung beachtet. Gesagt. Getan. Und immer die Hand gereicht.

In Winter, in ein Wiener Septett und in Sommer habe ich mich verliebt.
In Landkarten, in ein Bergnest, in einen Strand und in ein Bett.
Einen Kult getrieben mit Daten, Versprechen für unkündbar erklärt,
angehimmelt ein Etwas und fromm gewesen vor einem Nichts,
(– der gefalteten Zeitung, der kalten Asche, dem Zettel mit einer Notiz)
furchtlos in der Religion, denn die Kirche war dieses Bett.

Aus dem Seeblick hervor ging meine unerschöpfliche Malerei.
Von dem Balkon herab waren die Völker, meine Nachbarn, zu grüßen.
Am Kaminfeuer, in der Sicherheit, hatte mein Haar seine äußerste Farbe.
Das Klingeln an der Tür war der Alarm für meine Freude.

Nicht dich habe ich verloren,
sondern die Welt.

Ingeborg Bachmann

Trennung als archetypisches Erlebnis

Er goss den Kaffee in die Tasse.
Er goss die Milch in die Kaffeetasse.
Er tat den Zucker in den Milchkaffee.
Mit dem kleinen Löffel rührte er den Kaffee um.
Er trank ihn.
Er stellte die Tasse ab.
Ohne ein Wort.
Er zündete eine Zigarette an.
Er blies Ringe aus Rauch.
Er streifte die Asche in den Aschenbecher.
Ohne ein Wort.
Ohne einen Blick.
Er setzte den Hut auf.
Er zog den Regenmantel an, denn es regnete.
Er ging.
Ohne ein Wort.
Ohne einen Blick.
Und ich schlug die Hände vors Gesicht und weinte.

Jacques Prévert

Trennung ist eine Grunderfahrung des Lebens. Die Trennung vom symbiotischen Mutterleib, die gewaltsame Austreibung aus dem intrauterinen Paradies markiert unsere Geburt. Die Qual der Geburt stellt sozusagen das Ursymbol von Trennung und Neuentstehung dar. »Inter faeces et urinam nascimur«, sagt das römische Sprichwort, »zwischen Kot und Harn werden wir geboren«. Gerade diese erste Trennung zeigt uns unsere existenzielle Bedürftigkeit. Unfreiwillig werden wir durch den Geburtskanal in das kalte Licht der Welt gepresst. Ohne den Schutz von Mutter und Vater würden wir binnen Stunden sterben. Meist schreien und weinen wir in den ersten Minuten unseres neuen Lebens. Umgekehrt und am anderen Ende markiert der Tod die Trennung vom Bereich des Organischen, die Auslöschung unseres bewussten Ichs. Das ist wohl die schmerzhafteste Trennung unseres Lebens. Der Tod, sagt Goethe, ist ein Kunstgriff der Natur, um neuem Leben Platz zu machen.

Zwischen Geburt und Tod spannt sich eine Kette von Trennungen und mit ihr eine Serie von Trennungsängsten. Als Baby schreien wir, wenn wir uns von der Mutter verlassen fühlen. Wenn wir laufen lernen, blicken wir uns ängstlich immer wieder nach Mutter und Vater um. Und doch *wollen* wir laufen lernen. Einerseits streben wir mit unbändigem Vergnügen von den Eltern weg, andererseits möchten wir uns ihrer haltgebenden Präsenz versichern. Einssein und Autonomie – zwischen diesen beiden Polen bewegt sich das principium individuationis, das Gesetz der Ich-Werdung, bei jedem Lebewesen. Wir müssen das mütterliche Paradies verlassen und brauchen es doch zur gleichen Zeit, um, möglichst für das ganze Leben, eine Haltung des Ur-Vertrauens zu entwickeln.

Wir verlassen die Kleinstwelt des Laufstalles, das Territorium des Hauses, des Gartens, der Straße, wir entfernen uns in die weitere Umgebung. Wir schlafen zum ersten Mal, mit Herzklopfen und leisem Heimweh in der Brust, bei den Großeltern. Wir müssen die Abwesenheit der Eltern aushalten. Der Eintritt in die neue Welt des Kindergartens und gar in das Ensemble der ersten Schulklasse und den strengen Kosmos der Leistungen und Noten schaffen wir meist nur mit Tränen. Nicht umsonst bestücken uns die Eltern beim Schuleintritt mit einer Megapackung von Antidepressiva, sprich der Schultüte mit den – höchst ungesunden – Stimmungsaufhellern und Sedativa aus Fabrikzucker …

Böse Trennungen können Verstümmelungen sein, von denen wir uns nie wieder erholen. Trennungen können aber auch Ablösungen, notwendige Zäsuren und tapfere Befreiungen sein, die Motoren unserer Entwicklung sind. In der Schule emanzipieren wir uns vom Elternhaus, im Klavierunterricht oder Fußballtraining trennen wir uns von der alten Unbedarftheit und erwerben Fähigkeiten, die aus uns einen neuen Menschen machen. Trennung ist, wenn man so will, eine Art von Treulosigkeit: Wir werden dem Alten, Anachronistischen untreu. Statt mit Puppen spielen wir jetzt mit Schachfiguren, statt im Sandkasten zu wühlen, verrichten wir kunstfertige Laubsägearbeiten. Der neuhochdeutsche Begriff »trennen« hat sich aus dem althochdeutschen Wort »abatrunnig« entwickelt, das »treulos« bedeutet. Trennung vermag tiefe Wunden zu reißen. Aber sie bedeutet zugleich Trennung hin zum eigenen Selbst in seiner Entwicklung.

Wo wir diese Trennungen leugnen, flüchten wir gleichsam regressiv in den Mutterleib zurück, so wie es verwöhnte Muttersöhnchen oder ewige »höhere Töchter« versuchen. Statt uns auf das Leben mit seinen Aufbrüchen hinzubewegen, verharren wir dann rückwärts gewandt und töten damit unsere Entwicklung ab. Wir müssen nicht nur einmal im Leben das Zerschneiden der Nabelschnur dulden, immer wieder müssen wir diesen Schnitt erneut wagen, um uns als Einzelwesen zu behaupten. Ich kann nicht als eine Kopie meines Vaters oder meiner Mutter durch die Welt laufen. Ich bin ein In-dividuum – ein Nicht-mehr-Teilbares. Darin gründet meine Einzigartigkeit, aber auch meine Ausgesetztheit und Ängstlichkeit.

Das ist ein eminent philosophisches Problem, das Denker von Sokrates bis Sartre nicht losgelassen hat. Der dänische Philosoph Sören Kierkegaard sprach von der Angst, die es kostet, »auszuhalten, ein Individuum zu sein«. Das allumfassende, vollkommene Gefühl des Eins-Seins mit der Mutter im Mutterleib – diese Urform des religiösen Paradiesmythos – haben wir neun Monate nach unserer Zeugung verloren. Dies, nicht die amtskirchliche Beschwörung des Bösen im Menschen, wäre, tiefenpsychologisch gesprochen, unter dem »Sündenfall« des Menschen und seiner Vertreibung aus dem Paradies zu verstehen.

Die Geburt als Urerfahrung der Trennung wiederholt sich

sozusagen in unzähligen Trennungssituationen im Laufe der Lebenszyklen eines Menschen. Ob der Mensch sie gut oder schlecht verkraftet, ob ihm dabei geholfen wird oder ob er hierbei Lieblosigkeit erfährt, das macht die unbewusste »Trennungsphilosophie« und das »Trennungsrepertoire« eines jeden von uns aus.

Hänschen klein im Kinderlied darf wohlgemut in die weite Welt hineingehen. Stock und Hut stehn ihm gut. Zwar weinet seine Mutter sehr, »hat ja nun kein Hänschen mehr«, aber sie lässt ihr tapferes Hänschen gehen. Würde sie ihn klammernd behalten, könnte er sich nicht entwickeln. »Wünsch dir Glück,/sagt ihr Blick,/kehr nur bald zurück.« Nie wieder wird sie den kleinen Hans als Kind wiederbekommen. Das ist Anlass für Schmerz. Aber die Trennung ist notwendig. »Sieben Jahr, trüb und klar,/Hänschen in der Fremde war«, als es sich besinnt und »kehrt heim geschwind«. Die Verblüffung ist groß: »Doch es ist kein Hänschen mehr,/nein, ein großer Hans ist er,/braungebrannt,/Stirn und Hand,/wird er wohl erkannt?« Aus dem Hänschen ist ein Hans geworden. Manches an ihm wirkt vertraut, vieles ist neu. Die Schwester erkennt den früheren Knirps nicht mehr. Aber Mama, die Gute, sie erkennt ihren Sohn. Schließlich hat sie die Trennung, wenn auch blutenden Herzens, bejaht. Sie will nicht den Hosenmatz in ihrem Herzen konservieren. Sie freut sich über die Andersartigkeit des jungen Mannes.: »Hans, mein Sohn,/grüß dich Gott, mein Sohn!«

Der erste Schultag beendet die Kleinkindheit, die Pubertät die Kindheit, das Abitur das Schülerdasein, das Diplom die Studentenjahre, die Heirat die Single-Existenz. Das Alter ist die Trennung von der Jugend, die Pension die Trennung von der Arbeit, das Sterben die Trennung von der Lebendigkeit. Das Leben ist ein steter Prozess des Entwurzelns und des neuen Verwurzelns. Wir müssen die Wurzel unserer Ursprungsfamilie kappen. Wir beheimaten uns mit neuen Wurzeln in der Ehe, im Beruf, in einem neuen Haus, in einer Landschaft, im Netzwerk von Freunden. Immer wieder müssen wir Verwurzelungen lösen. Wir müssen Freunde, berufliche Situationen, Gewohnheiten verlassen, um Neuland zu betreten.

Jeder Verlust konfrontiert uns auch mit unserer Endlichkeit, mit unserem episodenhaften Aufenthalt auf der Bühne des Lebens. Verlassen und verlassen werden ist, wie der Psychoanalytiker Igor A. Caruso sagt, »der Geschmack des Todes – im Leben«.

Leser meiner früheren Bücher mögen es mir nachsehen, wenn ich zum wiederholten Male einen Aphorismus meines Lieblingsphilosophen Friedrich Nietzsche zitiere: »Eine Schlange, die sich nicht häutet, stirbt.« Die Schweizer Psychoanalytikerin Verena Kast hat für diese archetypische Erfahrung des Lebens als einer Trennung in Permanenz den Terminus des »abschiedlich Existierens« gefunden: »Weil wir sterblich sind, müssen wir ›abschiedlich‹ existieren, verbunden mit der Trauer, mit dem Schmerz und mit der Möglichkeit, unsere Situation immer wieder neu zu gestalten, auch angesichts unserer Abschiede immer neu uns aufzufalten. Dazu ist aber die Trauer unabdingbar.«

Die Psychoanalyse spricht davon, dass in jeder Trennungsangst die »ursprünglichste Angst«, die »Ur-Angst« der Geburt (Freud) reaktiviert wird. Trennung stellt, wenn man diesem Gedanken folgt, ein schweres narzisstisches Trauma, die Verstümmelung des Selbstgefühls durch den Verlust des bislang schützenden Partners dar. Es ist wie damals, als die Geburt die Einheit mit der Mutter zerstörte, oder wie später, wenn sie mich als Kind verließ und ich noch zu schwach war, um den Schmerz auszuhalten. Wie bekannt reagieren Kinder, besonders wenn sie in Kliniken, Sanatorien oder Landschulheimen eine zu lange Zeit ohne ihre Eltern verbringen müssen, mit Hospitalismus. Protestieren sie am Anfang noch laut und mit hoher Aggression, so verstummen sie im Verlauf ihrer lähmenden Resignation und verkümmern seelisch und körperlich. Oft nässen und koten sie wieder ein und fallen auf den Status von Kleinkindern zurück. Wenn umgekehrt Kinder auf eine Trennung mit dramatischem Protest, wild und aggressiv reagieren, entwickeln sie sich dann in ihrem Leben umso vitaler und stabiler weiter.

Dass wir also als Erwachsene auf schmerzhafte Trennungen nicht »vernünftig« reagieren und den pazifistischen Schalmeienklängen etwa des verlassenden Partners, »lass uns Freunde bleiben«, »lass uns vernünftig darüber sprechen«, die schrille Emotion entgegensetzen – das tut unserem Seelenhaushalt gut. Es trägt zu unserer Entlastung bei. Wenn wir genügend geschrien, getobt, geweint, getrauert und gewütet haben, dann haben wir unsere Gefühle ausgelebt und können eines Tages wieder zur Normalität übergehen. Für die Trennungstrauer gilt vieles, was Verena Kast in ihrem legendären Buch ›Trauern. Phasen und Chancen des psychischen Prozesses‹ (1982) analysiert hat. Ohne einen strengen Kanon des Trauerprozesses zu errichten, spricht die Schweizer Analytikerin von vier Phasen des Trauerprozesses: Das Nicht-wahrhaben-Wollen. Die chaotischen Emotionen. Selbstkonfrontation und Suchen. Orientierung zu neuen Lebensperspektiven.

Übertragen und modifiziert auf den Trennungsprozess von einem lebenden Partner, spielt sich das etwa wie folgt ab:

Unmittelbar nach der Trennung neige ich dazu, den Verlust einfach zu verleugnen, vor allem, wenn mein Partner mich verlassen hat. Ich will es einfach nicht glauben. Ich bestürme ihn mit Briefen und Telefonaten. Ich zitiere ihn her. Ich meine, er muss jeden Augenblick durch die Tür kommen. »Das kann doch gar nicht sein, dass er weg ist«, denke ich verzweifelt. Mit meinem Nicht-wahrhaben-Wollen terrorisiere ich meine Kinder, Freunde, Bekannte, Eltern und Schwiegereltern. Ich bin wie versteinert, vom Schock gelähmt. Die Erde scheint mich zu verschlingen. Natürlich bin ich noch völlig unfähig, meinen Anteil am Sterben unserer Beziehung zu begreifen: Der andere, die andere ist der Böse. Ich bin das unschuldige Opfer. Meine Ignoranz und meine Verdrängungen sind ebenso uferlos wie mein Schmerz und meine Fassungslosigkeit.

Dann kommt die Phase der chaotischen Emotionen. Ich realisiere, was passiert ist. Der andere kommt nicht mehr zurück. Ich laufe gewissermaßen Amok: Aggression, Groll, Wut, Gram, Rachegefühle, Selbstzweifel, Minderwertigkeitskomplexe, Schuldgefühle, Panikattacken, Einsamkeitsgefühle, Wut auf den Partner, Wut auf mich selbst, körperliche Reaktionen wie Durchfall, Verstopfung, Kopfschmerzen, Appetitverlust, sexuelle Verödung, erhöhter Blutdruck, Schlafstörungen, Konzentrationsstörungen und Grandiositätsphantasien wechseln einander ab. Bald meine ich, ohne den Ex-Partner zu sterben, bald möchte ich voll mörderischer Impulse seine Existenz auslöschen. »Was ist ein Mann in Salzsäure?«, fragte mich eine verlassene Klientin. Ihre sarkastische Antwort: »Ein gelöstes Problem.«

Selbstkonfrontation und Suche charakterisieren nach Verena Kast die dritte Phase. Im Fall der Trennung bedeutet dies die schrittweise Akzeptanz des Realitätsprinzips. Ich schiebe nicht mehr einseitig die Schuld der Trennung auf den Partner. Ich nehme moralische »Delegationen« zurück (»Du bist an allem schuld«, »Du bist ein Schwein«). Langsam erkenne ich meine eigenen Licht- und Schattenseiten. Ich beginne, die Beziehung zu bilanzieren. Ich frage mich ernüchtert: Was war gut? Was war problematisch? Wo hat der Partner mich, wo habe ich ihn geschädigt? Wie hat er mich bereichert? Was nimmt er von mir ideell mit? Wer bin ich? Ich höre auf, alle Freundinnen und Freunde anzujammern. Ich kehre in den Alltag und in die Berufspflichten zurück.

Ich entdecke wieder die Freude am Leben. Zum ersten Mal gibt es ganze Tage, an denen ich an meinen Ex-Partner nicht mehr gedacht habe. Ich gehe wieder ins Kino. Ich gehe tanzen. Ich werfe als Frau wieder die ersten verstohlenen Blicke auf

Männer, und als Mann nehme ich wieder Frauen wahr. Andere Menschen beginnen mich wieder zu interessieren. Ich stilisiere nicht länger den Ex-Partner zum Antichristen schlechthin. Ich bin einigermaßen gefasst, wenn ich zufällig wieder auf ihn stoße. Ich wünsche ihm nicht mehr die Pest an den Hals. Er ist auch nur ein Mensch. Als wenn ich durch ein umgekehrtes Fernrohr blickte, erscheint mir die partnerschaftliche Szenerie meines früheren Lebens von Tag zu Tag perspektivisch kleiner und damit relativer. Vor mir eröffnen sich neue Horizonte. Die Neugier auf das Leben wächst.

Natürlich gehen diese Phasen oft wüst durcheinander. Rückfälle drohen mich zu entmutigen. Aber schließlich beginnt als vierte und letzte Phase die Orientierung auf neue Lebensperspektiven und zur freundlichen Annahme meiner selbst. Gut: Mir ist Leid zugefügt worden. Ich habe aber auch dem Partner Leid zugefügt. Ich habe daraus gelernt. Ich habe manches richtig, manches falsch gemacht. Ein Wunder ist geschehen: Ich bin wieder frei für eine neue Partnerschaft. Ich bin aber auch in der Lage, alleine zu leben. Hatte mich vorher die entzogene Sexualität gequält oder war mir, im Gegenteil, der Eros total abhanden gekommen, so erlebe ich jetzt wieder lustvoll meinen Körper, meine wiedererwachende Sinnlichkeit und Gefühlsfähigkeit. Ich gewinne neue Lebensperspektiven.

Ich akzeptiere das Ende der Partnerschaft, die Verantwortung für meine Gefühle, auch wo sie negativ und hässlich sind. Ich finde mich wieder liebenswert. Ich suche nach neuen Freunden. Ich formuliere neue Vorstellungen von Partnerschaft. Ich habe mich entwickelt und die alte Haut abgestreift wie Nietzsches Schlange. Ich kann Kritikpunkte meines Ex-Partners an mir bedenken. Wenn ich mich ernsthaft auf die Suche nach der verlorenen Zeit begebe, so beginne ich das Wesen meiner alten Beziehung zu begreifen, ihre Stärke und ihre Problematik, ihren Zusammenhang mit meinen eigenen kindlichen Verletzungen und denen des früheren Partners. Ich bin reifer geworden.

Ich habe immer noch Schmerz, aber ich bin doch versöhnt mit mir.

Frauen und Männer machen die archetypische Erfahrung der Trennung anders. Frauen müssen bei einer Trennung oft den Wunsch nach einem Kind oder weiteren Kindern aufgeben. Die biologische Zeit reicht nicht mehr, mit einem neuen Partner ein Kind in die Welt zu setzen. Das ist ein Grund für Trauer. Frauen definieren sich auch oft noch, auf Grund ihrer Geschlechtssozialisierung, durch den »Besitz« eines Mannes. Wenn eine Frau verlassen wird, fühlt sie sich oft in ihrer weiblichen Identität erschüttert. Sie fürchtet den Vorwurf, es nicht geschafft zu haben, ihren Mann und ihre Ehe zu halten. Ohne Mann fühlt sie sich nur als halber Mensch. Vielleicht tröstet sie, einige Zeit später, der freche feministische Spruch: »Eine Frau ohne Mann ist wie ein Fisch ohne Fahrrad.«

Frauen fürchten darüber hinaus, nie wieder einen Mann zu kriegen. Sie sind inzwischen anspruchsvoller geworden und begnügen sich, mit Recht, nicht mit dem nächsten Paar männlicher Hosen.

Hat es eine Frau, die selbst geht, leichter? Ich bin mir da nicht sicher. Zwar beantragen, wie früher schon erwähnt, Frauen zwei Drittel aller Scheidungen, aber sie tun dies alles andere als leichtfertig. Fast immer bekennen mir Frauen, dass sie Schuldgefühle empfinden gegenüber ihrem Mann, dem sie die Kinder, und den Kindern gegenüber, denen sie den Vater nehmen. Sehr oft verstehen die Eltern und Freunde auch die Motive dieser Frauen nicht. »Wie kann man den armen Mann so zurücklassen«, kritisieren sie. »Der hat doch nie getrunken. Er hat sie nie betrogen. Er hat sie nie geschlagen!« Dass man einen Menschen lautlos foltern kann, das ahnen diese Pharisäer nicht.

Wie steht es um die Trauer des verlassenen oder des verlassenden Mannes? In der Öffentlichkeit ist sie meistens nicht so wahrnehmbar wie die der Frauen. Warum? Weil Männer, von ihrer ganzen maskulinen Seelendressur her, nach dem Seeleninfarkt der Trennung eher schweigen, mauern, sich hinter dem Bierglas oder der Arbeit verschanzen. Tatsächlich leiden auch sie fürchterlich. Wenn der Mann verlassen wird, nagen die Vorwürfe der Ex-Frau an seinem Selbstgefühl, sie stellen oft seinen gesamten männlichen Wertekosmos in Frage. Meist hat ihm nämlich die Ex-Frau bei den Trennungsgesprächen seine Gefühlsverschlossenheit, seine emotionale Kälte, seine ausschließlich berufliche Orientierung und Karrieresucht vorgeworfen, seine Lieblosigkeit gegenüber den Kindern. Oft kamen seine trostlose sexuelle Rammelei, sein finanzieller Geiz oder sein latenter Alkoholabusus zur Sprache. Der Mann selbst spürt, dass in diesen Vorhaltungen Wahrheit liegt. Das alles ist eine einzigartige Kränkung des männlichen Ego. Die untadelige Rolle nach außen bricht über Nacht wie eine Fassade zusammen: »Hilfe, meine Frau hält mich nicht mehr aus und zeigt dies durch ihren Auszug vor Freunden und Nachbarn!«

Der Mann verliert die gewohnte Kontrolle über sein Leben. Aus dem rigiden Herrscher wird oft ein ganz kleiner Mann. Erhebliche finanzielle Belastungen kommen auf ihn zu, möglicherweise der Verlust des alten Sozialstatus. Das Haus muss verkauft, die nicht berufsfähige Ehefrau, die ihr Leben der Erziehung der Kinder gewidmet hat, muss unterhalten werden. Selbst gut verdienende Männer staunen, wie gerupft sie oft nach einer Scheidung dastehen.

Das alles ist noch gar nichts gegen den Verlust der Kinder. Diese Seite nehmen die Frauen in der Regel weniger wahr. Ich habe noch nie Männer in meiner Praxis so weinen sehen, als wenn sie nach einer Scheidung über die Trennung von ihren Kindern berichteten. In der Mehrzahl der Fälle geht heute noch das Sorgerecht an die Frau, obwohl es die Gesetzesregelung des gemeinsamen Sorgerechtes gibt. Da beschränkt sich der Kontakt des Vaters mit den Kindern plötzlich auf armselige Besuchsregelungen. Die Kinder schlagen sich oft auf die Seite der

Mutter. Diese tut das ihre dazu. Eine Entfremdung zwischen Kindern und Vater beginnt. Seine väterliche Identität geht verloren.

Plötzlich ist der Mann beides nicht mehr: Ehemann und Vater. Er ist nur mehr Zahlvater. Diese Abwertung ist eine psychische Katastrophe. Männer haben bei einer Scheidung fast alles zu verlieren: Die Frau als Geliebte, als Vertraute, als Köchin, als Haushälterin, als Sekretärin, als Mutter. Die Kinder als die familiäre Wärmequelle des Alltags. Das Haus als Heimat und Geborgenheit. »So verlassen wie jetzt habe ich mich noch nie gefühlt«, gestand mir ein frisch getrennter Mann, »ich weiß gar nicht mehr, warum und wofür ich lebe.«

Doch auch der Mann, der selbst geht, leidet darunter, das Vater-Ideal zu verletzen und die Liebe seiner Kinder zu verlieren. Er ahnt, welche seelischen Schwierigkeiten er der Tochter oder dem Sohn in deren Entwicklungen zufügt. Er lebt oft mit dem Gefühl, versagt und eine intakte Familie zerstört zu haben. Er fürchtet die Vorwürfe der Umgebung. Er will kein schlechter Vater sein. Die Kinder sind noch nicht volljährig. Das drückt ihn besonders schwer. Im Unterschied zu vielen Frauen findet er nicht den Weg zu einem Seelsorger oder Psychotherapeuten. Er kapselt sich in seinen Schmerz ein. Oft metastasiert dieser Schmerz dann auch über Jahre hinweg wie ein Krebsgeschwür und vergiftet seine Seele.

Verlassen und Verlassenwerden – das hat mit der Treue zu sich selbst zu tun. Es gibt nicht nur die Treue gegenüber dem anderen. Im Laufe eines Lebens verlassen wir Menschen, und wir werden selbst verlassen. Wir lösen uns von vielen Dingen. Das ist der Preis des Lebens. Immer wieder müssen wir auch Menschen und Verhältnisse aufgeben, die wir lieben. Das verlangt die Treue zu unserer Entwicklung. Scheidungen sind, so gesehen, oft ein innerer Sieg. In Trennungen ordne, kläre und schütze ich mein Leben, gebe ich der Entwicklung Platz.

Trennungen bestimmen, so habe ich weiter oben gesagt, das

Leben von Menschen und Tieren. Menschen und Tiere leiden auch an Trennungen. »Ich habe gelitten wie ein Hund«, pflegen wir zu sagen. Wie wahr das doch ist! Ich erinnere mich daran, als wir, das »Bruker-Trio«, also Dr. Bruker, Ilse Gutjahr und ich, einmal zu einer Bruker-Kreuzfahrt ins Mittelmeer aufbrachen. Zurück ließen wir in Lahnstein die kleine Halva. Klein ist etwas untertrieben. Halva ist ein Neufundländer, ein Wonneproppen von kapitalen siebzig Kilogramm. Wir waren, wie man neumodisch sagt, Halvas Bezugspersonen. Wir hatten sie aus ihrem Zwinger in Wolfsburg geholt, wir waren täglich um sie, abends schlief sie vor meinem Bett. Zum ersten Mal erlebte Halva unsere Abwesenheit. Wie ein Kind konnte sie sich nicht vorstellen, dass wir je wieder auftauchten. Als wir zwei Wochen später zurückkamen, stießen wir auf einen apathischen Hund. Die Kolleginnen informierten uns, Halva leide an einer partiellen Lähmung der Hinterläufe und könne keine Treppe mehr bewältigen. Tatsächlich schleppte sich Halva nur mit Mühe für ihr »Geschäft« auf die Wiese vor dem Haus. Zum Schlafen musste ich sie in meine Wohnung im ersten Stock hochtragen. Im Hause sprach man schon von der Notwendigkeit des »Einschläferns«. Mein Herz krampfte sich zusammen vor Schmerz.

Der Tierarzt wusste keinen Rat, weil Halvas Gelenke und Läufe sich bei der Untersuchung als beweglich und gesund erwiesen. Einzig Dr. Bruker teilte die allgemeine Angst um Halva nicht. Er sprach vom Trennungsschmerz des Tieres und der Möglichkeit einer »hysterischen Konversion«. Damit meinte Freud die Verkörperlichung eines seelischen Schmerzes oder einer psychischen Hemmung. Zwei Wochen später machten wir mit Halva versuchsweise einen Spaziergang. Sie schleppte sich einen Kilometer lang mühsam hinter uns her. Dann kamen wir aus dem Wald auf eine weiträumige Wiese. Halva überholte uns, drehte sich plötzlich zu uns um, realisierte augenkundig, dass wir wieder verlässlich da waren und keine Trennung drohte – und rannte übermütig ins lichte Grün. Von da an ging's bergauf. Heute hat sie den Rhythmus unserer Anwesenheit im »Dr.-Max-Otto-Bruker-Haus« und der Abwesenheit, wenn wir auf Vorträgen sind, begriffen und seelisch integriert; sie ist durch die Trennungserlebnisse erwachsener geworden.

Frühjahr, Sommer, Herbst und Winter des Lebens sind die Stationen vom Keimling bis zur verblühenden Frucht, die wir allesamt vom Leben bis zum Tod durchlaufen müssen. Wir müssen immer wieder loslassen. Man muss die buddhistische Philosophie des Kharma nicht teilen, um der kosmologischen Idee der zahllosen Wiedergeburten einen psychologisch-moralischen Reiz abzugewinnen. Bis zu 8,4 Millionen Mal muss sich der Mensch in der Kharma-Philosophie immer wieder als Tier oder Mensch neu realisieren. Keine Lebensform ist endgültig, das Rad der Samsara dreht sich unermüdlich …

Die fundamentale Erfahrung der Trennung offenbart uns etwas von der Verletzlichkeit, aber auch dem Schöpfertum unseres Lebens. Nichts ist absolut, alles ist relativ. Absolute Sicherheit gibt es nicht. Ein Leben ohne Trennungsschmerz wäre Versteinerung. Statt die Trennungen zu umgehen, müssen wir lernen, mit ihnen umzugehen. Wo wir Trennungen nicht gewagt haben und das nicht mehr Lebbare festzuhalten versuchten, haben wir uns selbst und anderen Leid zugefügt. Es ist beim Verlassen wie beim Vorgang des Gehens: Mit jedem Schritt verlieren wir eine Position und entfernen uns unwiderruflich von einem Punkt – und wir gewinnen einen neuen Raum, den Ort der Zukunft.

Wenn wir die Seins-Erfahrung des Verlassens leugnen, geraten wir auf die Irrwege des Psychischen. Wir verhungern hinter unseren Schutzwällen. Wir flüchten uns vielleicht in emotionale Verpanzerung. Das heißt, wir lieben überhaupt keinen Menschen mehr, damit wir ihn gar nicht erst verlieren können. Wir bleiben in der verborgenen Angst. Aber die Angst besitzt die teuflische Eigenschaft, immer hinterherzulaufen. Je schneller ich renne, desto bedrohlicher heftet sich die Angst an meinen Rücken. Manchmal flüchten wir uns auch in eine künstliche Unabhängigkeit. Mit unserer klirrenden Rüstung täuschen wir den coolen Erwachsenen vor. Hinter der Rüstung friert unsere dünne kindliche Schutzhaut sich zu Tode.

Verlassen oder Verlassenwerden – der Schmerz ist allemal groß. Die Sängerin Bettina Wegner widmet beiden ihr Mitleid:

> Wenn einer geht
> Bleibt einer da
> Und wer bestimmt
> Von welchem nun
> Das Herz zerrissener ist.

So wie die Trennung eine grundlegende Existenzerfahrung ist, so weist sie dialektisch auf die unerschöpfliche Fähigkeit des Menschen hin, sich wieder neu mit anderem Leben zu verbinden. Denn ein Leben ohne menschliche Beziehung ist nicht lebenswert, und es ist nicht gut, dass der Mensch allein sei. Der Psychoanalytiker Erich Fromm meint dazu tröstlich: »Der Mensch ist vernunftbegabt; er ist ein Leben, das sich seiner selbst bewusst ist ... Dieses Bewusstsein seiner selbst als eine losgelöste Ganzheit, das Bewusstsein über seine eigene kurze Lebensspanne, über die Tatsache, dass er gegen seinen Willen geboren wurde und gegen seinen Willen sterben wird, dass er vor denen sterben wird, die er liebt, oder sie vor ihm, das Bewusstsein über sein Alleinsein und sein Einzeldasein, über seine Hilflosigkeit gegenüber den Naturgewalten und den gesellschaftlichen Mächten, all das macht seine losgelöste, unvereinte, zwiegespaltene Existenz zu einem unerträglichen Gefängnis. Er würde verrückt, wenn er sich nicht aus diesem Gefängnis befreien und die Hand ausstrecken, sich vereinigen könnte ...«

Von biblischer Trennung: Abraham und Lot

Eine Trennung eigener Art – nicht zwischen Eheleuten, sondern zwischen zwei Männern und Verwandten – beschreibt das Alte Testament. Die Geschichte von Abraham und Lot. Sie können es nicht mehr miteinander aushalten. Was sie tun, ist eine Trennung in Würde. Abraham ist dabei der Wortführer. Doch lesen wir zunächst einmal den Text 1. Mose 13, 1–13 aus dem revidierten Text 1984 der Lutherbibel:

So zog Abraham herauf aus Ägypten mit seiner Frau und mit allem, was er hatte, und Lot auch mit ihm, ins Südland. Abraham aber war sehr reich an Vieh, Silber und Gold. Und er zog immer weiter vom Südland bis nach Bethel, an die Stätte, wo zuerst sein Zelt war, zwischen Bethel und Ai, eben an den Ort, wo er früher den Altar errichtet hatte. Dort rief er den Namen des Herrn an.

Lot aber, der mit Abraham zog, hatte auch Schafe und Rinder und Zelte. Und das Land konnte es nicht ertragen, dass sie beieinander wohnten; denn ihre Habe war groß, und sie konnten nicht beieinander wohnen. Und es war immer Zank zwischen den Hirten von Abrahams Vieh und den Hirten von Lots Vieh.

Da sprach Abraham zu Lot: Lass doch nicht Zank sein zwischen mir und dir und zwischen meinen und deinen Hirten; denn wir sind Brüder. Steht dir nicht alles Land offen? Trenne dich doch von mir! Willst du zur Linken, so will ich zur Rechten, oder willst du zur Rechten, so will ich zur Linken.

Da hob Lot seine Augen auf und besah die ganze Gegend am Jordan. Denn ehe der Herr Sodom und Gomorrha vernichtete, war sie wasserreich, bis man nach Zoar kommt, wie der Garten des Herrn, gleichwie Ägyptenland. Da erwählte sich Lot die ganze Gegend am Jordan und zog nach Osten. Also trennte sich ein Bruder vom andern, so dass Abraham wohnte im Lande Kanaan und Lot in den Städten am unteren Jordan.

Die Trennung zwischen Onkel und Neffe, Abraham und Lot, ist in ihrer inneren Dynamik für den Trennungsprozess zwischen ehemals Verbundenen aufschlussreich. Enthält doch jedes Trennungsritual, wenn es gelungen ist, vier klassische Elemente: die Klage, das Schuldbekenntnis, den Dank und die segensreiche Zukunft. Den Hinweis auf die alttestamentarische Trennungsparabel entnehme ich einem außergewöhnlichen Buch, das die bekannte feministische Schriftstellerin Svende Merian unter dem Titel ›Scheiden tut weh‹ herausgegeben hat. Hier stellen sich siebzehn katholische und evangelische Pfarrerinnen und Pfarrer der Aufgabe, zu einer Scheidung zu predigen, den Geschiedenen Trost und Zuversicht zuzusprechen. Dieses mutige Buch, meine ich, sollte jeder Seelsorger und jeder Psychotherapeut einmal gelesen haben.

Wohlhabend sind Abraham und Lot geworden, wie so viele Paare nach langen Jahren ihrer Beziehung. Trotzdem scheint die Situation irreparabel. Man zankt miteinander. »Ihre Habe war groß und sie konnten nicht beieinander wohnen.« Im vorliegenden Falle geht der Zank um Vieh, wohl auch um Wasserstellen. Man möchte fast vermuten, dass sich Abraham und Lot auch persönlich aneinander reiben. Die Nähe ist zu groß. Distanz wäre notwendig. Gemeinsame Interessen sind möglicherweise aufgebraucht. Man geht sich auf die Nerven. Wenn sie ehrlich wären, die beiden, müssten sie sagen: »We agree to disagree.« Wir stimmen überein, dass wir nicht übereinstimmen.

Das sagt sich so leicht dahin. In Wirklichkeit ist es eher das Ende eines langen und schmerzhaften Prozesses. Wie viel Groll, Enttäuschung und Wut mag da bei beiden gewesen sein. Wie viel Angst auch. Immerhin geht es darum, das gewohnte Leben, die Weideplätze und Wasserstellen, eine geliebte Landschaft, feste Gewohnheiten aufzugeben und auf Neuland zu wechseln.

»Das Land konnte es nicht ertragen, dass sie beieinander wohnten ...« – klingt das nicht wie das Stenogramm einer auslaufenden Beziehung? Bauen wir nicht alle in der Ehe oder in einer Langzeitbeziehung anfänglich auf einen gemeinsamen fruchtbaren Boden, der uns ernährt, reich macht und uns mit Fülle sättigt?

Der Boden hat uns reich gemacht, wie Abraham und Lot. Es ist ein gemeinsamer Lebensentwurf entstanden. Kinder wurden geboren, ein Haus ist errichtet, ein Beruf hat uns geformt. Ein Netz von Freundinnen und Freunden, Vereinen, Zugehörigkeiten, Hobbys und gemeinsamen Interessen trägt uns. Wir sprechen, wie jedes Paar, eine subtile gemeinsame Sprache. Wir teilen politische Standpunkte, soziale Engagements. Wir lesen die gleiche Tageszeitung. Wir bevorzugen ähnliche Fernsehprogramme. Wir lesen die gleichen Bücher. Unsere Fotoalben dokumentieren Lebenslandschaften voller Entwicklung, Aufbrüche, Seligkeiten wie Geburten, erste Kinderschritte, Kommunion oder Konfirmation der Kinder, aber auch die gemeinsam erlebten düsteren Passagen beim Tod der Eltern des einen und des anderen. Das alles soll beendet werden? Ein Unmensch, der dabei nicht aus blutendem Herzen litte.

Aber es nützt alles nichts. Wie bei Abraham und Lot werden unsere Herden auf dem gemeinsamen Grund nicht mehr satt. Die Grenzen unserer Beziehung drücken. Der Blick auf die eigene Herde, will sagen, die Orientierung auf die Treue zu sich selbst – statt auf die nicht mehr lebbare Beziehungstreue – wird von Tag zu Tag dringlicher. Der Blick schweift längst über die gemeinsamen Weidegrenzen. Gleichzeitig wird es immer schwieriger, den einzigen, unwiderruflichen Schritt zu tun, sich zu lösen. Dabei passt das Mein und das Dein nicht mehr zusammen. Wir spüren es. Wir wollen es lange Zeit noch nicht wahrhaben. Wir mogeln uns über die Differenzen hinweg. Es ist zu schrecklich auseinander zu gehen. Das Neue macht Angst.

Wir machen es dann wie die drei Affen der chinesischen

Fabel: Wir halten uns Augen, Ohren und Mund zu. Marie Luise Kaschnitz hat das Ignorieren der sterbenden Liebe so formuliert:

> Aufzustellen wäre das Schuldregister.
> Schuld unsere erste: Blindheit
> (Wir übersahen das Kommende).
> Schuld unsere zweite: Taubheit
> (Wir überhörten die Warnung).
> Schuld unsere dritte: die Stummheit
> (Wir verschwiegen, was gesagt werden musste).
> Warum?
> Wir wollten uns nicht verlieren.

Trennung bedeutet in diesem Fall, sich neuen Boden für ein menschenwürdiges Leben zu schaffen. Trennung bedeutet, sich vom anderen loszureißen, aber auch, den anderen gehen zu lassen. Wenn überhaupt ist dies oft die einzige Möglichkeit, das Gute, was in der gemeinsamen Beziehung war, zu bewahren. Endlich, nach manchem Versteckspiel, oft auch nach Betrug und Lüge, wagen wir es, den Differenzpunkt beim Namen zu nennen. »Da sprach Abraham zu Lot: Lass doch nicht Zank sein zwischen mir und dir und zwischen meinen und deinen Herden; denn wir sind Brüder. Steht dir nicht alles Land offen? Trenne dich doch von mir! Willst du zur Linken, will ich zur Rechten, oder willst du zur Rechten, so will ich zur Linken.«

Das ist die Entscheidung, die Klarheit bringt. Mit jedem Gespräch, mit jeder neuen Regelung entwickelt sie die normative Kraft des Faktischen. Sie wird Realität. Wir lösen etwas unter Schmerzen auf, was lange Zeit gut war, was uns jetzt aber am Leben hindert. Wir beenden den Zank. Wir werden wieder brüderlich und schwesterlich. Wir klagen über das, was uns widerfährt. Es tut so weh. Wir möchten schier den Verstand verlieren. Das Herz bricht uns beinahe. Nie hätten wir gedacht, dass wir diesen Lebensvertrag einmal lösen. Aber ein Vertrag ist Menschenwerk und er darf im menschlichen Interesse der Selbstakzeptanz und der Würde der Beziehung auch wieder beendet werden.

In der Klage liegt der Trennungsschmerz, oft auch die Trennungsdepression. Denn schließlich geht es hier nicht nur um die Trennung der Habe, der Schafe und Lämmer, sondern um die Beendigung des Gewachsenen. Oft geht es um die Trennung der Kinder vom Vater, das Verlassen des gemeinsamen Hauses, das Zurücklassen des geliebten Hundes, der Katze. Da ist kein Polterabend, da hält kein Pfarrer eine Rede, da werden keine Rosen gestreut. Da gibt es keine Geschenke. Die Freunde ziehen sich verwirrt zurück. Wenn eine Ehe stirbt, ist Trauerarbeit angesagt.

Ich liebe das Wort »Schuld« nicht allzu sehr. Es ist theologisch düster vorbelastet. Wer konfessionell konservativ erzogen wurde, musste sich als Kind meist mit dem knochenbrechenden theologischen Vorwurf herumschlagen, armseliger, sündiger Wurm zu sein, dem nur die blutige Kreuzestheologie des Christentums Heilung sei. Und doch geht es, so scheint mir, nach dem Klagen, nach dem Herausschreien des eigenen Schmerzes, auch um das Sortieren der Schuld, ohne »Buße« und »Strafe« allerdings. Vielleicht nennen wir es besser »meinen Anteil« und »deinen Anteil« am Scheitern unserer Beziehung. Wo habe ich dich verletzt? Wo bist du mir nicht gerecht geworden? Worum haben deine und meine »Hirten« gezankt? Wo habe ich dich an deiner Entfaltung gehindert? Wo hast du mir die Luft zum Atmen genommen? Wie kam es, dass wir die gemeinsamen Weiden abgegrast haben?

Leben heißt immer auch, schuldig zu werden. In einer Beziehung bin ich Täter und Opfer zugleich. Das werden Abraham und Lot vor ihrer hochherzigen Trennung miteinander geklärt haben. Dieses Schuldbekenntnis allein, die Übernahme der eigenen Verantwortung, lässt uns menschlich die Beziehung verlassen und hilft uns, die gleichen Fehler in einer neuen Partnerschaft nicht zu wiederholen. Meine Lebensgeschichte mit dir, dem alten Partner, kann ich nicht wie abgetragene Kleider in den Container entsorgen. Sie wird mich auch in Zukunft begleiten, im Guten wie im Problematischen.

Der Lyriker Hans Curt Flemming formuliert dies so:

Als ich versuchte
aus meiner vergangenheit
die schwarzen stellen
zu entfernen
spürte ich
dass ich dabei war
mir bei lebendigem leib
die haut abzuziehen

Hier wäre nun der Zeitpunkt, um Verzeihung zu bitten, Verzeihung zu gewähren und Dank zu sagen. Darüber wird am Ende dieses Buches noch zu sprechen sein. Wo ich um Verzeihung bitte, da akzeptiere ich die dunkle Schattenpersönlichkeit in mir. Da mache ich mich nicht zum Opferlamm und zum Märtyrer einer Ehehölle, sondern ich respektiere die Kompliziertheit und Schmerzhaftigkeit in der Beziehung. Jede Beziehung ist Menschenwerk, Laubsägearbeit, wenn man so will. Das Grundmaterial ist nicht immer das beste, die Werkzeuge sind oft wenig geeignet, der Sachverstand mangelhaft.

Vor allem lernen wir das filigrane Netzwerk der Beziehung allein *in* der Beziehung. Es gibt keinen Trockenkurs für Ehen. Wenn ich die Ex-Partnerin, den Ex-Partner um Verzeihung bitte, dann gestehe ich etwas von meiner Menschlichkeit ein. Denn Menschlichkeit ist immer auch Schwäche, Eigenart, Unreife und Unvermögen. Mit der Akzeptanz dieser dunklen Seiten in mir betrete ich die Erwachsenenebene. Nur Kinder beschuldigen immer den anderen.

Indem ich umgekehrt Verzeihung gewähre, gebe ich mir die Erlaubnis, mich von dem Ex-Partner zu lösen. Ich nehme Abstand von meinem Groll und dem »Museum meiner Verletzungen«. Ich demonstriere meine Blessuren nicht mehr wie ein Kriegsveteran, sondern ich nehme sie an und setze sie in Beziehung zu all dem Guten, das ich von meinem Partner empfangen habe. Nichts hilft schließlich mehr, aus einer Beziehung mit aufrechtem Gang herauszugehen, als der Dank. Im Dank stelle ich die richtigen Proportionen her. Ich mache meinen Partner und unsere Beziehung nicht länger zum Schrott. Ich entwerte unsere alte Liebe nicht, sondern ich rufe mir in Erinnerung, welchen Reichtum ich auch der alten Partnerschaft verdanke. Sie hat mich geformt. Ich wurde beschenkt. Ich habe viel gegeben. Es war ein wichtiger, aus meiner Biographie nicht mehr wegzudenkender Lebensabschnitt. Ich trenne mich vom anderen *und* ich nehme das Schöne an ihm in mein Herz hinein.

Geschiedene sind verwundete Menschen und tun gut daran, sich gegenseitig von der Schuld loszusprechen und die Wunden mit den Pflastern der Dankbarkeit zu versorgen. So können Abraham und Lot auseinander gehen und sich Solidarität bewahren: Als Lot im kriegerischen Streit mit den Sodomiten im neuen Gastland gefangen genommen wird, eilt Abraham herbei und befreit ihn in einem Handstreich.

»Was Gott zusammengefügt hat, das soll der Mensch nicht scheiden« (Matthäus 19,6). Stimmt das wirklich? Schon zur Zeit Jesu von Nazareth galt das nicht. Der Mann »entlässt« nach altjüdischem Recht vielmehr die Frau. Die Eltern des Paares schlossen zuvor mit einem Vertrag die Ehe. Zur Zeit der Verlobung war das Mädchen zwischen zwölf und vierzehn Jahre alt. Die Frau konnte durch Geld, durch eine Urkunde oder durch den faktischen Beischlaf »erworben« werden. Genauso unkompliziert war sie wieder zu entlassen – durch die bloße Aushändigung eines Scheidebriefes. Ein von Archäologen gefundener Scheidebrief war unterschrieben vom Ehemann und zwei männlichen(!) Zeugen. Er lautete so:

»Und jetzt verstoße ich dich. Dich, Tochter des Soundso, und welchen Namen du sonst haben magst, aus dem und dem Ort, so dass du frei und deiner selbstmächtig bist zu gehen, um dich zu verheiraten an jeden beliebigen Mann. Siehe, du bist erlaubt jedermann, und dies soll dir meinerseits sein das Schriftstück der Verstoßung und das Dokument der Scheidung und der Brief der Entlassung nach dem Gesetz Moses und Israels.«

Natürlich war eine solcherart »freigegebene« Frau gebrandmarkt und tabuisiert auf Lebenszeit. Das ist die Wirklichkeit der alttestamentarischen, frauenfeindlichen Scheidungspraxis.

Hat Jesus die gusseiserne Unauflösbarkeit der Ehe, wie sie heute etwa vom Vatikan, aber auch von evangelikalen protestantischen Kreisen propagiert wird, so gewollt? Sein kluger Umgang mit der »Ehebrecherin« und den geifernden Männern lässt dies kaum vermuten. Ich bin kein Theologe. Umso mehr haben mich die Worte des protestantischen Pastors Werner Reiser beeindruckt, die er in einer Predigt bereits 1984 im Basler Münster fand. Svende Merian hat sie in ihrem Buch dokumentiert:

»Wo das gemeinsame Leben nur noch aus Streit, Spannung, Einschüchterung und Sklaverei besteht, geht auch die gute Absicht unter. Der Einzelne kann nicht mehr sein, der er ist. Gott gibt ihn frei zur eigenen Entscheidung. Er fällt auch durch die Scheidung nicht aus der freien Liebe heraus. In diese Freiheit darf kein christlicher und kirchlicher Gesetzgeber eingreifen. Hier können nur Betroffene entscheiden.

Die Scheidung ist keine irreparable Katastrophe oder gar eine unvergebbare christliche Schuld. Daran müssen wir gegen und durch alle Missverständnisse hindurch festhalten. Der Weg nachher mag voller Wunden und Schmerzen sein, aber er ist ein Weg, der vor Gott und mit ihm weiterführt und darum auch unter uns Platz haben muss. Wenn es gilt, dass weder Hohes noch Tiefes noch irgendein anderes Geschöpf uns von der Liebe Gottes scheiden kann, dann kann uns auch die Scheidung nicht von ihm scheiden.«

»Bis der Tod euch scheidet …«? Wenn eine Ehe den Beziehungstod gestorben ist, haben dann beide Partner kein Recht auf ein neues Leben, eine neue Liebe? Dürfen ihnen als Wiederverheirateten die katholischen Sakramente verweigert werden? Ist »da oben« ein rächender oder ein liebender Gott? Diese Frage muss jeder Christ für sich beantworten.

Ich möchte die biblisch-theologischen Erwägungen mit einigen Gedanken beenden, die der katholische Priester Dr. Alois Kehl in seiner Scheidungspredigt (in Svende Merians ›Scheiden tut weh‹) entwickelt hat. Zu den Geschiedenen gewandt, sagte er:

»Sie wissen, dass die katholische Kirche sich gebunden fühlt an ein göttliches Gebot, das die Ehe zu einer unauflöslichen Lebensgemeinschaft macht und sie so der menschlichen und auch der kirchlichen Verfügung entzieht. Dem steht nun aber die Erfahrung entgegen, dass es für den Menschen fast unmöglich ist, mit Sicherheit ein Jawort mit ewiger Bindung zu geben. Es besteht immer die Möglichkeit und die Gefahr, in eine Lage zu kommen, in der sich das Jawort nicht mehr durchhalten lässt.

Sie beide glaubten, in diese Lage geraten zu sein, und haben daraus die Konsequenz gezogen, sich das Versprechen ewiger Treue zurückzugeben und die eheliche Lebensgemeinschaft aufzuheben. Welche Gründe Sie dazu haben, wie diese zu bewerten sind, mag ich nicht beurteilen, weil ich sie nicht kenne. Ich kann darum auch nicht urteilen über Schuld und Nichtschuld, sondern nur Ihre Entscheidung hinnehmen und respektieren, in der Hoffnung, dass sie mit der gleichen oder mit noch größerer Verantwortung getroffen wurde als damals die Entscheidung zur Ehe. Es ist *Ihr* Leben, das Sie führen müssen, es liegt in Ihrer Verantwortung, es zu gestalten, so dass ich ebenso wie die Kirche dies zu respektieren habe.«

»Gott nimmt sein Jawort zu uns Menschen nie zurück«, konstatiert der katholische Theologe und spricht den Geschiedenen Mut zu, dass sie »gerade in solch leidvoller Erfahrung der Liebe Gottes gewiss sein dürfen«. Alois Kehl fordert am Ende seines »kirchlichen Zuspruchs« die Auseinandergehenden zu einer ergreifenden Zeremonie auf:

»Geben Sie jetzt einander die Hand. Dies soll Zeichen dafür sein, dass Sie einander danken für all das Gute und das Glück, das Sie voneinander empfangen haben. Zeichen aber auch dafür, dass Sie einander um Verzeihung bitten und Verzeihung gewähren, wenn etwas zu verzeihen ist. Und es soll auch Ausdruck dafür sein, dass Sie einander Glück und alles Gute für die Zukunft wünschen, in die Sie jetzt jeder für sich gehen werden.«

Frankfurt a. M. (epd). Der evangelische Pastoralpsychologe Wolfgang Winter hat sich für die Einführung eines kirchlichen Scheidungsrituals ausgesprochen. »Es sollte als freiwilliges Angebot am Ende der Begleitung von Geschiedenen stehen«, sagte der Rektor des Studienseminars der hannoverschen Landeskirche in Göttingen gegenüber epd in Frankfurt. Im Mittelpunkt einer solchen öffentlichen Zeremonie stünden »das Akzeptieren des Scheiterns und Schuldigseins, der Abschied von einer Partnerschaft und die Zusage der Begleitung Gottes in einem Neuanfang.« (14. 5. 1998)

Evelyns Abschiedsbrief: Vaya con Dios – Geh mit Gott

Fünf Jahre ist es nun her, dass wir geschieden sind; fünfzehn Jahre waren wir verheiratet.

Du wolltest dich eigentlich nicht scheiden lassen.
Unsere Kinder sollten keine Stiefmutter bekommen.
Das war deine Sorge. Inzwischen haben sie die zweite; es scheint ihnen gut zu gehen. Als ich noch in Mexiko lebte, hatte ich ein wenig Anteil an ihrem Leben. Seit ich mit meinem lieben Mann nach Europa zurückgekehrt bin, ist es schwerer – und teurer –, mit ihnen in Kontakt zu treten.

Ich weiß, dass es dir lieber wäre, wenn ich nicht existierte. Dass ich einen anderen Mann lieben könnte, hat dich sehr getroffen. Eigentlich hätte mich auf der Stelle der Blitz treffen müssen, weil ich mich gegen Gott versündigt hatte. Mein lieber Gott ist verständnisvoller, er hat mir wieder eine Chance gegeben. Ich lebe noch. Es geht mir gut, sehr gut sogar. Ich habe wieder Selbstvertrauen gewonnen und arbeite an meiner angeschlagenen Gesundheit.

Viele Jahre lebte ich für dich, für unsere Kinder und für meine Vorgesetzten. Viel war daran interessant und schön, aber eines Tages war ich nicht mehr ich. Ich erfüllte Funktionen für andere Menschen, sogar gerne, weil ich auch eine Dosis Masochismus in mir getragen habe, aber doch nicht so viel.

Mexikanerin bin ich geworden auf dem Papier, weil ich meinte, dass uns dann nichts mehr trennen könnte. Ich bin es heute noch und gehöre doch nicht zu einem bestimmten Land. Heute gehöre ich mir.

Ich vermisse meine/unsere Kinder sehr. Aber ich weiß, dass sie auch ohne mich zufrieden sind. Das ist eine große Lehre für eine Mutter. Sie sind Kinder des lieben Gottes, Kinder des Lebens. Sie hängen von mir weniger ab als du von deiner Mutter oder ich früher von meiner. Das ist gut so, meine ich. Sie sind bei dir, beschützen dich und geben deinem Leben Inhalt. Meiner Liebe sind sie sich gewiss. Mein Mann ist für sie ein Freund. Niemals hätte ich sie dir wegnehmen können. Damit hätte ich sie und dich unglücklich gemacht.

Vielleicht kannst du eines Tages großzügig sein und dich freuen darüber, dass es mir gut geht, wenn auch nicht an deiner Seite. Vielleicht verstehst du später einmal, dass wir nicht in Harmonie leben konnten, weil mein Bedürfnis nach Anerkennung und Selbständigkeit für dich ein Machtkampf war, ein Ausbrechen und Grund zur Eifersucht. Wir sind so ähnlich und so verschieden, dass wir einander nicht ergänzen konnten.

Ich habe noch so viel zu tun in meinem Leben und dafür muss ich mich selbst lieben und achten können.
Wir hatten viele schöne Erlebnisse miteinander. Ich wünsche dir Freude an den Jungen und in deiner neuen Ehe. Ich weiß, dass meine Entscheidung richtig war. Ich bin glücklich.

Geh mit Gott – vaya con Dios.
In Erinnerung an unsere Liebe
Evelyn

PS: Auch aus einer schlechten Ehe kann immer noch eine gute Scheidung entstehen – und ein neuer Anfang.

Verzeihen und Versöhnen

»Dieser Mensch war mein Unglück!« –
So wird häufig gerade von dem gesprochen,
mit dem die seltenen Stunden des Glücks
erlebt werden konnten.

Wenn der Geliebte vergessen werden soll
und zu diesem Zweck im Gedächtnis ermordet wird,
so erinnert der Gedanke der Verwesung
umso mehr an ihn.

Bernd Nitzschke

Es ist merkwürdig. Als ich heute morgen aufstand, um dieses Schlusskapitel zu schreiben, da entdeckte ich beim Frühstück in der Zeitung folgende Meldung:

Eifersüchtiger richtet Blutbad an. Eine Familientragödie ereignete sich am frühen Vormittag des letzten Tages. Der für seine Eifersucht bekannte Facharbeiter Bernd G. drang um sieben Uhr morgens mit seinem Zweitschlüssel in die Wohnung seiner geschiedenen Frau ein. Wie die Frau später berichtete, stürmte er in das Schlafzimmer mit den Worten: »Wo ist das Schwein von deinem Liebhaber?« Als die Ex-Frau ihm entgegnete, sie habe keinen, forderte der Tobsüchtige sie auf, unverzüglich mit den Kindern zu ihm zurückzugehen, sonst werde er ihr diese nehmen. Die Frau sprach beruhigend auf ihren Ex-Mann ein, verwehrte sich jedoch seinem Ansinnen. Da rannte der Ehemann in das Kinderzimmer, zog ein Klappmesser heraus und erstach beide Kinder. Nach Aussagen der Kriminalpolizei erlagen der vierjährige Konstantin und die dreijährige Stephanie noch am Tatort ihren Verletzungen. Darauf griff der Mann mit dem Messer seine geschiedene Frau an, die versucht hatte, sich schützend zwischen ihn und die Kinder zu werfen. Er verwundete sie mit sieben Stichen. Schwer verletzt konnte sich die Frau zu Nachbarn retten, die die Polizei anriefen. Der Täter floh, konnte jedoch wenig später in der Wohnung seiner Eltern festgenommen werden. Schon während der Ehe hatte seine Frau, um seinen Gewalttätigkeiten zu entrinnen, zweimal das Frauenhaus aufgesucht.

Was hier als unversöhnliche Beziehung in tödlicher Form ausagiert wird, das findet als »normale« juristische, psychologische oder verbale Gewalttätigkeit tausendfach unter Geschiedenen statt. Warum sollte es auch nicht geschehen? Wenn wir beide nicht an uns gearbeitet haben, führen wir außerhalb unserer Ehe die gleiche destruktive Beziehung fort, die wir innerhalb unserer Ehe geführt haben. Nur das Durcharbeiten unserer gegenseitigen Verstrickung und dann das Verzeihen und das Versöhnen befreit uns aus den Fesseln der Vergangenheit. Doch was ist Versöhnung?

Als Geschiedene sind wir verwundet. Ziel unserer »Heilung« kann nur bedeuten, wieder gesund zu werden, indem sich die Wunden schließen, das heißt, indem wir über uns selbst wieder frei verfügen und uns entwickeln können. Vergebung ist, und da liegt die religiöse Analogie nahe, ein Vorgang der »Lossprechung«, der »Erlösung« von den Verstrickungen der gescheiterten Liebe und der eigenen gefesselten Persönlichkeit. Versöhnung zählt deshalb zu den psychodynamisch schwierigsten und reifsten Leistungen des Menschen.

Etymologisch weist das Wort »Versöhnung« auf das althochdeutsche »Soona« und das mittelhochdeutsche »Süene« zurück, was »Sühne«, aber auch »Urteil, Gericht, Schlichtung und Friede« bedeutet. Sühne setzt eine Schuld voraus und zieht Wiedergutmachungen nach sich. Soweit können die meisten mit diesem Begriff auch etwas anfangen. Natürlich, so denkt man nach einer Scheidung, »mein Mann ist an allem schuld« oder »meine Frau ist an allem schuld«. Tatsächlich meint jedoch Versöhnung in unserem Zusammenhang genau den entgegengesetzten Sachverhalt. Es geht hier um das Böse in mir selbst. Gemeint ist, dass ich meinen eigenen dunklen Schatten erkenne und anerkenne. Er fordert eine selbstkritische und integrierende Leistung meines Ichs.

Was ich meinem oder meiner »Ex« als »böse Bilder« nachtrage, das sind Anteile meiner selbst. Es bedeutet das Eingeständnis von mir: »Ja, ich habe gelogen und ein krummes Spiel getrieben. Ich habe versteckt Aggressionen ausgeübt. Ich kann gemein, verletzend, kalt, kleinkariert und biestig sein. Ich bin geizig und egoistisch, manchmal auch hartherzig.« Von der Verfolgung meines Ex-Partners kann ich erst dann ablassen, wenn ich nicht länger vor mir selbst und den negativen Seiten meines Wesens davonlaufe. An dem, was passiert ist, war ich stark beteiligt. Es ist meine Geschichte. Der Ungerechte und Schuldige ist eben nicht immer der andere, er steckt in mir selbst. Wenn ich in Zukunft mit der Wahrheit leben will, darf ich nicht länger die »Schattenschwester«, den »Schattenbruder« in mir verdrängen, vergessen, verleugnen oder meine »Nachtseite« gar auf den verlorenen Partner projizieren. Ich schaffe damit nur Feindbilder, mit denen ich mir selbst ein gutes Gewissen und ein falsches, stilisiertes Selbstbild bewahre.

Das macht natürlich Angst, nach einer Trennung sozusagen bei Neonlicht in den Spiegel seiner eigenen Persönlichkeit zu blicken. Denn es heißt, alle seelischen Abwehrtechniken aufzugeben, die mich bislang vor den Blicken in meinen eigenen Abgrund bewahrten. Carl Gustav Jung, der große Schweizer Psychoanalytiker, schrieb einmal in diesem Zusammenhang: »Wenn ich die Wahl hätte, ganz oder gut zu sein, dann wollte ich lieber ganz sein.«

Ganz sein heißt, unsere unbewussten Seelenlandschaften ganzheitlich in einem sehr unbequemen Sinne zu betrachten, nämlich als eine Gemengelage von guten und fragwürdigen Seelenanteilen und viel destruktivem Potenzial. Will ich es beseitigen, muss ich erst einmal zugeben, dass es zu mir gehört.

Vor die Versöhnung mit dem anderen ist also die Versöhnung mit sich selbst gesetzt. Die Akzeptanz meines eigenen Scheiterns und Versagens, der, psychoanalytisch gesprochen, quälenden Spannung zwischen Es, Ich und »Über-Ich«, zwischen dem Irrationalen in mir selbst und den Instanzen der moralischen Normen.

In der Versöhnung mit mir selbst analysiere ich erstmals, was ich getan und unterlassen habe, was ich erlitten und was ich zugefügt habe. Ich integriere die von mir abgespaltenen Gefühls- und Triebanteile, meinen seit Jahren schwelenden Hass zum Beispiel, meine in der früheren Ehe von mir selbst bis zur Selbstverleugnung disziplinierte Sexualität und die daraus resultierenden verborgenen Rachegefühle, den latenten Groll über meine Helferrolle in unserer gemeinsamen Eheinszenierung.

Der Berliner Psychoanalytiker Horst Petri konstatiert in seinem vorzüglichen Buch ›Verlassen und verlassen werden‹: »Der Schmerz und die Angst, die diesen Prozess der Wiederaneignung verborgener innerer Natur begleiten, sind die Sühneleistung, die das Subjekt erbringen muss, um sich seiner seelischen Ganzheit und der damit verbundenen Verantwortung für sein eigenes Handeln bewusst zu werden. Der so erreichte Frieden mit uns selbst leitet die Versöhnung mit dem Schwersten ein, das uns bevorsteht und dem wir uns oft mit Verzweiflung entgegenstellen – das Annehmen der eigenen Endlichkeit und des Todes, die Versöhnung mit dem großen Abschied.«

Anstatt ein Zerrbild des Menschen, den ich einmal geliebt habe, zu malen, sehe ich in den Zerrspiegel meiner selbst. Ich gelange damit zur inneren Wiedergutmachung. Indem ich die destruktiven Gefühle und Handlungen, mit denen ich den anderen schädigte, erkenne, nehme ich sie zurück. Indem ich meine destruktiven Anteile akzeptiere, sehe ich mich in meiner Ganzheit. Ich kann mir verzeihen.

So ist der Mensch, so bin auch ich. Indem ich mich mit mir selbst versöhne, muss ich den anderen nicht mehr verfolgen.

Ich kann weiter akzeptieren, dass der andere wie ich selbst ein Wesen der Widersprüche ist, ein »compositum mixtum« von Gut und Böse. Ich gebe zwei Illusionen auf – die Täuschung über mich selbst wie über den anderen. So wie ich den anderen, vor allem im Honeymoon der Liebe, idealisiert und seine Schattenseiten vergoldet habe, so gehe ich jetzt, beim Abschied, durch eine Phase der Desillusion, der Ent-Täuschung. Ich gewinne ein realistisches, das heißt differenziertes Bild über ihn wie über mich.

Das ist keine Abwertung, sondern dialektisches Realitätsprinzip. Dialektisch ist diese neue Sichtweise gleich zweifach: Je mehr ich mich in meiner realen Ambivalenz von Gut und Böse, Liebenswertigkeit und Schwierigkeit sehe, desto verlässlicher kann ich mich auch selbst lieben. Je mehr ich meine Doppelnatur akzeptiere, desto gelassener und wohlwollender kann ich auch die schweren und die guten Seiten des anderen in mir zulassen. Beide haben wir nicht nur geirrt und Fehler gemacht und uns nicht nur verletzt. Haben wir nicht auch unendlich viel Gutes erlebt und getan? Ich darf mir kritisch und aufrecht in die Augen schauen. Wir dürfen uns kritisch und aufrecht in die Augen schauen. So kommt die Seele zur Ruhe. Die Wunde kann heilen. Die Versöhnung mit sich und dem anderen wird abgeschlossen; der Verlust der zerbrochenen Hoffnungen liegt auf unserer beider Schulter. »Nichts ist so hässlich«, heißt es in Mozarts Oper ›Entführung aus dem Serail‹, »wie die Rache.«

Der Trauerprozess kann ohne Versöhnung nicht enden. Ich werde im Gegenteil mit mir und dem anderen so lange hadern, bis ich durch die Versöhnung mit mir und dem Ex-Partner die Geschichte der Verletzungen beendet habe.

In den Paarseminaren im »Dr.-Max-Otto-Bruker-Haus« machen meine Schwester, die Konstanzer Diplompsychologin Dr. Maria Theresia Jung, und ich oft das Spiel mit den Kissen. Wir holen zu diesem Zweck zwei Zerstrittene vor die – liebevoll engagierte – Gruppe. Der Frau und dem Mann drücken wir jeweils einen Riesenvorrat an Kissen in die Arme. Jetzt soll jeder dem anderen »böse« und »gute« Kissen geben. »Böse« Kissen, das sind Befunde wie: »Du hilfst nicht im Haushalt. Du bist grob. Du schreist die Kinder an. Du bist nicht zärtlich.« Oder: »Du verweigerst Sexualität. Du bist immer gleich beleidigt. Du unternimmst mit mir nichts. Du untergräbst meine Autorität bei den Kindern.« »Gute« Kissen sind: »Mit dir kann man Pferde stehlen. Du bist sehr einfühlsam. Du bist finanziell großzügig. Du bist bienenfleißig und ordentlich.« Oder: »Du bist eine tolle Mutter. Du bist fast immer fröhlich. Du bist schön. Du hast viele Einfälle. Auf dich ist Verlass. Du bist verantwortungsvoll. Du hast ein warmes Herz. Du kannst dich verschwenden. Du bist nicht nachtragend. Du bist ein schlaues Biest. Du bist gutmütig. Du bist ein kraftvoller Mann. Du hast enorm viel Energie ...«

Sie merken schon, liebe Leser, worauf das Spiel mit den Kissen hinausläuft. Die Positivliste ist nämlich zur Verblüffung der Beteiligten meist viel länger als der Negativkatalog. Auch stellt sich schnell heraus, dass jeder von beiden gleichermaßen »böse« und »gute« Kissen besitzt. Das rückt die Perspektiven zurecht. Wenn am Ende in der Paargruppe alle Teilnehmerinnen und Teilnehmer erschüttert applaudieren, dann schließt sich das Paar inmitten seiner Kissenschlacht oft gerührt in die Arme.

Man kann das Spiel mit den Kissen – es ist natürlich nur ein Hilfsmittel – auch nach einer Trennung für sich spielen. Zur besseren Anschaulichkeit empfiehlt es sich, die Positiv- und die Negativkissen mit einem Zettel zu beschriften und das »Haben« und das »Soll« des Partners wie der eigenen Person einmal tagelang auf dem Wohnzimmerboden liegen zu lassen, es immer wieder zu betrachten und Abschied zu nehmen. So kann ich den anderen als Menschen in seinen Widersprüchen bestehen lassen. Noch einmal spüre ich das Leid, das ich ihm zugefügt habe, und verdränge es nicht. Es war schlimm. Es hat ihm wehgetan. Aber auch mein Leid, meine Verletzungen haben ihren Raum. Es hat sie gegeben. Die Trennung war gerechtfertigt. Weil wir Menschen sind, fügen wir uns Glück und Leid zu.

Wo ich ausschließlich die Schuld dem anderen zuschreibe, verstelle ich mir die Einsicht in die eigene Mitschuld. Ich bleibe mir in meinen Dunkelheiten unbekannt. Ich nehme mir die Chance, mich selbst auszuloten und zu verändern. Ich mache den Leidensdruck nicht fruchtbar. Versöhnung ist Aussöhnung mit dem Fragwürdigen in mir selbst.

Wie kaum eine andere Lebenssituation gibt mir die Trennung die Möglichkeit zur radikalen, aber liebevollen Inventur meiner selbst. Wir bleiben damit im positiven Falle nicht »für ewig geschiedene Leute«, sondern wir erhalten uns damit ein kostbares Stück gemeinsamer Lebensgeschichte. Was bleibt denn sonst von unserem Leben übrig, wenn wir auf Grund unserer nicht verarbeiteten Gefühle von Wut und Trauer eine zwanzigjährige Ehe mit Kindern, Hausbau und realisierten Lebensentwürfen kurzerhand »zu Schrott« erklären? Heißt es nicht, dass wir selbst auch »Schrott« waren? Dass unser Leben nur ein Stück »Schrott« ist?

Nein, das kann es nicht gewesen sein. Wie viel Gutes haben wir auch gelebt. Unsere menschliche Situation ist paradox, wie der Philosoph Sören Kierkegaard registrierte: »Verstehen kann man das Leben nur rückwärts. Leben muss man es aber vorwärts.« Da wäre hinzuzufügen: Wenn wir das Leben erst einmal »nach rückwärts« verstanden haben, dann lebt es sich auch bewusster und leichter »vorwärts«. Es war falsch, am Anfang unserer Liebe den Partner nur zu glorifizieren. Ebenso falsch ist es, ihn am Ende der Liebe zu verteufeln.

Je länger sich unsere Beziehungskrise hinschleppt, desto mehr neigen wir dazu, den Partner zum »Lumpen« und zum »Drachen« zu stilisieren. Dieses unheilvolle Muster, mit dem ich mich selbst nur entlaste und meine Verantwortung abschüttele, verstärkt sich in der Trennungsphase und wird nach der Scheidung oft zum »Steckbrief« des Ex-Partners. Vergessen wir nicht, in der Partnerschaft leben nicht zwei Menschen allein, sondern sie sind in ein komplexes System eingebunden.

Der Schweizer Therapeut Jürg Willi nennt das das Phänomen der Kollusion. Der Begriff stammt von dem lateinischen Wort »colludere«, was wörtlich mit »zusammen spielen« zu übersetzen wäre. Das will sagen: Wenn wir uns verlieben, steigen wir in ein unbewusstes Spiel ein, das wir oft auf Jahrzehnte weiterführen. Es sind Rollenspiele, die miteinander korrespondieren: »Ich bin ein armes Mäuschen, du bist mein starker Retter.« »Ich kämpfe draußen die Schlachten und bringe Geld heim. Du bist zart und lieb und machst uns ein süßes Heim.« »Ich bin sanft und verständnisvoll, du bist aggressiv und bestimmend.« »Ich bin ein Helfer bis zur Selbstaufgabe, du bist fordernd und verlangend.«

Die Paaranalyse kennt zahllose Parts solcher emotionaler Arbeitsteilungen. Sie funktionieren meist erstaunlich, sie besitzen aber auch starke neurotische Anteile. Es ist aufschlussreich, dass wir nach Scheidungen, wenn wir die Trennungsgründe nicht erarbeitet und begriffen haben, diese »Spiele der Erwachsenen« mit einem neuen Partner unbelehrbar wieder aufnehmen, als ob wir nicht gerade ein Waterloo auf dem Schlachtfeld der Gefühle erlitten hätten. Umgekehrt ist es oft erstaunlich, und die vielen Notate der Schreiberinnen und Schreiber haben es ja plastisch illustriert, wie Frauen und Männer radikal ihre Rolle in einer neuen Beziehung wechseln, wenn sie ihre Altlasten herausgefunden und recycelt haben.

Kollusive Beziehungen sind immer komplementär. Das Verhalten des einen Partners ergänzt das des anderen: »Ich lasse mich von dir führen, dafür übernimmst du, Boss, die Verantwortung für alles.« Hier sieht man auch, wie fragwürdig der Begriff der Schuld ist. An der schiefen Struktur unserer früheren Beziehung hatten wir beide unseren Anteil. Wir kannten ihn nicht. Wir wollten das Beste. Und wir sind doch auf der Nase gelandet.

Die Scheidung sollte möglichst wenig mit moralischen Kategorien etikettiert werden. Eine Krise entwickelt sich immer, oder sagen wir fast immer, unter Beteiligung beider und ohne direkte »Schuld«. Vieles geschieht unbewusst, ohne dass es die Betroffenen so intendieren. Nina, zweiundfünfzig (»Wir haben uns beide verlassen«), erläuterte mir diese »Regie des Unbewussten« an dem markanten Beispiel ihres eigenen Trennungsszenarios:

In meiner Ehe mit Gert (Name geändert) hat die Sexualität eigentlich von Anfang an nicht geklappt. Wir hatten einige Male Außenbeziehungen, da war es für jeden erotisch sehr schön. Aber da wir uns intellektuell außerordentlich verbunden waren, uns politisch gemeinsam engagierten und beim Durchsetzen unserer Lebenspläne wie Pech und Schwefel zusammenhielten, kamen wir auch nicht auseinander. Das wäre uns beiden wie ein einziger Verrat vorgekommen, obwohl ganz tief im Innern unserer Beziehung die Gefühle irgendwie nicht stimmten. Irgendwie waren wir trotz unserer »offenen Ehe« treu wie die Graugänse.

Doch der unbewusste Wunsch, ein neues Leben zu beginnen, dirigierte unsere äußeren Entscheidungen. Ich bekam nämlich die Möglichkeit, in einer anderen, weit entfernten Stadt einen attraktiven Job anzunehmen. Mein Mann wiederum hatte die Chance, durch einen Berufswechsel sich in einem Maß zu engagieren, wie er es sich ein ganzes Leben erträumt hatte. Wir haben natürlich über diese beiden Entscheidungen lange diskutiert. Wir sahen durchaus die Gefahr, die die Trennung in sich barg. Wir haben uns trotzdem für diesen unsichtbaren Weg der Trennung entschieden. Anders kamen wir wohl, so meine ich heute, nicht mehr voneinander los. Mein Mann verliebte sich in eine andere Frau.

Es war schrecklich. Für uns beide wohl. Leider hat mein Mann die Karten nicht auf den Tisch gelegt. Ich ahnte schon seit längerer Zeit etwas. Als dann die Wahrheit herauskam, trennten wir uns binnen weniger Wochen. Besser gesagt: Die Trennung kam über uns.

Wo Trennung auf ihren inneren Sinn befragt, in ihrem Schmerz ausgehalten und durchgearbeitet wird, da erhält sie ihren normalen Platz in unserem Leben. Wir kommen an dem »Betriebsunfall« unserer Scheidung nicht vorbei, wenn wir uns nicht mit dem sozialpsychologischen Faktum der Scheidung insgesamt konstruktiv auseinander setzen. Unter dem Leidensdruck der Trennung können wir die gesellschaftlichen Klischees über die Scheidung hinter uns lassen: »Scheidung bedeutet das Ende der Familie. Scheidung zerstört die Kinder. Scheidung ist nicht normal. Scheidung ist unberechenbar und absolut chaotisch.«

Keiner der vier Sätze stimmt. Bei einem guten Trennungsmodus können die Kinder sehr wohl von beiden, möglicherweise im gemeinsamen Sorgerecht, betreut und geliebt werden. Kinder sind nicht dumm. Sie können sehr wohl verstehen, dass Eltern sich nicht mehr lieben. Wichtig ist, dass ein Kind spüren darf, diese Trennung ist ein Problem der Eltern und nicht meines. Ich brauche sie bei ihrem Auseinandergehen nicht aufzuhalten. Beide lieben mich unverändert. Ich kann zu beiden gehen, so oft ich will. Keiner der Eltern redet schlecht über den anderen.

Die Scheidung ist berechenbar und muss nicht chaotisch sein, sie kann vielmehr, wie wir in diesem Buch wiederholt gesehen haben, gut gestaltet werden, voller Rücksicht auf alle Beteiligten.

Scheidung ist normal. Nicht die Ehen sind schlechter geworden, sondern unsere Ansprüche an Liebe und Wahrhaftigkeit wurden größer. Hören wir auf, uns an den Mythos der heilen Familie zu klammern. Die Scheidung ist heute ein integraler Bestandteil des Lebens. Wir müssen aufhören, sie mit negativen

Urteilen zu diskriminieren. Wir sollten geschiedene Menschen weder boykottieren noch insgeheim verachten.

Besser ist es, wir erkunden neue Wege, wie die Vision guter Scheidungsbeziehungen aussehen könnte und wie sich die Lebensqualität der Nachscheidungsfamilien verbessern lässt. Gegen Scheidung gibt es keine Versicherung. Sie ist ein möglicher Teil unseres Lebens. Scheidung und Wiederverheiratung sind heute ebenso üblich wie »wilde Ehen« und Singleleben. Keiner lässt sich leichtfertig scheiden. Alle Geschiedenen in diesem Buch bekundeten, dass für sie die Scheidung die letzte Möglichkeit war, ihr Recht auf Glück und Lebendigkeit zu realisieren.

Anstatt sinnlosen Träumen von einem goldenen Zeitalter der gusseisernen Ehen nachzuhängen, ist es nur realistisch, die Scheidung als die Möglichkeit zu akzeptieren, eine nicht mehr lebbare Ehe zu beenden. Bereits 1993 ergab eine Repräsentativ-Umfrage des Sample-Instituts, dass nur noch dreiundfünfzig Prozent der Frauen und siebenundvierzig Prozent der Männer an der Ehe bis zum Lebensende festhalten wollen. In der Altersgruppe der Zwanzigjährigen sind es sogar nur noch siebenundzwanzig Prozent, die eine lebenslange Gemeinschaft überhaupt wünschen.

Die Welt familiärer Paradiese und lebenslänglicher Psychotope hat es vermutlich so nie gegeben. Was frühere Ehen zusammenhielt, war der gnadenlose Zwang der Ökonomie. Mit vielen Kindern, einem geringen Einkommen und der strukturellen Berufsunfähigkeit der Frau konnte von einer Trennung und einer Eigenbestimmung des Lebens keine Rede sein. Noch immer erschreckt das drakonische Diktum des Neuen Testaments »Was Gott zusammengefügt hat, das soll der Mensch nicht scheiden« (Matthäus 19,6) bewusst oder unbewusst viele Menschen. Doch bereits 1956 erwiderte ein kluger Pastor, wie mir eine Frau berichtete, ihrer Mutter, die nicht wagte, der Despotie des Mannes zu entfliehen: »Wer hat Ihnen denn gesagt, dass Gott Ihre Ehe zusammengefügt hat?«

Dieser Pfarrer zählte damals wohl zu den erfreulichen Ausnahmen in seiner Zunft. Aber noch heute stehen unsere beiden großen Kirchen vor der immer drängender werdenden Frage, ob sie nicht endlich einen Ritus erlauben und entwickeln sollten, der den Geschiedenen Vergebung, Trost und Segen zuspricht. Bereits 1948 schrieb der Theologe Eduard Thurmeysen in seinem Werk ›Die Lehre von der Seelsorge‹: »Die Vergebung der Sünden kann freilich ... nur dann in Kraft treten, wenn sie bedingungslos ausgerichtet ist. Dass die Kirche aufs Ganze gesehen immer wieder so wenig stark und hilfreich ist in ihrer Seelsorge, dass es ihr überhaupt an wahrer Seelsorge in so weitem Maße gebricht, das hat seinen Grund darin, dass sie den Satz von der Vergebung der Sünden zwar kennt und vertritt, aber sie kennt und vertritt ihn nur mit Einschränkung, mit Vorbehalten und unter Klauseln. Sie wagt es nicht, die Menschen bedingungslos zu Gott zu rechnen. Sie fürchtet so schnell, sie könnten leichtsinnig werden, wenn man ihnen die Vergebung der Sünden zu großzügig und zu weitherzig ausrichtet. Sie glaubt selbst nicht so recht an die Unerschöpflichkeit der Vergebung der Sünden.«

Es sieht so aus, als ob wir uns, solange die Kirchen noch mauern, überhaupt die »Sünden« selbst vergeben müssen nach der Trennung. Die Soziologen Ulrich Beck und Elisabeth Beck-Gernsheim, die die neue Form der frei zu vereinbarenden »Konsensmoral« anstelle früherer starrer gesellschaftlicher Normen konstatieren, beobachten: »Die Individuen, die zusammenleben wollen, sind, oder genauer: werden mehr und mehr die Gesetzgeber ihrer eigenen Lebensform, die Richter ihrer Verfehlungen, die Priester, die ihre Schuld wegküssen, die Therapeuten, die die Fesseln ihrer Vergangenheit lockern und lösen ... Liebe wird eine Leerformel, die die Liebenden selbst zu füllen haben.«

Trauern wir um den Verlust unseres Partners! Dieses Trauern bedeutet Abschied nehmen von einem Menschen, der für uns lebenswichtig war. Fühlen wir uns durch diesen schmerzhaften Prozess hindurch. Wir müssen ihn als »rite du passage«, als Durchgangsstation vom Seeleninfarkt zur Wiedergesundung annehmen. Wir müssen trauern, um wieder zu leben. Wir müssen unsere Abhängigkeit und Trennungsdepression spüren, um wieder frei und unabhängig zu werden. Kleinlichkeit ist in diesem Umbruchprozess nicht am Platz. »Großes geht verloren«, sagt das chinesische Sprichwort, »wenn man sich um Kleinigkeiten zankt.«

Bleibt, am Ende dieses »Lesebuchs der Trennungen«, der Hinweis auf Trennungsrituale. Er ist mir wichtig. »Dem anderen sein Anderssein zu verzeihen«, sagt ein weiteres chinesisches Sprichwort, »ist der Anfang von Weisheit.« Was kann uns dabei helfen? Zeremonien des Abschieds.

Erinnern wir uns: Wenn wir als Kinder die Eltern verließen, um zum Beispiel in ein Landschulheim zu gehen oder bei den Großeltern einen Urlaub zu verbringen, oder wenn ein Elternteil für eine berufliche Verpflichtung eine Zeit lang Abschied nehmen musste von uns, dann gab es wichtige Abschiedszeremonien, Entschädigungen und Wiedergutmachungen. Wir durften die letzte Nacht im Bett der Eltern schlafen, oder sie sind mit uns zu einem festlichen Abendessen ausgegangen. Sie haben uns ein Geschenk gemacht. Sie haben gesagt, dass sie uns lieb haben. Als ich mit zehn Jahren in ein Internat in Österreich musste, da flüsterte mir meine Mutter ins Ohr: »Schau jeden Abend zum Abendstern hoch und denke an mich. Ich werde das auch tun und an dich denken. So sind wir miteinander verbunden.«

Oft bekommen Kinder bei und für Trennungen auch eine Puppe, einen Teddy als ein »Übergangsobjekt« mit. Das soll ein Stück Elternliebe verkörpern. Eine Klientin erzählte mir, dass sie als etwa Vierjährige nach dem Tod ihrer Mutter immer einen Unterrock der Verstorbenen nachts mit ins Bett nahm und sich in ihn hineinkuschelte. Um solche Vergegenwärtigungen, um Abschiedsgaben und seelischen »Reiseproviant« für das kommende Leben geht es auch bei uns Erwachsenen in der Trennung.

Leider verfügen wir zwar über eine Unzahl von Ritualen für die Heirat, vom Polterabend über die Hochzeitskutsche, das Standesamt, die Messe in der Kirche, das Reiswerfen bis zum »Über-die-Schwelle-Tragen«, aber wir besitzen keine öffentliche und private Trennungskultur. Wie können Abschiedsrituale aussehen?

Ein ungewöhnliches, mich in seiner Großzügigkeit verblüffendes Beispiel schildert Jakob (sechsunddreißig, Kaufmann, ein Kind): ein Abschiedsfest. Er berichtet:

Eigentlich verlief unsere Trennung zunächst grausam und chaotisch. Wir beschimpften uns, wir wüteten. Ich war der Oberschreihals, als ich nämlich entdeckte, dass meine Frau Regina (Name geändert) seit sechs Monaten ein Verhältnis hatte. Was mich am meisten ärgerte war, dass der Typ nicht nur gut aussah und gut verdiente, sondern auch richtig nett war. Unter anderen Umständen hätte ich ihn mir als Freund gewünscht. Irgendwo konnte ich meine Frau verstehen, was mich umso wütender machte. Ich war nämlich zu dieser Zeit ganz mit meinem Beruf verheiratet, dem erfolgreichen Aufbau eines Computer-Geschäftes, und hatte sie vernachlässigt. Ohnehin konnte ich damals mit Frauen nicht viel anfangen. Frauen waren etwas für meine Hormone, nicht für meinen Geist. Dumm war ich damals.

Dann habe ich mir, zunächst einfach als Racheakt, eine Freundin an Land gezogen, Julia (Name geändert). Jetzt tobte meine Frau, vor allem als sie entdeckte, dass ich Julia ständig mit Blumen und kleinen Aufmerksamkeiten verwöhnte und mir selbst hübsche neue Klamotten kaufte. Nach einem großen Krach, bei dem Regina Porzellan warf und ich eine Rotweinflasche durch die Fensterscheibe schleu-

derte, brachen wir beide in Tränen aus und konnten plötzlich vernünftig miteinander sprechen. Regina sprach über ihren Bernd (Name geändert), ihre große Liebe. Ich spürte, wie sehr mir Julia ans Herz gewachsen war. Die Beziehung mit ihr war so unbelastet, genauso wie die von Regina mit Bernd. Wir entschlossen uns zur Trennung und haben in dieser Nacht noch einmal, das letzte Mal, wunderbar miteinander geschlafen. Wir merkten, dass unsere ungeheure Wut aufeinander sehr viel mit der noch bestehenden Sympathie zwischen uns zu tun hatte. Wir gaben zu, dass es uns schwer fiel, auf den jeweils anderen zu verzichten, ihn loszulassen. Es war Neid im Spiel. Ich gönnte Bernd »meine« Regina nicht. Regina neidete Julia »ihren« Jakob. Wir haben sogar gelacht in dieser Nacht.

Da wir uns über die finanzielle Regelung unserer Trennung rasch klar waren – wir sind beide großzügig –, kamen wir auf die ungewöhnliche Idee, Familie und Freunde zu einem gemeinsamen Abschiedsfest einzuladen. Unsere Freunde hielten uns zunächst für verrückt. Doch sie kamen. Es war ein lauer Sommerabend. Wir hatten eine lange Tafel im Garten unter einer Markise gedeckt. In der Mitte saßen Regina und ich, neben ihr war Bernd, neben mir Julia platziert. In zwei kurzen, aber herzlichen Reden erläuterten Regina und ich unsere Trennung. Wir sagten, dass manches schwierig war, wir dankten uns aber auch. Das war die einzige Situation an diesem Abend, bei der wir weinen mussten. Ansonsten war es eine warme und fröhliche Stimmung. Freunde und Familienangehörige versprachen, uns beiden ungebrochen die Freundschaft zu bewahren. Nach Mitternacht gingen wir auseinander. Regina blieb mit Bernd im Haus, ich zog zu Julia in ihre kleine Wohnung. Ein Bild von uns vier an jenem Abend hängt heute über meinem Schreibtisch. Ich sehe es oft an und denke: »Das haben wir gut gemacht.«

Ein Abschiedsfest wird nicht jedermanns Sache sein, weil es überfordern kann. Fast immer empfehle ich jedoch in der Therapie einen *Abschiedsbrief*. Diesen Abschiedsbrief kann man real seinem Partner zuschicken. Man kann den Brief aber auch, wenn die Situation noch zu wund oder bösartig ist, imaginär, das heißt für sich schreiben und ihn bei sich aufbewahren. So ein Abschiedsbrief dient der Klärung. Er ist wie eine kostenlose Therapiestunde. Vermutlich werde ich dabei noch einmal in Tränen ausbrechen und der Magen wird sich umdrehen, aber es geht mir danach besser.

In einen Abschiedsbrief lege ich alles hinein, was mir auf der Seele liegt: meinen Zorn, meine Wut, meine Enttäuschung, meine Fassungslosigkeit. Ich finde aber auch Worte für all das, was gut zwischen uns war. Was ich mitnehme. Wofür ich mich bedanken möchte. Was mich geformt hat. Was ich an dem anderen bewundere. Was er mir vorgelebt hat. Was ich an ihm verstehen kann. Was ich ihm wünsche. Was ich mir wünsche. Welcher Lebensabschnitt hinter mir liegt und welcher mir bevorsteht.

So ein Abschiedsbrief ist ein Dokument, von dem man unbedingt eine Kopie für sich aufbewahren sollte. Er ist eine Art Kartographierung, eine Vermessung meiner aktuellen Seelenlandschaft, eine Abschlussbilanz meiner Ehe und eine Zwischenbilanz meines Lebens. Ein Abschiedsbrief löst Schmerz und er positioniert mich neu. Ich verabschiede mich hiermit von der alten Beziehung, sozusagen ganz korrekt, wie es sich gehört. Ich gebe eine Erklärung ab. Ich schleiche mich nicht zum Seiteneingang einer Beziehung »auf Französisch« hinaus. Ich mache mich hiermit auch wieder zum Architekten meines Lebens und darf das Gebäude unserer Partnerschaft verlassen, weil es zu eng geworden ist. Ich nehme mir meine Handlungskompetenz zurück. Ich löse mich aus der Kette einer angeblich mythischen Schicksalsverflochtenheit. Ich trete aus dem Opferstatus heraus. Ich finde wieder Worte.

Der Abschiedsbrief sollte nicht im ersten Affekt geschrieben werden, sondern aus einem gewissen Abstand und mit hoher Verantwortung. Je mehr ich mich in diesem Brief um Gerechtigkeit bemühe, desto seelisch wahrhaftiger ist er auch und lässt dem Partner, den ich nun zurücklasse, seine Würde.

Wenn ich das gemacht habe, kann es mir gehen wie Susanne, die mir schrieb:

Nach der Trauerarbeit sollte man versuchen, ohne Groll an den Ex-Partner zu denken. Nur so kann man ihn verstehen und ihm verzeihen. Er will seinen Weg gehen. Er handelt nicht gegen mich, sondern einfach für sich. Wenn ich ihn verstehe, kann ich verzeihen, loslassen und nur so weiterkommen.

Wenn wir religiös orientiert sind und in unserer Nähe eine Seelsorgerin oder einen Seelsorger mit Format kennen, so dürfen wir die Kühnheit haben, sie/ihn um eine Scheidungspredigt und den Segen zu bitten. Zu dieser Feier können wir Familienangehörige und Freunde einladen. Falls wir die Kraft verspüren, beschließen wir die Zeremonie des Abschieds mit einem Imbiss. Jedes Ende ist ein integraler Bestandteil des Lebensabschnitts. Alles, was einen Anfang hat, hat auch ein Ende. Der Wandel ist notwendig. Im Wandel werden wir neu geboren.

Nach dem Ehekrieg darf dann der Scheidungsfriede stehen. Wer den Mut dazu besitzt, dem möchte ich eine Trennungstherapie bei einem Psychotherapeuten ans Herz legen. In einigen wenigen Sitzungen von jeweils maximal zwei Stunden Länge kann das Paar seinen Lebensweg noch einmal abschreiten. Es kann Freude, Irrungen und Wirrungen betrachten, die Kränkungen laut und deutlich beim Namen nennen, Empörung und Verletztheit noch einmal fühlen, sich dann aber verzeihen und sich in Ernsthaftigkeit versöhnen.

In meiner Ausbildung bei dem von mir geliebten und geschätzten Tübinger Paartherapeuten Dr. theol. Hans Jellouschek hat sich mir die heilende Bedeutung der Abschiedsrituale erneut bestätigt. Für ein Paar, das bereits an sich gearbeitet hat, ist es im Zweifelsfalle möglich, in einer einzigen Sitzung im Beisein des Therapeuten voneinander Abschied zu nehmen. Jeder Therapeut hat seine eigenen Zeremonien. Das Paar sollte selbst entwickeln, wie es sich den rituellen Abschied vorstellt. Manche geben sich feierlich die Eheringe zurück und lassen sie etwa mit einem Schmuckstück umarbeiten, um sie später noch zu tragen. Andere überreichen jeweils dem Partner ein schönes Foto zum Gedenken an sich. Wieder andere verneigen sich voreinander im Zeichen der Dankbarkeit und des Respekts. Ergreifend ist es auch, wenn beide sich ein kleines Symbol zum Geschenk machen, ein Zeichen dafür, was jeder dem anderen für die Zukunft wünscht. Der Phantasie sind hier keine Grenzen gesetzt.

Der Familientherapeut Bert Hellinger (dessen spektakulären »Familienaufstellungen« vor großem Publikum mit ihren apodiktischen therapeutischen Schnellschüssen ich mit Skepsis gegenüberstehe) schlägt eine ergreifende Formel vor, die sich Mann und Frau bei einer Trennung sagen sollen.

»Ich nehme,
was du mir geschenkt hast. Es ist sehr viel.
Ich nehme es mit
und halte es in Ehren.
Ich werde dich immer
als Vater/Mutter
unserer Kinder achten.
Und für das,
was zwischen uns gelaufen ist,
übernehme ich
meinen Teil der Verantwortung
und lasse dir deinen.
Und jetzt lasse ich dich in Frieden.«

Wenn wir nach dieser Erklärung dem Ex-Partner ein Abschiedsgeschenk machen, beschenken wir uns letztlich damit selbst. Mit diesem Geschenk zieht etwas in die neue Wohnung und das Herz des früheren Partners mit. Ich bin bei und in ihm anwesend. Ich habe ein kleines Stück Wiedergutmachung geleistet, das mich selbst befreit. Der Mensch, den ich einmal geliebt habe, ist immer noch beschenkenswert. Der Abschied aus der Bindung ist kein absolutes, sondern ein relatives Ende in meinem Leben. Ich nehme wieder das existenzielle Alleinsein und das Recht auf einen Neubeginn auf mich.

Sollten Sie, liebe Leser, in dieser Situation stehen oder darin gestanden haben, so wünsche ich Ihnen am Ende unserer Reise durch die dunkle Landschaft der Trennungen Licht und Lebensfreude. Ich möchte Ihnen ein Gedicht von Heinz Kahlau auf Ihren Weg mitgeben.

Bei einem Abschied

Lasst uns nicht auseinander gehen
wie Leute,
die ein schlechtes Geschäft
gemacht haben.

So nahe
sind wir uns nur gekommen,
weil wir uns sonst
nicht erkennen konnten.
Wenn du von Betrug reden willst,
rede von Selbstbetrug.
Wenn wir etwas verloren haben,
sind es Illusionen.
Was wir gewonnen haben,
sind Erfahrungen.

Enttäuscht sind wir nur
von uns selber.
Dass wir uns trennen,
liegt daran,
dass wir ehrlich waren.

Lasst uns nicht auseinander gehen,
als ob wir
ein schlechtes Geschäft gemacht hätten.

Adressen für Krisenberatung

Mediation (Trennungsberatung)

Heidelberger Institut für Mediation (HIM)
Mönchhofstraße 11
69120 Heidelberg
Tel.: 06221/47 12 72 oder 06221/47 34 06
E-Mail: ripke.mediation@t-online.de
www.mediation-heidelberg.de

MEDIATIO Heidelberg
Uferstraße 12
69120 Heidelberg
Tel.: 06221/43 80 88
E-Mail: mediation@MEDIATIO.de
www.mediatio.de

Psychologische Beratung

Gesellschaft für Gesundheitsberatung GGB
Dr.-Max-Otto-Bruker-Straße 3
56112 Lahnstein
Tel.: 02621/91 70 10
Dr. phil. Mathias Jung, Paartherapeut, Einzelberatung, Paarberatung, Paarseminare
E-Mail: info@emu-verlag.de

Berufsverband deutscher Psychologinnen und Psychologen (BDP)
Oberer Lindweg 2
53129 Bonn
Tel.: 0228/98 73 10
E-Mail: wd-pid@t-online.de
www.psychotherapiesuche.de
Der BDP hat einen Psychotherapie-Informationsdienst eingerichtet. Er vermittelt spezielle Psychotherapeutinnen und Psychotherapeuten in Ihrer Nähe im Trennungs- und Scheidungsfall (Tel. 0228/74 66 99).

Familien-, Ehe- und Elternberatung

Hier erhalten Sie Informationen über lokale Beratungsstellen:

Arbeiterwohlfahrt Bundesverband e. V.
Oppelner Straße 130
53119 Bonn
Tel.: 0228/6 68 50
E-Mail: info@awo.bu.org
www.awo.org

Bundeskonferenz für Erziehungsberatung e. V.
Geschäftsstelle
Herrnstraße 53
90763 Fürth
Tel.: 0911/9 77 14–0
E-Mail: bke@bke.de
www.bke.de

Deutsche Arbeitsgemeinschaft für Jugend- und Eheberatung e. V. (DAJEB)
Bundesgeschäftsstelle
Neumarkter Straße 84 c
81673 München
Tel.: 089/4 36 10 91
E-Mail: info@dajeb.de
www.dajeb.de
Die DAJEB gibt einen aktuellen »Beratungsführer« sämtlicher ambulanter psychosozialer Versorgungseinrichtungen in der Bundesrepublik heraus.

Katholische Bundesarbeitsgemeinschaft für Beratung e. V.
Geschäftsstelle für Erziehungsberatung
Karlstraße 40
79104 Freiburg
Tel.: 0761/200–0
E-Mail: caritas@contact.de
www.caritas.de

Pro Familia
Deutsche Gesellschaft für Familienplanung,
Sexualpädagogik und Sexualberatung e. V.
Bundesgeschäftsstelle
Stresemannallee 3
60596 Frankfurt am Main
Tel.: 069/63 90 02
www.profamilia.de

Weitere Adressen

Arbeitskreis Partnerschaftskrise
Trennung und Scheidung e. V.
Hartmannsweilerstraße 78
65933 Frankfurt am Main
Tel.: 069/51 95 73
E-Mail: ak-pts@online.de

Verein Humane Trennung und Scheidung e. V.
Postfach 152 103
80052 München
Tel.: 089/5 30 95 39
E-Mail: info@vhts-muenchen.de
www.vhts-muenchen.de
und:
Schneppenhorstweg 5
13627 Berlin
Tel.: 030/3 82 70 52
E-Mail: mail@vhts.de
www.vhts.de

Zusammenwirken im Familienkonflikt e. V.
Mehringdamm 50
10961 Berlin
Tel.: 030/8 61 01 95
E-Mail: verein@zif-online.de

Beratung bi-nationaler Paare und Familien

IAF – Verband Bi-Nationaler Familien + Partnerschaften
Ludolfusstraße 2–4
60487 Frankfurt am Main
Tel.: 069/7 13 75 60 oder 069/71 37 56–0
E-Mail: verband-binationaler@t-online.de
www.verband-binationaler.de

Kinder und Jugendliche

Der Deutsche Kinderschutzbund offeriert fachliche Beratung für Familienkrisen, in denen vor allem Kinder betroffen sind:
Deutscher Kinderschutzbund e. V.
Bundesgeschäftsstelle
Hinüberstraße 8
30175 Hannover
Tel.: 0511/30 48 50
E-Mail: info@dksb.de
www.dksb.de

Weiterführende Literatur

Ahrons, Constance R.: Die Familie erhalten, wenn die Ehe zerbricht. Die gute Scheidung. München: Droemer Knaur 1997.

Jellouschek, Hans: Im Irrgarten der Liebe. Dreiecksbeziehungen und andere Paarkonflikte. Stuttgart: Kreuz 2005.

Jung, Mathias: Mut zum Ich. Auf der Suche nach dem EigenSinn. München: Deutscher Taschenbuch Verlag 2004.

Petri, Horst: Verlassen und verlassen werden. Angst, Wut, Trauer und Neubeginn bei gescheiterten Beziehungen. Stuttgart: Kreuz 2005.

Vaughan, Diane: Wenn Liebe keine Zukunft hat. Stationen und Strategien der Trennung. Reinbek bei Hamburg: Rowohlt 1988.

Viorst, Judith: Mut zur Trennung. Menschliche Verluste, die das Leben sinnvoll machen. München: Heyne 2002.

Wolf, Doris: Wenn der Partner geht ... Wege zur Bewältigung von Trennung und Scheidung. Mannheim: PAL, 17. Auflage 2004.

Psychologie – Analyse – Therapie

Viktor E. Frankl
Ärztliche Seelsorge
Grundlagen der Logotherapie und Existenzanalyse
ISBN 978-3-423-**34427**-2

Rainer Funk
Ich und Wir
Psychoanalyse des postmodernen Menschen
ISBN 978-3-423-**24444**-2

Florian Holsboer
Biologie für die Seele
Mein Weg zur personalisierten Medizin
ISBN 978-3-423-**34637**-5

Verena Kast
Märchen als Therapie
ISBN 978-3-423-**35021**-1

Neid und Eifersucht
Die Herausforderung durch unangenehme Gefühle
ISBN 978-3-423-**35152**-2

Der Schatten in uns
Die subversive Lebenskraft
ISBN 978-3-423-**35160**-7

Ursula Nuber
Depression
Die verkannte Krankheit
ISBN 978-3-423-**34272**-8

Lass die Kindheit hinter dir
Das Leben endlich selbst gestalten
ISBN 978-3-423-**34708**-2

Psychologie. Eine Einführung
Grundlagen, Methoden, Perspektiven
Hg. v. Jürgen Straub, Wilhelm Kempf, Hans Werbik
ISBN 978-3-423-**36204**-7

Heinz-Peter Röhr
Narzissmus
Das innere Gefängnis
ISBN 978-3-423-**34166**-0

Weg aus dem Chaos
Die Borderline-Störung verstehen
ISBN 978-3-423-**34286**-5

Wege aus der Abhängigkeit
Destruktive Beziehungen überwinden
ISBN 978-3-423-**34463**-0

Die Angst vor Zurückweisung
Was Hysterie wirklich ist und wie man mit ihr umgeht
ISBN 978-3-423-**34620**-7

dtv-Atlas Psychologie
Von Hellmuth Benesch
2 Bände
Bd. 1: ISBN 978-3-423-0**3224**-7
Bd. 2: ISBN 978-3-423-0**3225**-4